Bruni Prasske

Mit der Knutschkugel unterwegs

Mein Wohnwagen,
mein Liebster und ich

Deutscher Taschenbuch Verlag

Von Bruni Prasske außerdem bei dtv:
Mein Wohnwagen und ich (dtv 34724)
Die Entrümpler (dtv premium 24977)

Ausführliche Informationen über unsere Autoren und Bücher finden Sie auf unserer Website www.dtv.de

MIX
Papier aus verantwortungsvollen Quellen
FSC® C019821

Auch als e-Book erhältlich

Originalausgabe

Umschlagkonzept: Balk & Brumshagen
Umschlagbild: Isabel Klett
Satz: Bernd Schumacher, Friedberg
Druck und Bindung: Druckerei C.H.Beck, Nördlingen
Gedruckt auf säurefreiem, chlorfrei gebleichtem Papier
Printed in Germany · ISBN 978-3-423-34833-1

Inhaltsverzeichnis

Prolog

Auch die große Liebe kennt Starthemmungen. Das war mit der Comtesse Emmy, alias Tabbert Comtesse 305C, nicht anders als mit Freddy.

Die Comtesse zickte und zeigte ihre Schönheit und Liebenswürdigkeit erst durch großzügige (finanzielle) Zuwendungen und geschickte Hände. Aber nach einigen Monaten war die Sache klar: Wir werden niemals auseinandergehen!

Freddy ist aus einem anderen Holz geschnitzt. Er versteckte seine Liebe hinter mildem Lächeln, Gaben von Gummibärchen, Schweigen und Schüchternheit. Es brauchte Jahre, bis es funkte und ein Feuer entflammte, das ewig brennen und mich wärmen wird. (In kalten Nächten in Kappadokien hilft zur Not auch Emmys Heizung.)

Herzensangelegenheiten

Kaum steht mein mobiler *Verlobter* vor mir, da brennen alle Sicherungen durch. Mein Herz klopft bis zum Hals und ich suche fieberhaft nach dem passenden Standort für meinen Rex. Der Trecker zieht ihn Zentimeter um Zentimeter durch den Sand, ich fuchtle mit den Armen und rufe gegen das Dröhnen des Motors an.

»Mehr nach links, nein Quatsch, nach rechts, oder ein Stück zurück? Geht das?«

Mit jedem Ruck schaukelt mein Rex wie ein alter Kahn auf hoher See. Die Klappbank liegt auf dem Bett und stößt gegen das Plastikfenster. Wenn das mal gut geht! Der Fahrer drängt mit Gesten, schließlich warten zwei Dutzend weiterer mobiler Heime auf ihren Aufzug an den Elbstrand. Allmählich versinken die Räder im Sand. Wo stand er bloß im letzten Jahr? Unter üppigem Sommergrün, zwischen Sonnenblumen und Akeleien wäre die Sache einfacher. Dieses Jahr ist die Natur spät dran, wie es so schön heißt. Meine Strickmütze leistet gute Dienste und auch die gefütterten Stiefel sind keinesfalls überflüssig.

»Hier ist es gut!«, sage ich schließlich.

Im Geiste male ich mir das weitere Vorgehen aus, wobei ich liebend gern die ersten zehn Schritte überspringen und stattdessen das Bett mit Laken, indischen Decken und bunten Kissen bereiten würde, um von dort aus den Ozeandampfern zuzuschauen. Ich mag es nicht, wenn mein *Verlobter* einer Abstellkammer gleicht, ich will ihn hübsch machen, hübsch für das kommende halbe Jahr, für einen wunderbaren Sommer am Strand. Für ein einfaches Leben unter freiem Himmel, an frischer Luft rund um die Uhr.

Er hat mir so gefehlt! Fünf Monate und sechzehn Tage war er im Winterlager, der Campingplatz verwaist und gänzlich der Natur und einer möglichen Sturmflut überlassen.

Alle Nachbarn wuseln herum. Wie immer zu Saisonbeginn mangelt es an Wagenhebern, Kurbeln für die Drehstützen, an Rostlöser und warmen Getränken. Kaum jemand ist zu diesem Zeitpunkt ansprechbar. Alle Dauercamper sind mit ihren Wagen beschäftigt. Ich hetze mit Zeltstangen und dem Werkzeugkasten um den Wagen und vergesse sogar Freddy, der gemeinsam mit mir in aller Frühe aufgestanden ist, um behilflich zu sein.

Irgendwann ist es geschafft, Rex steht im Lot. »Soll ich einen Kaffee kochen?«, frage ich Freddy, als der Herd bereit ist und mir bewusst wird, dass ich seit geraumer Zeit nicht mehr mit ihm gesprochen habe. Er schaut mich aus seinen himmelblauen Augen an und schüttelt kaum merklich den Kopf.

»Mach du nur weiter mit deinen Verschönerungen. Der Wagen steht fest. Ich fahre dann mal zurück in die Stadt.«

Mein Leben auf Zeit im Wohnwagen kann beginnen. Ich bin als Draußenkind aufgewachsen, auf dem platten Land, und in mir schlummerte all die Jahre in der Großstadt das unbändige Verlangen, endlich wieder barfuß durchs Leben zu gehen (und draußen zu essen und mich am Lagerfeuer zu wärmen). Viel zu lange habe ich dieses Verlangen ignoriert oder nur sporadisch genossen. Erst durch das Glück des Dauercampens lebe ich es wieder aus. Sonnenauf- und -untergänge direkt vor der Wohnwagentür. Der Rex wurde zu meinem Kokon, der so überraschend zu mir kam, wie mein damaliger Partner das Weite gesucht hatte. Im Kokon konnte ich mich von einer liebeskranken Heulsuse zur lachenden Strandlady wandeln.

»Du willst doch nicht etwa heute Nacht hierbleiben?«, fragt Freddy, als ich das Bett überziehe, Kissen aufschlage und die Wärmflasche hervorkrame. Ich nicke und schaue mich um. »Doch! Tausend Dank für deine Hilfe. Ich rufe später an oder morgen«, sage ich und unsere kalten Lippen treffen sich für einen kurzen Moment. Dann bin ich allein. Brrr, verdammt frostig. Die Heizung läuft, aber es zieht an allen Ecken und Kanten herein. Vor den Türschlitz stopfe ich ein Schaffell. Das bringt was. Die Wärmflasche hilft nach einer Weile zwar gegen kalte Füße, aber leider nicht gegen das mulmige Gefühl, als es dunkel wird. Ich bin allein auf weiter Flur, ein winterlicher Campingplatz, ein Strand mit Eiskristallen nach der letzten Flut und die träge dahinfließende Elbe. Als ein Containerschiff vorbeifährt, stelle ich mir vor, wie warm es auf der Brücke und in den Kajüten sein muss. Und auch bei Freddy wäre es warm, sehr warm sogar. Aber in der Stadt zu übernachten, kommt nun wirklich nicht in Frage. Die Saison ist kurz, nur einen norddeutschen Möchtegernsommer lang. Ich brenne darauf, bei Sonne und Wärme hier zu sein und zu arbeiten, allen Energieproblemen zum Trotz, denn noch immer habe ich keine Solaranlage. Der Wellenschlag des schwimmenden Riesen bringt Erinnerungen an die letzten Nächte der vergangenen Campingsaison, als Freddy mehr wurde als nur ein guter Freund. Wir kannten uns, seit er vor einigen Jahren in meinem Sportverein aufgetaucht war und nach *Mann-in-schwerer-Lebenskrise* aussah. Vermutlich nahm ich ihn wegen meines Hangs zu ungewöhnlichen Menschen unter die Fittiche. Seine blauen Augen könnten auch eine Rolle gespielt haben. Als ich ihn zum ersten Mal auf dem Sportplatz sah, hatte ich den Song sofort im Ohr: »Deine blauen Augen machen mich so sentimental – so blaue Augen …« Mein Gott, die Achtziger! Bis auf seine blauen Augen fand ich bei Freddy jedoch keine weiteren Anhaltspunkte für eine Rückblende in meine Zeit als Twen. Es vergingen drei oder vier Jahre, in denen er nicht einen einzigen Versuch unternahm, mit mir zu flirten. In den ersten Wochen dachte ich, er stehe nicht auf Frauen, doch dann tippte ich auf gebrochenes Herz. Totalschaden! Er war geschieden, wie nach einem halben Jahr und mindestens fünfzig gemeinsamen Trainingseinheiten einschließlich gemeinsamer After-Sport-Unternehmungen zu erfahren war. Freddy ging damals knauserig mit Worten um, aber seltsamerweise war er trotzdem gesellig und im Verein beliebt. Irgendwann lernte ich seine wohlgeratenen Kinder kennen und jeder Gedanke daran, er könne womöglich grundsätzlich kein Interesse an Frauen haben, verflog. Ich hielt mich an die Totalschadentheorie. Was soll eine Frau sonst denken, wenn von einem Mann nicht der Hauch eines Flirts ausgeht?

Nach zwei Jahren durfte ich beim Vereinsausflug in ein Zeltlager seine romantische Ader kennenlernen. Es war mitten in der Nacht, als ich seine Stimme hinter der Stoffbahn meiner Behausung hörte.

»Bruni, steh auf, ich will dir was zeigen.«

Das ließ ich mir nicht zwei Mal sagen, zumal nicht, wenn er meinen Namen in dieser einzigartigen Weise aussprach.

»Du wirst staunen!«

Und dann führte er mich zu einem Boot und ruderte uns auf den See hinaus. Hinter mächtigen Baumwipfeln tauchte plötzlich der Vollmond auf. Als habe jemand einen Lichtschalter angeknipst, verwandelte der Schein den See in ein Silberbad und die Nacht in einen seltsamen Tag. Freddys Körper warf einen scharfen Schatten auf die ruhige Oberfläche.

»Endlich ist er aufgegangen. Ich habe lange auf der Lauer gelegen. Es ist schon nach zwei«, flüsterte er und legte die Ruder beiseite. Wortlos genossen wir den Anblick und ließen uns treiben.

»Danke«, sagte ich, bevor ich wieder in mein Zelt kroch und er zu seinem VW-Bus ging.

Im letzten Sommer dann teilten Freddy und ich mehr Zeit miteinander als jemals zuvor. Wir paddelten, wanderten, fuhren Rad, trainierten für Wettkämpfe und schauten der Sonne beim Abtauchen zu. Im Kino bin ich einmal ganz nah an ihn herangerückt, und seine Körperwärme brannte auf meiner Haut. Zu bewussten Berührungen kam es trotzdem nie. Ich traute mich nicht, weil Freddy mir ein guter Freund geworden war, ein liebenswerter Mensch, kein Draufgänger, keiner für Beziehungsexperimente mit offenem Ausgang, keiner, der vergessen oder flüchtig genießen konnte, kein Mann für Abenteuer. Zum Ende des Sommers legte er manchmal seinen Arm um mich, doch kumpelhaft, schlaksig und nur für Sekunden. Mir taten diese Berührungen gut. Manchmal lächelte er dabei und zog seine Schultern hoch, als wolle er seinen Kopf verstecken. Diese Geste hatte etwas Mädchenhaftes und Zartes. Freddy ist anders als andere Männer.

Immer häufiger besuchte er mich im Wohnwagen und blieb über Nacht. Er schlief auf der Sitzecke und ich in meinem Kamasutra-Bett, wie eine Freundin es wegen des indischen Ambientes getauft hatte. Wir gewöhnten uns an diese gemeinsamen Nächte, wenn es dunkel wurde, zündeten wir die Gaslampe an und genossen das schummrige Licht und das zischende Geräusch. Unser freundschaftliches Arrangement zeugte von einer seltsamen Intimität. In gewisser Weise waren wir zwei beziehungsgeschädigte und einsame Seelen in Zweisamkeit.

Und dann kam der Abend, der alles änderte. Schweigend schauten wir – wie so oft zuvor – auf den Fluss und in die Dämmerung hinein, genossen das Farbenspiel nach dem Sonnenuntergang und hielten es für ein Himmelsfeuer. Ich trug ein schwarzes Jerseykleid und meine Sommerstiefel. Solange meine Füße warm sind, kann mir Abendkühle nichts anhaben. Freddys Körper an meiner Seite und der Rotwein spendeten zusätzliche Wärme. Ich rückte näher an ihn heran, näher, als ich es mich jemals getraut hatte, und legte meinen Kopf an seine Schulter. Er reagierte nicht darauf, aber das machte nichts.

»Eine Sternschnuppe«, sagte er, aber es war zu spät für mich, sie auch zu sehen.

Seltsam, dachte ich, da sitze ich mit Freddy an einem der letzten halbwegs lauen Abende am Strand, die ersten Sterne beginnen zu funkeln, ich genieße seinen warmen Körper und bleibe ansonsten regungslos. Was soll das? Wir sind Mann und Frau, ungebunden noch dazu. Wenn er doch nur einen kleinen Finger in meine Richtung rühren würde. Aber er rührte keinen Finger und ich hatte in meinem Leben schon zu viel Mist gebaut, um diese Freundschaft auch noch aufs Spiel zu setzen. Wenn es nicht passte, wenn es nicht klappte, wenn Freundschaft und Liebe nicht in Einklang zu bringen waren? In meinem Kopf kreiste es, während Freddy wie erstarrt neben mir saß, mein Kopf an seiner Schulter, meine Haare an seinem Hals. Immerhin lebte er noch. Ich hörte ihn atmen und manchmal bewegte er ein Bein. Ich spielte mit dem Gedanken, alle Vorsätze über Bord zu werfen. Angesichts des weiten Sternenhimmels erschien es mir absolut naheliegend, ihn zu küssen. Wozu gab es diesen Sternenhimmel, die laue Nacht, den Fluss, den Strand und unsere kleine Bank! Doch sicher nicht, um zu grübeln. Verdammt, er war kein Mann für Abenteuer, ich hingegen war sprunghaft und bindungsresistent. Wusste er das auch? Warum saß er hier?

»Ich muss mal eben für kleine Mädchen«, sagte ich und stand auf. Freddy saß mit einem Bein auf meinem Kleid, das von oben bis unten mit Druckknöpfen versehen war. Schwuppdiwupp stand ich im offenen Gewand vor ihm, mein nackter Bauch auf seiner Augenhöhe. Ich trug ansehnliche Unterwäsche. Zum Glück. Mit einem knappen *Oh* schaute er sich meinen türkisfarbenen Spitzen-BH an.

»Bin gleich wieder da«, sagte ich und konnte vor Lachen kaum gehen. Das Kleid aber ließ ich offen und setzte mich später wieder neben ihn, als wäre nichts vorgefallen.

»Jetzt, wo ich schon mal halb ausgezogen bin, solltest du vielleicht deine Finger an meinem Bauch wärmen«, schlug ich vor und half ihm dabei. Vorsichtig nahm ich seine Hand und führte sie an meinen Körper. Freddy ließ es geschehen.

»Wie fühlt sich das an?«, fragte ich ihn.

»Warm und weich«, sagte er und schaute mich an. Ich gab ihm

einen vorsichtigen Kuss auf die Lippen, was eine kratzige Angelegenheit war. Wieso hat ein Mann mit zartem Haupthaar derart kräftige Stoppeln im Gesicht? Ich küsste ihn etwas weniger schüchtern, und er beantwortete meine Versuche. Freddy roch und schmeckte gut, seine Zunge war vorsichtig, alles bestens. Mein Bein lag auf seinem Oberschenkel, und er streichelte unter dem Stoff des »Mäntelchens« meinen nackten Rücken. Ob er meine Gänsehaut spürte? Seine Berührungen schossen mir durch den ganzen Körper. Ich musste lachen.

»Lass uns in den Wohnwagen gehen, dort ist es bequemer«, schlug ich vor und freute mich irrsinnig darauf, ihn gleich unter meiner Decke zu haben. Jetzt gab es kein Zurück mehr.

Es war der Anfang unserer Liebe, gefolgt von einem Winter, in dem wir uns regelmäßig gegenseitig wärmten. Und jetzt endlich beginnt eine neue Rex-Saison, ein anderes Dasein, ein anderes Lebensgefühl. Draußen!

Auf und davon

Im Mai ist der Sommer endlich da. Über Nacht ist es warm geworden, und ich tausche meine Jeans gegen ein Kleid. Am späten Nachmittag, während ich am Laptop sitze und die allerletzten Zeilen einer Auftragsarbeit fertig tippe, strandet ein Paddler bei Ebbe im Schlick. Sein Kajak ist voll bepackt, demnach kann er keiner von den Hamburger Tagesausflüglern sein. Mit dem Fernglas bewaffnet, nehme ich ihn und sein Gefährt aufs Korn. Ein hervorragendes Seekajak, der Paddler sitzt im Boot und trinkt ein Bier. Ungewöhnlich. Offenbar wartet er auf Wasser unterm Kiel. Das kann dauern, wie ein Blick in den Tidenkalender zeigt. Sein schweres Boot wird er nicht allein an den Strand ziehen können. Wo kommt er her, wo will er hin?

Es dauert nicht lange, und ich habe alle Antworten erhalten, denn Krischan ist redselig. Da er auch ausgesprochen witzig ist, lachen wir bald um die Wette, als würden wir uns schon lange kennen. Woher er stammt, muss ich nicht erst fragen. Ein waschechter Berliner mit unverfälschtem Dialekt auf dem Weg nach Hause: Er will über die Elbe, diverse Kanäle, die Havel und die Spree, auf manchen Etappen sogar gegen die Strömung. Sein Zelt baut er neben dem Rex auf und beim abendlichen Feuer erfahre ich fast alles, was ich schon immer übers Wanderpaddeln und übers wilde Campen wissen wollte. Seit zwei Jahren habe ich selber ein Boot und kann mich als halbwegs geübte Paddlerin in einem schwierigen Revier bezeichnen. Krischan ist begeistert. Am nächsten Tag paddeln wir rund um Neßsand, die Elbinsel gegenüber vom Campingplatz. Eine ähnliche Tour hat mir einst Todesängste eingejagt.

Dieses Mal ist alles easy, Krischan findet die richtigen Worte, um mein Trauma im Zaum zu halten, als wir jene Stelle erreichen, an der ich mich vor drei Jahren innerlich von dieser Welt verabschiedet hatte.

Kurzum, ich beschließe Krischan auf seinem weiteren Weg zu begleiten. Alle Sicherungen raus, abschalten, nicht an das Morgen, nicht an Konsequenzen, nicht an Freddy, nicht an Flurschäden denken. Das wollte ich schon lange: einfach drauflospaddeln und am Abend irgendwo das Zelt aufbauen. Ich schaffe es relativ problemlos, mein Gewissen und mein Handy abzustellen. In einem winzigen Boot auf einem langen Fluss befinde ich mich in einer anderen Welt. So fühle ich es zehn Tage lang. Mit Krischan wechsle ich mindestens so viele Worte wie wir Paddelschläge durchs Wasser ziehen. Reden, reden, reden, nie Ruhe, nie Langeweile, lachen, zwei sorglose Kinder in den Sommerferien.

Freddys Plan

Als ich mir auf dem Heimweg von Berlin mit wenig Fantasie ausmalen kann, welche Nebenwirkungen mein *Ausflug* hat, werden die chronischen Bauchschmerzen und Fluchtgedanken immer heftiger. Sobald ich das heimische Ufer betrete, ist es klar: Ich kann nicht mehr zurück zu Freddy, nicht nach dieser kopflosen Aktion. Vollkommen durchgeknallt. Wie konnte ich nur? Lag es an Krischans Redseligkeit, keine Minute Ruhe, wie ein sprudelnder Wasserfall?

Wenn ich Freddy mal mehr oder weniger zufällig sehe, dann ist er traurig, seine Wangen sind hohl, und mir fallen partout nicht die richtigen Worte ein, um mein Verhalten zu erklären und um Entschuldigung zu bitten. Der Sommer, die Sonne, das Campen, die Elbe, all das hat meinen Verstand ausgeschaltet, immer und immer wieder. Alles andere war plötzlich egal. Freddy tobt nicht und flucht nicht, er versucht nicht einmal, mir einen Spiegel vorzuhalten. Er leidet still und macht sich aus dem Staub. Wenn er wenigstens ausflippen würde! Nie habe ich ihn laut erlebt. Diese Ruhe macht mich wahnsinnig. Er ist zu ruhig für mich, ich würde ihn immer wieder verletzen, es hat keinen Sinn, sage ich mir. Wir sind zu unterschiedlich für eine Beziehung, aber zurück zu unserer alten Freundschaft können wir jetzt auch nicht mehr. Ich habe alles vergeigt.

Und dann, als ich schon nicht mehr mit einer Reaktion von ihm rechne, bittet er mich um ein Treffen an einem neutralen Ort. Vielleicht möchte er ein klärendes Gespräch oder mich endlich an den Pranger stellen. Verdient habe ich es. Ich zwinge mich, trotz

Übelkeit überpünktlich in einer Nachbarschaftskneipe zu sitzen und auf ihn zu warten. Die bestellte Rhabarberschorle bekomme ich nicht runter.

»Wie geht es dir?«, fragt er zur Begrüßung, wobei wir uns unbeholfen auf die Wangen küssen. Und dabei ist er der beste Küsser, den ich kenne, aber an derartige Intimitäten ist nicht zu denken.

»Ich habe mir etwas überlegt«, sagt er und holt einen Ordner aus der Tasche. Während er die Getränkekarte und eine Vase vom Tisch räumt, uns nebenbei zwei Wein bestellt und seine Unterlagen aufschlägt, wird mir immer mulmiger. Hat er meine Schandtaten etwa dokumentiert? *Abtauchen ohne Handy für zehn Tage. Ausflüge mit Unbekannten an unbekannte Orte. Ignorieren von Mails. Höchststrafe!*

»Wir beide haben keine einfache Zeit hinter uns«, fasst er die letzten Monate zusammen. Bei ihm gibt es keine ausschweifenden Einführungen, kein langes Gerede und keinen heißen Brei, der umkreist und löffelweise serviert werden muss, kein Ausschmücken fataler Umstände, kein Geschrei, keine Faust auf dem Tisch. Seine Wangen und Mundwinkel zeigen, wie er sich fühlt.

»Ich habe eine Präsentation vorbereitet, die ich dir gern zeigen möchte.«

Wir prosten uns mit Riesling zu, Bauchschmerzen hin oder her. Flüchtig berührt er meine Hand. Puh! Stromstoß!

»Wir beide machen eine große Reise«, sagt Freddy, und ich verschlucke mich am Rheinhessischen, falscher Hals, hust, hust. Wenn er gesagt hätte: *Das mit uns beiden hat keine Zukunft. Unsere Vorstellungen von einer Beziehung sind unvereinbar. Es tut zwar weh, aber es wird das Beste sein, wenn wir uns nicht mehr sehen. Ich bitte dich, mir nie wieder unter die Augen zu treten, du hast meine Liebe nicht verdient, du verdammtes Miststück!* Tja, das hätte ich verstehen können und mich weder verschluckt noch meinen Ohren misstraut. *Große Reise!* Freddy hat noch nie eine längere Reise gemacht. Während Hans und Franz in der Weltgeschichte herumgejuckelt sind, hat er gearbeitet, geheiratet, zwei Kinder großgezogen, sich scheiden lassen und gelitten wie ein Hund. Er ist der zuverlässigste Mensch, den man sich denken kann. Aber auf einer großen Reise kann ich ihn mir nicht vorstellen, schon gar nicht auf einer mit mir! Konzentriert und offenbar bestens vorbereitet, blättert er die Mappe auf.

»Du liebst das Reisen und das Campen. Mein Vorschlag ist, beides zu kombinieren. Folgendes habe ich mir überlegt: Wir fahren in Richtung Südosten. Zunächst durch den Balkan, dann durch die Türkei und vielleicht sogar noch weiter. Wenn du magst, zeigst du mir den Iran und deine Lieblingsstädte.«

Ich bin platt. Bei dem Gedankengewitter in meinem Kopf finde ich keine Worte. Wie soll das funktionieren? Wie kommt er auf diesen unglaublichen Vorschlag? Woher soll ich das Geld dafür nehmen? Wie so häufig bin ich fast pleite, was Freddy wissen müsste. Er macht seit zwei Jahren meine Steuer. Puh! Ich muss Geld verdienen und kann nicht alles über den Haufen werfen und in den Orient reisen. Wenn ich doch nur sprechen könnte. Freddys Vortrag ist reich bebildert. Auf einigen Fotos ist ein VW-Bus zu sehen. »Mit deinem Bus? So weit weg?«, stottere ich herum.

»Ja, warum nicht?«

»Du willst wirklich mit mir reisen? Bis in den Orient? Dafür braucht man viel Zeit. Wie soll das gehen? Woher willst du die Zeit nehmen bei deinem Job?«, frage ich, obwohl ich viel lieber wissen möchte, woher er das Vertrauen zu mir nimmt, nach dem, was passiert ist.

»Ich würde ein Short Sabbatical beantragen.«

»Was für ein Ding?«

Freddy ist auf alles vorbereitet. Mir schwirrt der Kopf.

»Und was diesen Paddler betrifft oder wen es da sonst noch gibt … äh, ich weiß nicht, wie deine Gefühle zu diesen … äh, Kerlen sind, aber ich bin bereit, es noch einmal mit dir zu versuchen. Und für die Finanzierung habe ich mir auch etwas überlegt. Ich weiß, wie schwierig es für dich ist.«

Allmählich mutiere ich zur Briefmarke und bin platter als platt. Finanzplan? Ich verstehe die Welt nicht mehr. In meinem Magen grummelt es. Warum reden wir über solch praktische Dinge, wo er mir gerade unterbreitet, mich nicht abschreiben zu wollen? Ich bin vollkommen durcheinander. Wir sollten uns küssen.

»Mein Bus ist ein Transporter ohne Bett und sonstigen Schnickschnack, damit kann man keine zehntausend Kilometer lange Reise machen. Wir suchen uns also einen Wohnwagen, der anders als Rex straßentauglich ist.«

»Ich weiß nicht. Bist du schon mal mit einem Wohnwagen unterwegs gewesen? Ich meine, hast du überhaupt schon mal einen Anhänger hinterhergezogen?«

»Nein.«

»Ich auch nicht.«

Wir müssen schmunzeln. Er hat mir gefehlt. Er und seine blauen Augen, seine schmalen Hände, seine bedachte Art. Er ist ein wunderbarer Mensch. Wie konnte ich nur meinen Verstand verlieren und wochenlang Chaos anrichten? Ich habe mich verhalten, als sei ich kaum der Pubertät entwachsen.

»Wie lang ist ein Short Sabbatical?«, will ich wissen.

»Unterschiedlich. Ich kann vorarbeiten, Urlaub aufsparen und andere Möglichkeiten aushandeln. Drei Monate sollte ich mindestens beantragen, denke ich. Ich werde mir die Zeit sehr gerne nehmen, um mit dir unterwegs zu sein. Wenn man etwas will, dann schafft man es auch. Außerdem bin ich nicht der Erste, der so etwas macht. Meine Kollegin ist für ein ganzes Jahr ausgestiegen. Dafür hat sie sechs Jahre auf einen Teil ihres Gehalts verzichtet. Es findet sich eine Lösung. Es wird nicht gleich morgen sein, aber die Reisevorbereitung und die Suche nach einem passenden Wohnwagen brauchen auch Zeit«, sagt er mit einer Bestimmtheit, die mich irritiert.

Freddy scheint es wirklich zu wollen. Ich nehme einen Schluck Wein, weiß kaum noch, wo mir der Kopf steht, und versuche

Ordnung in meine Gedanken zu bringen. Punkt eins: Es gibt einen Neuanfang. Punkt zwei: Ja, ich bin sofort dabei, wenn es auf eine große Reise geht. Punkt drei: »Liebster, ich bin begeistert und sprachlos, aber trotzdem muss ich dich hier und jetzt um etwas bitten. Damit in Zukunft auch alles gut wird mit uns, werde ich versuchen keinen Mist mehr zu bauen, ich werde mich ändern für unsere Liebe, du hast mir so gefehlt als Freund und als Mann, aber du, du solltest auch etwas tun: Du musst mehr reden! Bitte versuch es! Versteh mich bitte richtig. Ich höre gerne zu, und ich rede gern, wie du weißt, aber vor allem unterhalte ich mich gern. Hättest du mehr geredet oder getobt, dann wäre manches anders gelaufen.«

Puh, gesagt! Es musste raus. Vielleicht habe ich sein Schweigen manchmal falsch gedeutet, habe an Interesselosigkeit gedacht, wo es unangemessen war. Aber ich kann nun mal keine Gedanken lesen und komme mit Plaudertaschen besser klar als mit schweigsamen Gesellen.

Auf der Suche nach dem Richtigen

Angelockt vom Angebot eines Eriba Touring aus dem Jahre 1987, machen wir uns auf den Weg nach Schleswig-Holstein zu *Wohnwagen-Küste.* Gleich hinterm Zaun ist *unser* Wagen platziert, sozusagen als Prachtexemplar, gut sichtbar für alle Vorbeifahrenden. Eribas sind Kult, daran gibt es keinen Zweifel.

»Moin, is alles offen. Tun Se mir nur den Gefallen, die Türen wieder ordentlich zuzumachen, wegen Regen und so«, sagt der mutmaßliche Chef mit zwei Kunden im Schlepptau und lächelt kurz.

»Alles klar«, sage ich, und die Besichtigung kann beginnen.

Mit eingefahrenem Hubdach ist ein Eriba verdammt niedrig, beinah erdrückend. Nachdem Freddy mit gebeugtem Kopf hineingeschlüpft ist, mache ich es ihm nach. Unser dritter Eriba, bald sind wir alte Hasen. Gardinen und Vorhänge schirmen die Sonne ab und sorgen für ein Nostalgiefeeling der unerwünschten Art. Achtziger! Düstere Butze! Es ist eindeutig zu dunkel, was nicht nur an den Vorhängen liegt. Freddy müht sich mit dem Hubdach ab, während ich auf das undefinierbare Material der Wandschränkchen klopfe. Es klingt künstlich. Nein, ein gutes Gefühl will nicht aufkommen. Mir ist unbehaglich, bloß schnell raus hier.

»Dieser Wagen wird es also nicht«, sage ich.

»Nein, aber es ist trotzdem gut, ihn genauer unter die Lupe zu nehmen.«

So wird's gemacht, und die eine oder andere Erkenntnis versuchen wir abzuspeichern. Vielleicht kann ein Gespräch mit dem Chef nicht schaden.

»Was Sie suchen, habe ich höchstens zwei, drei Mal im Jahr im Angebot, abends stelle ich sie ins Netz, morgens sind sie weg. Einen schönen alten und preiswerten Eriba Touring aus den Sechzigern oder Siebzigern zu bekommen, ist reine Glückssache.«

»Und wie sieht es mit Alternativen aus?«

»Bei anderen kleinen Oldtimern ist es ähnlich, aber man kann auch mal Glück haben. Ein alter Tabbert ist gute Wertarbeit. Schauen Sie sich mal danach um.«

Seit wir unseren Plan gefasst haben, vergeht kein Tag ohne Suche. Schnell begreifen wir eine Grundregel im Eriba-Caravangeschäft, die unseren Träumen von einem Minioldtimer dieser Marke entgegensteht: Je kleiner und älter, desto teurer sind die Produkte, die Erich Bachem einst entwickelte. Als wir nach diversen Besichtigungen im Hamburger Umland unseren Blick ernsthaft auf andere Wohnwagentypen ausweiten, schlägt mein Herz bereits am zweiten Tag höher. In Lüneburg ist ein Tabbert Comtesse 305 aus den Sechzigerjahren im Angebot. Es ist Liebe auf den ersten Blick. Noch vor dem Frühstück rufe ich an und glaube die Erste zu sein, denn der Wagen ist erst gestern Abend eingestellt worden. Doch ich komme zu spät.

»Sie sind die dritte Bewerberin. Ich nehme Sie gern auf die Liste.«

»Bei mir würde er in liebevollen Händen landen«, versuche ich für mich zu werben, doch vergeblich.

Es dauert eine Weile, bis ich die Enttäuschung verkraftet habe und mir das Foto der Lüneburger Comtesse nur noch höchstens fünf Mal am Tag anschaue. So ähnlich muss es Menschen auf Partnersuche gehen, die allabendlich im Netz nach der großen Liebe fahnden. Jeden Morgen weisen Freddy und ich uns gegenseitig auf Inserate hin, und als er mir das Angebot eines Tabbert Comtesse 305 von 1968 weiterleitet, bin ich in heller Aufregung. Der Wagen ist kuschelig klein, rund, viel Holz, eine süße Knutschkugel, für die Fotos liebevoll dekoriert mit Spitzendeckchen und Nelke in der Blumenvase. Der Anbieter, den ich sofort anrufe, spricht wie die Jungs aus meiner Bremerhavener Jugendzeit und wir kommen ins Plaudern.

»Ja, Mann, komm vorbei und guck dir den Tabbert an, gern am Wochenende. Es hat schon ein Haufen Leute angerufen, die die Kiste haben wollen. In der Größe ist das Angebot knapp, weißte ja selbst. Den kannste auch mit normalem Führerschein fahrn, brauchst kein' extra Hängerschein.«

»Was ist denn ein Anhängerschein?«

»Kennst das nicht? Is nich mehr wie früher, bis 7,5 t mit Klasse 3. Jetzt darf ein Gespann, also Auto mit Hänger zusammen, nur maximal 3,5 t wiegen. Bei allem darüber musste jetzt 'n extra Lappen machen. Kostet schlappe 660 Euro für die Fahrstunden und die Prüfung. Bei der kleinen Comtesse braucht man das alles nicht. Die wiegt nur 600 Kilo, die merkste nicht mal, wenn sie hinten dranhängt. Die jungen Leute suchen so was, um damit auf Festivals zu fahren, Paadie machen und so. Deshalb rufen hier andauernd welche an. Das geht mir auf den Geist, hab ja keine ruhige Minute mehr«, klagt der redselige Günni, den ich bereits bildlich vor mir sehe.

»Ich habe bisher noch keinen Anhänger durch die Gegend gezogen.«

»Wofür willste denn den Wohnwagen haben?«

»Für eine große Reise mit meinem Freund. Packt der das?«

»Wer? Dein Freund? Weiß ich doch nicht«, sagt der Scherzkeks und lacht.

*

Günni hat seine langen Haare zu einem Zopf geflochten und trägt eine Latzhose. Er dürfte um die fünfzig sein, ist gut genährt und sein Lächeln verschmitzt, einer, der das Leben auf unkonventionelle Weise zu genießen versucht. Nach der Begrüßung führt er uns schnurstracks zum Tabbert Comtesse 305C. Die alte Gräfin braucht dringend eine Beautyklinik, denn zumindest von außen sind die Jahrzehnte nicht spurlos an ihr vorübergegangen. An manchen Stellen blättert die Farbe, an anderen ist eine Schutzschicht aufgetragen. Aber innen ist sie wirklich hübsch und genau so aufgeteilt, wie wir es uns wünschen: eine winzige Sitzecke im Bug, ein Küchenblock in der Mitte, ein Kleiderschrank gegenüber und eine größere Sitzgruppe im Heck, die auch als Bett dient. Ein Querschläferwagen für Menschen unter Einsneunzig.

»Toll«, sage ich zu Freddy.

»Echt süß.«

»Ich lass euch mal allein und hol die Papiere«, meint Günni. Und schon sitzen wir in der Comtesse und versuchen ein Gespür für den Wagen zu bekommen.

»Was meinst du?«, will Freddy wissen.

»Innen ist er super, aber ob wir auch das Technische beurteilen können? Er hat keinen TÜV. Wir wollten doch keinen Wagen ohne TÜV kaufen«, sage ich skeptisch.

»Dafür ist er deutlich günstiger als andere Angebote aus den späten Sechzigern. Er macht einen guten Eindruck. Mir gefällt er. Das Geld, das wir bei der Anschaffung sparen, könnten wir in Reparaturen stecken.«

»Sollen wir mal gucken, wie er sonst so aussieht? Die Fenster testen und so?«

Und dann ziehen wir unser bewährtes Programm durch, das wir in Anlehnung an eine *Checkliste-für-den-Kauf* (fast) auswendig gelernt haben. Sitzecken hochklappen, in die Fächer schauen, nach feuchten Stellen suchen, Geruchsproben nehmen, Fenster und Dachluke öffnen. Unser Gehabe muss ein lustiges Bild abgeben. Zwei Ahnungslose, die so tun, als wüssten sie, worauf es ankommt. Derweil ist Günni zurück und plaudert munter drauflos. Der Wagen stamme von einem Kumpel, der ihm noch Geld schulde. Da der die Kohle nicht rausrückt, wie Günni es salopp formuliert, wird jetzt eben der Wagen verkauft. Freddy und ich müssen unumwunden zugeben, dass Tabbert in den Sechzigerjahren richtig schöne Wagen gebaut hat.

»Lass uns spazieren gehen und überlegen«, schlage ich vor.

Wir verschwinden für eine halbe Stunde, stromern über den unkonventionellen Campingplatz, wägen das Für und Wider eines Kaufs ab und entscheiden uns für die Vernunft. Nein. Kein Wagen ohne TÜV.

»Wir nehmen ihn nicht«, sage ich zu Günni.

»Was? Das hätte ich jetzt nicht gedacht. Schade. Aber warum denn nicht?«

»Zu riskant. Wir wollen eine weite Tour machen. Der Wagen muss in Ordnung sein, und der Tabbert hat nicht mal TÜV.«

»TÜV dürfte kein Problem sein. Da könnt ihr in den nächsten Tagen vorbeifahren. Wenn er nicht gleich durchkommt, dann geben die euch einen Mängelbericht. Da dürfte nicht viel sein.«

»Nein, wir wollen nicht.«

»Ist es der Preis? Mir sind schon 2500 geboten worden, zu euch habe ich 1800 gesagt.«

»Wir wissen nicht, was wir noch reinstecken müssen, bevor er straßentauglich ist.«

»Ich möchte, dass ihr den Wagen nehmt. Ich finde euch cool. Wäre echt toll, wenn er bei euch landet. Sollte es am Preis liegen, dann lass ich mit mir reden. Das darf meine Freundin aber nicht erfahren. Sie ist die Geschäftsfrau von uns beiden.«

Freddy und ich machen einen weiteren Spaziergang, sitzen mindestens noch eine halbe Stunde in der Comtesse und sagen Ja. Später wird Freddy sagen: Die Entscheidung war eine reine Gefühlssache.

Böse Überraschungen

Der TÜV macht uns einen gehörigen Strich durch alle Träume. Dem Prüfer genügt ein einziger Blick unter den Wagen, aber er setzt trotzdem eine Brechstange an und führt uns das Desaster unter dem *Rock* der Gräfin vor Augen. Nach der ersten Heulerei schreibe ich traurige, enttäuschte und wütende Mails an Günni, will ihm den Wagen zurückgeben und bin verzweifelt. Die unteren Seitenverstrebungen sind verrostet, das war deutlich zu sehen, als wir neben dem Prüfer in der Grube standen, aufwändige Schweißarbeiten sind notwendig. Wir ärgern uns über unsere eigene Dummheit und Naivität. Wir haben uns nicht mal unter den Wagen gelegt. Schlimmer Anfängerfehler. Warum haben wir die Checkliste nicht zur Hand genommen? Dort lautet Punkt I: *Rohrrahmen am Unterboden löchrig/verrostet?* Wir sind Idioten. Auch wenn der Tabbert keinen Rohr-, sondern einen Vierkantrahmen hat, wären wir bei genauerem Hinschauen von einer herben Enttäuschung verschont geblieben.

In der ersten Werkstatt schlägt der Meister die Hände über dem Kopf zusammen.

»Solche Leute wie euch, die kenne ich. Sie landen regelmäßig bei mir. Ihr findet neue Wohnwagen hässlich, es muss unbedingt ein alter sein. Aber Oldtimer brauchen Pflege, Pflege und noch mal Pflege. Jede Reparatur ist teuer. Euren Wagen zu schweißen ist kein Pappenstiel. Wenn man einen Fehler macht, dann steht der Tabbert in Flammen. Damals wurde noch viel Holz verarbeitet. Da muss man in der einen Hand das Schweißgerät und in der anderen einen nassen Lappen halten. Das dauert ewig und ist verdammt heikel«, jammert der Meister.

Einen genauen Kostenvoranschlag kann er uns nicht geben. Der Arbeitsaufwand sei vorher nicht absehbar, aber es dürfte sich mindestens um die Summe des Kaufpreises handeln. Mir kommen erneut die Tränen und Freddy versucht mich zu trösten. In meinem Beruf verdienen nur die wenigsten genügend Geld, um etwas auf die Seite zu legen. Ich habe keine Reserven und kann keine Meisterwerkstatt finanzieren. Aus lauter Verzweiflung wird mir speiübel. Was wird aus unseren Reiseplänen? Freddy kann doch nicht alles allein bezahlen. Er hat gerade erst eine Anhängerkupplung für 600 Euro anbauen lassen. Warum fliegen wir nicht einfach in den Urlaub, wie andere Leute auch? Nach Asien, um uns durch die Straßenküchen zu futtern und auf dem Mekong rumzuschippern. Da kenne ich mich aus und die Kosten sind überschaubar.

»Euer Wagen ist noch Qualitätsarbeit. Ich vermute mal, er stand auf einer feuchten Wiese«, macht der Meister uns wieder etwas Hoffnung. »Das ist Gift für einen Wohnwagen. Deshalb hat er unten Rost angesetzt. Wenn die Schäden an den Trägern behoben sind, dann wird er euch noch lange Freude machen. Tabberts waren damals die Könige unter den Wohnwagen.«

Ich schlucke meine Tränen runter. Mit der Comtesse im Schlepptau ziehen wir ab. Während der Fahrt drückt Freddy unentwegt meine Hand, immer in der richtigen Dosis, Kraft spendend und tröstend.

»Erst mal suchen wir eine andere Werkstatt. Solche Arbeiten muss nicht unbedingt ein teurer Meister erledigen. Da geht einfach zu viel Geld für den Arbeitslohn drauf. Hast ja gehört, an Material braucht er nur ungefähr 300 Euro«, sagt Freddy.

Doch es ist Oktober und wir haben keinen überdachten Platz für den Wagen. Wenn er draußen steht, wird er weiter rosten. Vor meinen Augen häuft sich ein Berg an Problemen an, bis Februar bin ich mit einem sehr zeitaufwändigen Auftrag mehr als ausgelastet.

»Wird schon werden«, sagt mein Liebster und streichelt meine Hand. »Das ziehen wir jetzt durch.«

Wir klappern Werkstätten ab und kassieren Absagen. Meine Stimmungslage wird durch das Einsetzen der ersten Herbststürme noch weiter getrübt. Rex ist längst im Winterlager, und wir suchen verzweifelt nach dem passenden Handwerker für die Comtesse. Doch dann findet Freddy eine Werkstatt an einem abgelegenen Hafenbecken, die einen perfekten Blick auf die Möchtegern-Elbphilharmonie bietet. Eine kleine Halle, zwei Bühnen und ein pfiffiger Allround-Handwerker, der schon ganz andere Dinger gestemmt hat. Holger Winter sitzt an seinem Schreibtisch, den er aus einer ehemaligen Bowlingbahn gezimmert hat, und strahlt Vertrauen aus.

»Die Arbeit ist nicht von heute auf morgen erledigt, aber auf alle Fälle machbar. Und der Wagen wird nicht abfackeln. Das kriege ich schon hin. Ich bringe ihn durch den TÜV«, sagt er ohne den geringsten Zweifel.

Ich frage nicht nach den Kosten, weil mir sonst nur wieder übel wird. Freddy signalisiert mir, dass er einen neuen Finanzplan in der Tasche hat. Als eine große Messe ansteht, vermieten wir seine Wohnung unter, rücken in meinem Zimmer näher zusammen und finden dann sogar eine Familie, die während unserer Abwesenheit in Freddys Wohnung zur Untermiete wohnen will.

Auftaktetappe

An einem grauen Märzmorgen geht es los. Kurz hinter Hamburg frühstücken wir auf einem Parkplatz in unserer Emmy. Ein wenig fremdelnd sitzen wir am Tisch und halten Kaffeebecher in den Händen.

Nach zwei Stunden haben wir keine Lust mehr auf die langweilige Autobahn, nehmen irgendeine Ausfahrt und landen mit Einbruch der Dunkelheit bei Torgau an der Elbe. Auf dem Gelände einer ehemaligen LPG aus DDR-Zeiten finden wir einen Stellplatz und dürfen das Bad einer Gästewohnung nutzen. Im Sommer gibt es hier viele Radler, erzählt die Vermieterin, was jetzt kaum vorstellbar ist.

»Wow! Vollmond! Gleich in unserer ersten Nacht. Wenn das kein gutes Omen ist«, sage ich, als wir auf dem Innenhof vor unserer Emmy stehen. Monatelang habe ich keinen Vollmond mehr gesehen, kaum je eine sternenklare Nacht. Wo denn auch? In der Großstadt fällt der Nachthimmel meist milchig gelb und verschleiert aus.

»Der erste Vollmond unserer Reise! Bin gespannt, wo wir die nächsten drei sehen werden. Wollen wir noch einen Spaziergang machen?«, fragt Freddy. An einem offenen Schuppen mit reichlich Feuerholz und einem Hühnerstall vorbei gelangen wir durch ein Gatter auf eine Straße und machen einen Rundgang durchs Dorf. Wären da nicht ab und an beleuchtete Fenster, könnte es sich auch um eine Geisterstadt handeln. Tiefstes Ostdeutschland, Bevölkerungsschwund und demografische Schieflage. Wenig später präsentiert sich unsere Emmy zur Übernachtungspremiere von ihrer besten Seite. Auf dem Herd köchelt eine Suppe und Teelichter geben zusätzliche Wärme ab. Experimente mit der Heizung ersparen wir uns, denn in unserer Kleinen wird es schon durchs Kochen lauwarm. Außerdem haben wir nur zwei Flaschen Gas à fünf Kilo dabei und keine Ahnung, wie lange wir damit auskommen. Wir können nicht einschätzen, wie oft wir heizen müssen, der Kühlschrank in Gebrauch kommt oder etwas auf dem Herd brutzelt.

Gegen Morgen prasseln Regentropfen aufs Dach. Mich überkommt sofort das Mitleid mit jenen, die noch nie bei Regen in einem Wohnwagen geschlafen haben. Es gibt kaum einen beruhigenderen Sound, begleitet vom Rauschen einer Tanne im Wind und dem fernen Kläffen eines Hundes. Um acht Uhr wird es hell, wir haben alle Zeit der Welt, um uns noch einmal umzudrehen und die erste Nacht Revue passieren zu lassen. Das Bett ist gut, befinde ich im Stillen. Es war richtig, die Originalpolster nicht auszutauschen.

»Ein Lob auf Don Alfredo und die Konstrukteure unseres Tabberts!«, sage ich übermütig mit einem Blick auf die gegenüberliegende Längsseite mit den Hängeschränken und dem Porträt von Alfred und Emmy Tabbert. Die Dame trägt eine aufwändige Hochfrisur, Don Alfredo zeigt Pausbacken. »Unsere Emmy erfreut das Auge, besonders aus dieser Perspektive. Die Holzdecke mit ihren formschönen Abrundungen, die Schränke in derselben Form mit den passenden Klappen. Keine Kanten, kein Kunststoff, ein harmonisches Design. Die Außenform unserer Knutschkugel wird hier perfekt aufgenommen«, referiere ich und merke erst jetzt, wie schweigsam Freddy ist.

»Wirklich schön!«, sagt er schließlich.

»Es wäre noch besser, wenn die Originaltapete unter den nachträglich aufgeklebten Fliesen zum Vorschein käme. Die Plastikkacheln in der Küche stören mich«, sage ich, wobei die *Küche* aus einem kombinierten Gasherd, Kühlschrank und einem Waschbecken besteht, alles in allem einen Meter breit, achtzig Zentimeter hoch und siebenundvierzig Zentimeter tief. »Ich habe eine Idee, was wir machen, wenn es unter den Kacheln arg ramponiert aussieht.«

»So etwas fällt dir schon vor dem ersten Kaffee ein?«, grummelt Freddy.

»Ja, denn aus dieser Perspektive habe ich unsere Emmy noch nie gesehen. Dein warmer Körper an meiner Seite, dein Duft in der Nase, das beflügelt. Hinter den Seitenverschalungen der Sitzecken müssten sich passende Stücke finden lassen.«

Bis zum ersten Emmy-Milchkaffee wird es noch eine Weile dauern, denn unter der Decke ist es auch an einem frostigen Märzmorgen verlockend warm, im Gegensatz zu jeglichem Raum außerhalb. Unser Atemhauch ist sichtbar, der Kaffeevorrat leider im Auto, und es regnet immer noch. Ich schlage vor, stattdessen Tee zu kochen, für dessen Zubereitung wir alles im Wohnwagen haben.

»Heute Nacht hast du mich in die Ecke gequetscht«, sagt Freddy.

»Tut mir leid. Ich habe gemerkt, dass du einige Male aufgewacht bist. Ist unsere Emmy doch zu kurz für dich?«

»Wenn ich ein wenig schräg liegen könnte, dann müsste es reichen, aber dann darfst du mich nicht quetschen.«

Als ich kurz darauf vor dem Herd stehe, findet sich der Grund für meine Quetscherei und Freddys unruhigen Schlaf.

»Emmy steht schief! Das Wasser im Topf hat Schlagseite. Solange der Wohnwagen angekoppelt ist, kippt er offensichtlich hinten nach unten.«

»Klar, hätten wir gestern Abend eigentlich merken müssen.«

»Ist doch unsere erste Nacht. Woher sollen wir das alles wissen?«

»Beim nächsten Stopp koppeln wir Emmy ab und drehen die Stützen runter. Dann schlafe ich auch besser«, plant Freddy.

Mit einem warmen Teebecher in der Hand kommt mir ein Gedanke, den ich meinem Liebsten sofort ins Ohr flüstere: »Hey, wir sind wieder an der Elbe. Am selben Fluss, an dem wir unsere allererste gemeinsame Nacht verbracht haben.«

»Wirst du etwa romantisch?«

»Wenn Pläne zu verborgenen Tapetenstücken zu einem Anflug von Romantik passen, warum nicht!«

Erste Grenz-Erfahrungen

In Chemnitz findet sich auf Anhieb, was in Hamburg auch nach einer Woche hektischer Suche nicht aufzutreiben war: eine Ersatzfelge für Emmy. Mit zehn Euro sind wir dabei. Das gute Stück gehörte einst zu einem Wartburg. Ich hatte auf die Ossis gesetzt, und sie haben mich nicht enttäuscht. Danke! Kaffee und Kuchen im ehemaligen Karl-Marx-Stadt und weiter geht's ins Erzgebirge, wo wir den Wagen auf dem Reiterhof von Freunden abkoppeln. Helmut ist erfahrener Kutscher und steht daneben, als Freddy und ich zur Tat schreiten. Er mag kaum hinschauen, denn der Untergrund ist leicht abschüssig, was wir Norddeutschen nicht bedenken. Prompt rollt uns die Emmy davon. Reaktionsschnell bekommen wir sie in den Griff und lachen um die Wette.

»Ihr seid mir welche! Habt ihr keine Keile? Und was ist mit der Handbremse?«, fragt der Kutscher.

»Ach so«, sage ich und Freddy signalisiert mir, dass er das Prozedere theoretisch draufhat, in der Eile nur nicht daran gedacht hat. Besser, die Emmy rollt auf dem Reiterhof gegen das Scheunentor als an den Dardanellen in die Fluten. Mit unseren Freunden sitzen wir am Abend in ihrer Gaststube und sollen von unseren Plänen erzählen.

»Diese Reise in einem winzigen Wohnwagen ist auch eine Prüfung für unsere Beziehung«, sagt Freddy, und ich glaube, mich verhört zu haben. Brauchen wir denn eine Prüfung? Haben wir nicht das Schlimmste mit Bravour gemeistert? Ich fühle mich zum ersten Mal bereit, mein unstetes Leben aufzugeben und mich ganz und gar auf diese Liebe einzulassen. Die Vorfreude und Vorbereitung auf die Reise haben uns stärker zusammengeschweißt, als ich es jemals für möglich gehalten hätte.

»Das kann ich mir vorstellen. Ihr müsst in der kleinen Emmy sehr eng aufeinanderhocken. Wenn ihr das übersteht, dann kann euch nichts mehr erschüttern«, sagt Carola, und ich bin überrascht, denn ich selbst habe seit Monaten keinerlei Zweifel mehr an unserem Unternehmen.

»Das haben meine Eltern und einige Freunde auch gesagt. Für die meisten ist es undenkbar, monatelang mit einem Miniwohnwagen ohne Privatsphäre unterwegs zu sein«, erläutert Freddy. Auch das hat er mir nie erzählt. In meinem engsten Umfeld hat niemand solche Bedenken geäußert. Na ja, dort kennt man mich eben als unerschrockene Dauercamperin an der Elbe, die keinen Komfort benötigt. Oder man hat aus Rücksicht geschwiegen, überlege ich nun, weil sich mir gegenüber niemand zum heiklen Thema *Beziehung* äußern wollte.

*

Am nächsten Morgen geht es weiter in Richtung Tschechien. Nach einer Stunde haben wir die Grenze erreicht. Ich genieße es, neben Freddy zu sitzen, nur getrennt durch einen kleinen Zwischenraum. Rechts neben mir habe ich unseren Proviant, Brillen, Autoatlas, meine Routenmappe und sonstiges Zeug gestapelt, das stets griffbereit sein muss.

»Weißt du was? Das ist die optimale Reisegeschwindigkeit, um auch noch etwas von Land und Leuten mitzubekommen!«, sage ich scheinbar zusammenhangslos, weil Freddy meine zahllosen Gedanken zu den unterschiedlichen Formen des Reisens, die mir seit geraumer Zeit durch den Kopf geistern, natürlich nicht lesen kann. Entsprechend verdutzt schaut er herüber. Dafür erntet er meinen Fingerzeig in Richtung Straße.

»Da spielt die Musik!«, sage ich, und er blickt schnell wieder nach vorn, einen kleinen Jungen mimend, der beim Abschreiben erwischt wurde.

»Hattest du etwa Zweifel daran, dass es die beste Reiseform von allen ist?«, will er wissen.

Mit einem Anhänger ist man ungewohnt langsam – wir dürfen nur achtzig fahren –, dennoch kommen wir gut voran. Zugegeben, es ist immer noch zu schnell für einen Plausch durchs Fenster, aber dafür gibt es schließlich die Pausen. Während ich weitersinniere über unsere angestrebten kurzen Tagesetappen und viel Zeit für Erkundungen, zieht eine vorfrühlingshafte Landschaft vorbei, die wenig Ablenkung bietet. Ich kann getrost weiterträumen. Schweigend sitzen wir nebeneinander. Ich beobachte Freddys Gesichtszüge aus den Augenwinkeln. Er ist blass und abgearbeitet, aber seine Mundwinkel zeigen den Ansatz eines Lächelns. Alles wird gut!

»Wir sind die einzigen Reisenden mit Wohnwagen«, sage ich irgendwann.

»Ich glaube, wir sind die einzigen Reisenden überhaupt, nicht mal ein Wohnmobil ist unterwegs. Seit Hamburg haben wir keines gesehen. Das liegt inzwischen auch fast siebenhundert Kilometer hinter uns.«

Die tschechische Autobahn nimmt den Weg des geringsten Widerstands und umgeht natürliche Erhebungen weiträumig, zumindest sehen wir keine einzige. Wir könnten durchaus in Ostfriesland sein. Woher kommen eigentlich die tschechischen Skispringer?

»Du fährst hundert!«, sage ich zu Freddy.

»Spionierst du etwa auf meinem Tacho herum?«

»Ich meine ja nur. Ist ganz schön schnell.«

Am späten Nachmittag erreichen wir Hustopeče. Der Ort liegt nicht weit von der slowakischen Grenze entfernt. In einem ›Balkandurchquerungsbericht‹, den ich in einem Wohnmobilforum las, war ein Übernachtungsplatz in Hustopeče erwähnt, eine Art Campingplatz neben einem Schwimmbad. Im Internet findet sich unter dem Suchwort *Autoput* einiges Obskure. Zu den zahllosen *Balkan-Warnhinweisen* gesellen sich auch *Alles-ist-gut-gegangen-Berichte*. Als die Welt noch in Ost und West eingeteilt war, gehörte die Tschechoslowakei nicht zur Reiseroute der Ferntouristen und deutschen »Gastarbeiter« auf ihrem Weg in die Heimat, aber die Welt ist eine andere geworden. Für Norddeutsche führt die kürzeste Strecke nach Südosteuropa durch Tschechien.

Hinter der Autobahnabfahrt sehen wir eine Wasserrutsche, die vermutlich schon zu sozialistischen Zeiten den Kindern Spaß gemacht hat. Also sind wir richtig. Nachdem wir ein Tor durchquert haben, tauchen Bungalows im Datschastil und eine Grünfläche auf, die durchaus als Campingplatz dienen könnte. Die Anlage befindet sich im Winterschlaf, doch dann entdecken wir eine Kneipe mit Außenbestuhlung. Ein Pärchen sitzt in der kühlen Nachmittagssonne und trinkt Bier. Am Tresen versuchen wir uns mit Hilfe unseres ›Lonely Planet Eastern Europe‹ zu verständigen und testen es zunächst mit dem internationalen Wort *Camping*.

»Is Mars now, keine summer!«, sagt die junge Tresenfrau im Sprachenmischmasch, sichtlich überrascht von unserem Vorhaben.

»No problem«, sagen wir. Sie fragt etwas, dessen Sinn uns verschlossen bleibt. Ja, es ist immer wieder schön, in ein Land zu reisen, dessen Sprache man nicht versteht. Prompt kommt man sich vor wie der letzte Trottel. Die junge Frau mit den langen schwarzen Haaren, den vielen Ohrsteckern und kunstvoll tätowierten Armen geht nach draußen und wirft einen Blick auf unser Gefährt.

»O.k., car is good, but no electric, closed«, sagt sie. Doch Strom brauchen wir ohnehin nicht. Sie drückt uns einen Schlüssel in die Hand und zeigt auf ein Hintergebäude. *Toilet*. Für drei Bier und die Übernachtung berechnet sie uns 425 Kronen. Wie bei jedem Aufenthalt in einer Nicht-Euro-Zone fällt mir das Umrechnen schwer. Ich blättere in meiner selbstgefertigten Routenmappe und finde dort Notizen zu den Wechselkursen. Eins zu fünfundzwanzig.

»Was hast du denn da?«, will Freddy wissen und scheint beeindruckt vom Inhalt meiner Mappe. Auch für Ungarn, Serbien, Bulgarien und die Türkei habe ich aktuelle Umrechnungskurse und Autobahnnutzungsregeln notiert. Das hat er wohl nicht erwartet. Doch während Freddy bis zur letzten Minute vor unserer Abreise arbeiten musste, habe ich zwei Wochen für eine grobe Reisevorbereitung nutzen können, nachdem wir uns einige Tage zuvor endgültig für die Balkanroute entschieden hatten. In meinem bisherigen Reiseleben bin ich eher mit handlicher Tasche oder Rucksack unterwegs gewesen, nun aber müssen wir mit unserem Gespann jeden Abend irgendwo bleiben. Ich habe nach *sicheren* Möglichkeiten gestöbert und einiges parat bis zur Überfahrt auf den asiatischen Kontinent. Der Monat März ist allerdings keine Reisezeit für diese Region. Wo es im Sommer lauschige Plätze unter üppigem Grün gibt, ist jetzt Flaute. Um acht Uhr wird die Kneipe geschlossen und das Licht gelöscht. Es ist zu kalt, um draußen zu sitzen, selbst mit wattierter Jacke und Supersize-Schal, der einem Nomadenzelt gleicht. Rasch verkrümeln wir uns in unsere Emmy. Wenn sie nicht angekoppelt ist, steht sie wie eine Eins vollkommen im Lot. Ein Blick aus dem Fenster zeigt einen einsamen Stellplatz unter kahlen Pappeln, die am Himmel kratzen.

Freddy schnurrt alsbald vor sich hin. Ich hingegen wittere in den beiden Männern, die plötzlich mit großformatigen Hunden auftauchen, potenzielle Übeltäter und spähe ständig durch die Vorhänge. Es dauert eine Ewigkeit, bis sie ihre Hunde müde gespielt und diverse Zigaretten geraucht haben. Trotzdem bleiben sie in Sichtweite. Warum lungern sie mit ihren Hunden ausgerechnet hier herum? Ungewöhnlich, verdächtig und beunruhigend! Ich versuche alles, um auf andere Gedanken zu kommen und Schauergeschichten aus meinem Gehirn zu vertreiben. Doch dort schlummern gewisse Episoden von ›Aktenzeichen XY … ungelöst‹ und kommen mir ausgerechnet jetzt in den Sinn. Ich höre förmlich die betont sachliche Stimme von Eduard Zimmermann, mit der er Schreckensmeldungen verbreitete und nach Verbrechern fahndete, gerne nach Kriminellen mit osteuropäischem Akzent. Warum meine Eltern mir erlaubt haben, die Sendung anzusehen, kann ich heute Nacht kaum nachvollziehen. Seit ich erwachsen bin, fluche ich regelmäßig über die südländischen Täterprofile – nie sind Skandinavier darunter, dabei weiß man spätestens seit Wallander & Co., was da oben bei den Blonden los ist. Meistens schaue ich ganz für mich allein. Ist doch peinlich, wenn jemand mitbekommt, dass ich mir Rudi Cerne in seiner Rolle als Moderator freiwillig ansehe. Übrigens sind die Nachspielszenen besser geworden und üben umso mehr Faszination und Grusel aus.

»Warum schläfst du nicht?«, will Freddy wissen, als ich mal wieder durch den Vorhang spähe.

»Einer von uns muss Wache schieben.«

»Was? Bitte beruhige dich und schlaf! Ist doch nichts los.«

»Hast du eine Ahnung! Wir wissen nicht mal, wo wir anrufen müssen, wenn etwas passiert.«

»Komm in meine Arme. Ich passe auf dich auf«, sagt er. Wenig später höre ich den Atem eines Tiefschläfers.

*

Ich bin erleichtert, als die Nacht vorüber ist und Freddy unseren Morgenkaffee kocht. Längst sind die Vorratsfächer neu bestückt, und alles, was im Wohnwagen gebraucht wird, steht griffbereit vor Ort. Es duftet köstlich, die Sonne scheint in den Wagen, aber ich muss trotzdem dringend hinaus ins Kühle. In den Waschräumen kommt kaltes und bräunliches Wasser aus den Leitungen. Es dauert eine Weile, bis es sich etwas klärt, dafür allerdings umso kälter wird. Duschen wollte ich ohnehin nicht, doch wenigstens die Zähne putzen. In unserer Emmy gibt es zwar ein Waschbecken, aber wenn ich davorstehe, ist die *Küche* blockiert. Dann kann Freddy sich nicht mehr ums Frühstück kümmern. Außerdem widme ich mich der Körperpflege lieber unbeobachtet. Ein wenig Privatsphäre muss sein. Also hier und jetzt mit bräunlichem Eiswasser!

Nach dem Frühstück wird aufgeräumt. Es ist erstaunlich, wie viel Zeit wir dieser Tätigkeit widmen. Ständig liegt etwas im Weg oder wird gerade gesucht. Unsere Winterkleidung braucht Platz. Sobald zwei wattierte Jacken und Schals an der Garderobe hängen, ist kaum noch ein Durchkommen. Die beiden Haken neben der Tür eignen sich eher für Handtücher und Sommerkleidchen.

Auf dem Autoput

Ich sitze hinterm Steuer und kutschiere uns Richtung Bratislava. Von unserer Emmy ist beim Fahren kaum etwas zu spüren. Sie läuft harmonisch hinterher, kein Zicken und kein Zucken. Die Vorhänge sind aufgeschoben, und über den Rückspiegel habe ich einen direkten Blick durch den Wohnwagen hindurch. Über dem Bett schaukelt unser Massai-Engel, eine Perlenhandarbeit aus Tansania. Er soll uns Glück bringen und vor Unheil bewahren. Kurz vor der Grenze wird unsere tschechische Autobahnvignette kontrolliert, wenig später müssen wir eine slowakische kaufen. Mit sechzehn Euro ein teures Vergnügen, denn nach einer Stunde haben wir den Westzipfel an der österreichischen Grenze durchfahren und erreichen Ungarn, wo die nächste Vignette fällig wird. Beim nächsten Mal sind wir schlauer.

Und dann endlich gelangen wir auf den sogenannten paneuropäischen Verkehrskorridor, der im ehemaligen Jugoslawien als *Autoput M1* legendär wurde. Nun geht es für uns schnurstracks zum Bosporus. Trotzdem bleibt unser Balkanfeeling gemäßigt, weil Penny, Lidl, Hornbach und andere vertraute Ketten die Autobahn säumen, aber immerhin wird auch Gulasch angeboten und man bezahlt mit Forint. Das Wetter ist frühlingshaft und die Puszta zeigt einen grünen Flaum, doch die Storchennester sind noch unbewohnt. Wir fahren den großen Vögeln entgegen.

»Wollen wir heute wieder nur eine kurze Etappe zurücklegen?«, fragt Freddy, und ich höre aus seinem Tonfall heraus, wie gern er weiterfahren möchte, womöglich die ganze Nacht hindurch und bis in die Türkei. Aber das kommt nicht in Frage.

»In Lajosmizse haben wir eine Kontaktadresse. Das sind noch fünfzig Kilometer.«

»Dann sind wir schon spätestens um drei Uhr dort. Was sollen wir da die ganze Zeit machen? Wir könnten heute bis Serbien kommen«, sagt er.

»Bis Serbien? Um uns dann mitten in der Nacht irgendwo hinzustellen? Da bekomme ich kein Auge zu.«

»Wieso mitten in der Nacht? Es ist kaum Mittag vorbei. Du übertreibst ein wenig.«

»Bis wir dort sind, ist es dunkel. Im Dunkeln wollten wir doch nicht fahren.«

»Davon wusste ich noch nichts. Unser Gespann hat übrigens Licht«, sagt Freddy und schmunzelt.

»Du verstehst schon, wie ich es meine. Ich habe doch in Serbien eine Adresse aufgetan und letzte Woche mit einer Frau telefoniert. Bei ihr können wir im Garten stehen, aber bis dahin schaffen wir es heute Abend nicht.«

»Wie lang wäre denn die morgige Etappe von Lajosdingsda bis zu dieser Frau?«

»So wie heute. Stören dich kurze Etappen?«

»Es liegen einige Tausend Kilometer vor uns. Da könnten wir ruhig mal ein paar Hundert Kilometer mehr am Tag machen. Heute sind es kaum vierhundert.«

»Aber so können wir uns in Lajosmizse umschauen, irgendwo etwas essen oder in Ruhe kochen. Wir müssen erst in drei Monaten wieder zurück sein.«

Freddy ist ein guter Langstreckenfahrer, der auch mal am Stück von Hamburg über die Alpen fährt, aber trotzdem habe ich kein gutes Gefühl dabei, bis in die Türkei zu *rasen,* auch wenn es dort sicher wärmer ist. Wir folgen der Wegbeschreibung, die wir in Sachsen notiert haben, denn in der Puszta haben unsere Freunde vom Reiterhof zu DDR-Zeiten in der *Penzion Ida* Urlaub gemacht. Auch wenn das ewig her ist, klingeln wir bei ihren damaligen Gastgebern, geben Grüße weiter und fragen, ob wir dort auf dem Hof stehen können.

Am nächsten Morgen stehen wir früh auf. Die Wirtin möchte kein Geld, und so schenken wir ihr eine Schachtel Lübecker Marzipan. Ein letzter Blick zurück in den Hof, wo sich kahle Weinreben über sämtliche Balkone schlängeln. Im Sommer muss es wirklich schön sein. Dann bekommt man vielleicht auch die berühmten Pferde zu sehen.

»Wir könnten locker das Doppelte fahren«, meint Freddy, womit wir erneut bei unserem derzeitigen Lieblingsthema sind. Die Autobahn in Richtung Serbien ist tipptopp, weitgehend leer und der Himmel wolkenlos.

»Wenn wir gestern das Doppelte gefahren wären, dann hätten wir kein Gulasch bekommen, keinen Bummel durchs Dorf gemacht, keine Vorräte aufgefüllt und unsere netten Gastgeber nicht kennengelernt.«

»Ich möchte nicht unbedingt viel weiter kommen, aber wenn ich mir die heutige Etappe anschaue, dann sind wir schon kurz vor Mittag da.«

»Du übertreibst. Dazwischen liegt die serbische Grenze. Dort kann es auch mal länger dauern.«

Prompt werden wir noch vor der Grenze in Ungarn angehalten.

»Papiere, bitte sehr!«, sagt ein Uniformierter auf Deutsch. »Wohin fahren Sie? Nach Griechenland?«

Und dann geht es vorbei an einer schier endlosen LKW-Kolonne aus serbischen, bulgarischen, griechischen, albanischen, türkischen und iranischen Fahrzeugen, die auf ihre Abfertigung warten. Als PKW dürfen wir an ihnen vorbeiziehen, bis die Grenzkontrolle erreicht ist. Auf Hinweisschildern tauchen kyrillische Buchstaben auf. Wir haben unsere Pässe griffbereit.

»Dobar dan«, sage ich und bin froh, meinen Miniwortschatz aktivieren zu können. In den Neunzigerjahren habe ich als Sozialarbeiterin bosnische Flüchtlinge kennengelernt und dabei einiges aufgeschnappt. In jener Kriegsphase, mit unendlichem Leid auf bosnischer Seite, wäre es unvorstellbar gewesen, eines Tages durch Serbien zu fahren.

»Kontroll!«, sagt der Beamte unmissverständlich und auf sein Handzeichen hin steigt Freddy aus. Nach einem kurzen Blick ins Innere des Wohnwagens werden unsere Pässe begutachtet. Schneller als erwartet dürfen wir weiterfahren. Wo früher Jugoslawien war und zumindest nach landläufiger Meinung Jugoslawisch gesprochen wurde, ist die Sache heute äußerst kompliziert. Nach dem Krieg und dem Zerfall des alten Staatsgebildes sind neue Länder entstanden, in denen nun wahlweise auch Bosnisch und Montenegrinisch gesprochen wird, was sich nur marginal vom *Jugoslawisch* oder *Serbokroatisch* vergangener Zeiten unterscheidet. Serbien hat von diesen neuen Staaten – aus Sicht vieler Westeuropäer – mit Abstand den schlechtesten Ruf und ist im Gegensatz zu Slowenien, Kroatien, Bosnien und Montenegro touristisch eher unbedeutend. Wir tauschen Dinar und tanken. Der Autoput führt uns direkt nach Südosten. Auf manchen Abschnitten ruckelt und poltert es, meistens ist der Asphalt jedoch glatt und makellos, und oft haben wir die Straße für uns allein, kein Fahrzeug von vorne und keins von hinten. Plattes Land in Grün oder Erdfarben, gigantische Felder und kaum Siedlungen. Eine schnurgerade Straße, die zu einem fernen Horizont führt und dort auf einen wolkenlosen Himmel trifft.

Von Novi Sad ist aus der Ferne nichts weiter zu sehen als eine kleine und liebliche Erhebung an der Donau. Kein Fahrzeug, kein Hornbach, kein Penny, kein Lidl, vorerst kein EU-Anschluss. Auf einer Tankstelle entdecken wir ein Schild: ein Pfeil nach links mit dem Wort *Istanbul,* einer nach rechts, *München.* Ich mache ein Foto, und weiter geht die Fahrt.

»Wow!«, rufe ich ziemlich laut aus. Freddy schaut mich an, was mich zu einem Fingerzeig in Richtung Fahrbahn veranlasst und ihn zu einem breiten Grinsen.

»Es ist wunderbar, von dir durch Serbien kutschiert zu werden. Und außerdem haben wir schon wieder eine Seite vom Autoatlas geschafft.«

»Ja«, sagt er, was vollkommen ausreicht, denn gleichzeitig nimmt er meine Hand. Niemals würde ich auf den rechten Teil der Sitzbank rutschen. Wo sollten auch der aufgeschlagene Atlas und meine Brille hin? Etwa zwischen uns? Genaugenommen habe ich drei Brillen griffbereit, und dabei hatte ich früher Adleraugen. Die Ferne klappt noch ausgezeichnet, aber das Lesen geht nicht mehr ohne Brille. Es war ziemlich ernüchternd, als der Optiker seine Diagnose stellte: erschlaffende Muskeln. So etwas sagt man doch nicht, schon gar nicht zu einer Frau und Sportlerin. Das will nun wirklich niemand hören. Jedenfalls greife ich mindestens so oft zu meiner Lesebrille wie Teenager zu ihrem Smartphone. Habe gehört, es geschähe durchschnittlich hundertfünfzig Mal am Tag. Auweia. Die armen Teenager. Die Umfahrung Belgrads führt durch ein Nadelöhr. Von der Stadt ist leider nicht viel zu sehen, aber endlich gibt es mal Verkehr, endlich ein wenig Hektik. Als die Straße an einem belebten Flohmarkt entlangführt, würden wir gern aussteigen und bummeln, aber wir trauen uns nicht, das Gespann allein am Straßenrand stehenzulassen. Unser ›Lonely Planet‹ schwärmt vom Belgrader Nachtleben, und ich hatte Ähnliches auch schon von einer bosnischen Freundin gehört, die hier Verwandte hat. Die Stadt schläft eher tagsüber als in der Nacht. Party, Party, Party. Die Anschaffung der Ausgabe für ›Eastern Europe‹ war ein Verlegenheitskauf. Irgendeinen Reiseführer möchten wir dabeihaben, und dieser Rundumschlag auf eintausend Seiten ist hoffentlich hilfreich. Er gibt zudem Einblicke in das Reiseverhalten bestimmter Touristengruppen. Sehenswürdigkeiten abklappern steht dabei hoch im Kurs. So bin ich nie gereist, und es kommt mir seltsam vor.

Kaum eine Stunde später erreichen wir die Autoput-Ausfahrt, die uns nach Lozovik führen soll, unserem Ziel sechzig

Kilometer südlich der Hauptstadt. Zum Glück tragen fast alle Straßenschilder neben kyrillischen auch lateinische Buchstaben. Nach dem Verlassen der Autobahn geht's ans Bezahlen, drei Euro fünfzig. Wenige Meter weiter bietet man uns frische Erdbeeren an. Drei Schalen für fünf Euro. »Hvala«, sage ich, schüttle freundlich den Kopf und freue mich, das passende Wort für *danke* auf Anhieb parat zu haben.

Auch hier sind die zahlreichen Storchennester noch unbewohnt. Lozovik präsentiert sich ausgesprochen einfach, in gewisser Weise vernachlässigt. *Armut* ist mein erster Gedanke, als ich die unverputzten und halbfertigen Häuser, die windschiefen Zäune, die veralteten landwirtschaftlichen Geräte auf den Höfen, die leer stehenden Gebäude mit den zerborstenen Scheiben und die Schlaglöcher in den Straßen sehe. Die noch kahlen Bäume der Dorfallee passen in ihrer Farbe zum Betongrau vieler Häuser. Es herrscht kaum Verkehr, nur einige Radfahrer biegen in den Weg zur Kirche ein, wo bereits eine Gruppe schwarz gekleideter Bewohner versammelt ist. In der Ortsmitte gibt es eine Handvoll Geschäfte: ein undefinierbares mit fernöstlichem Bezug, einen Kiosk, eine Geldwechselstube, einen Friseur, einen Bäcker, ein Lebensmittelgeschäft und mehrere Cafés und Kneipen. Vereinzelt entdecken wir großzügige Häuser mit kitschigen Verzierungen und griechisch anmutenden Säulen. Keines davon scheint bewohnt zu sein, die Jalousien sind heruntergelassen. Bevor wir in eine schmale Straße einbiegen, fragen wir vorsichtshalber nach dem Weg zu unserem Übernachtungsplatz bei Cica.

»Dobar dan, oprostite molim«, sage ich stockend zu zwei Frauen, die in ihrem Garten stehen und die ersten Frühblüher begutachten. Mit dem knappen Satz zur Begrüßung und Entschuldigung ist mein Wortschatz beinah erschöpft.

»Dobar dan«, antworten sie und warten auf mein Anliegen.

»Cica, njemačka, gdje«, frage ich sie, wo die Deutsche ist, wie Cica es mir am Telefon geraten hat. Auch wenn sie selbst aus diesem Dorf stammt, hat sie durch ihren deutschen Ehemann anscheinend eine andere Rolle eingenommen. Die Frauen überlegen, was ich wohl gesagt haben könnte – meine Aussprache muss fürchterlich sein. Derweil versperrt unser Gespann die Straße, aber es kommt ohnehin kein Fahrzeug vorbei. Im Garten trägt eine Magnolie erste Blüten. Sie steht an einem geschützten und sonnigen Platz und hat damit einen Vorsprung vor anderen. Der Frühling hält Einzug. Die Frauen beraten sich und schicken einen Jugendlichen mit einem Moped vor, damit der uns zur *Deutschen* führt.

Das Haus von Cica und Herbert liegt am Rand des Dorfes, dahinter Felder und Wiesen, Kirschbäume zeigen zarte Blütenansätze, alles andere ist noch kahl. In der Einfahrt steht ein Wohnmobil, mit dem die beiden regelmäßig durch halb Europa reisen, wie Cica mir am Telefon sagte. Deshalb seien sie auch auf die Idee gekommen, ihren Garten für Übernachtungen anzubieten. Sie wissen aus eigener Erfahrung, wie froh man über einen geeigneten Stellplatz ist. Wir klingeln am Tor, und schon lassen sich die Ruheständler blicken. Sofort geraten wir ins Plaudern über das Woher und Wohin. Sie wundern sich, dass wir ohne Probleme über den Autoput gekommen sind.

»Wir fahren immer nur Landstraße, nachdem wir mehrmals abgezockt worden sind. Die sehen das deutsche Nummernschild und wollen sich bereichern. Es wird viel darüber berichtet, dass inzwischen aufgeräumt wurde und die Betrüger hinter Schloss und Riegel sitzen. Wir haben zwar nach den vielen Jahren der Willkür keine Lust mehr auf Autoput, aber es ist gut zu hören, dass mittlerweile wirklich nur der Betrag kassiert wird, der vorgesehen ist«, sagt Herbert, der sich offensichtlich über deutsche Gäste freut. Schon bietet er uns etwas zum Trinken an, zeigt uns den Wasserhahn zur Tankbefüllung und den Ort, wo wir eine Chemietoilette entleeren könnten. Wir haben weder einen Tank noch eines dieser WC-Ungetüme. Wo sollte das auch Platz finden? Unser Zwölf-Liter-Kanister unter der Spüle muss ausreichen. Ich bin so stolz auf die Pumpe, die uns fließendes Wasser beschert. Diesen Luxus möchte ich nicht mehr missen. Freddy hat getüftelt, damit die beiden Sechs-Volt-Batterien zusätzlich eine LED-Lampe betreiben. Emmys alte Gaslampe darf aus Sicherheitsgründen nicht mehr angezündet werden. Sie ist in ihrem original Sechzigerjahre-Design hübsch und erhaltenswert. Freddy hat sie auf Batteriebetrieb umgestellt. Wir haben selbst dann Licht, wenn der Wagen nicht an eine Steckdose angeschlossen ist. Auch einen Eurostecker und eine Kabelrolle haben wir erworben, wir haben den nötigen Fundus, nur keine Nasszelle oder sonstigen Luxus. Ich habe sogar schon mal von Fußheizungen und Warmwasserduschen in mobilen Heimen gehört.

Wir geben unserem Wohnwagen den richtigen Stand und hantieren beinah schon routiniert mit den Drehstützen. Allmählich mutieren wir zu Camperprofis. Emmy wiegt 600 Kilo, das maximale Gewicht ist mit 660 eingetragen. Wir haben es nicht nachgewogen und den Wagen – trotz eindringlicher Hinweise von fachkundiger Seite, Gewicht zu sparen – mit allem beladen, was wir für nötig hielten. Wirklich schwere Sachen sind im Auto.

»Was hältst du davon, wenn wir die Drehstützen mal fetten? Es ist warm genug, um eine Weile unterm Wagen zu liegen«, schlage ich vor.

»Gute Idee. Die Auflaufbremse könnte auch Fett gebrauchen.«

»Na, denn mal los. Wo ist das Zubehör?«

Nach einer Weile finde ich die kleine Kiste. In letzter Minute haben wir in einem Fachmarkt für Autozubehör Ersatzbirnen, Reifenpannenspray und Allzweckfett gekauft. Sicher ist sicher. Endlich haben wir Zeit, uns um unsere Emmy zu kümmern. Wenn ich an die Hektik der letzten Monate denke, die traurige Emmy in wechselnden Werkstätten, dann ist es eine wahre Wohltat, jetzt ohne Zeitdruck und bei angenehmen Temperaturen rumzubasteln. Davon habe ich manches Mal an meinem Schreibtisch geträumt, um mich innerlich aufzubauen. Im Geiste war ich längst mit Freddy und Emmy auf dem Weg zu einem namenlosen Ziel.

»Wir könnten endlich mal die Heizung ausprobieren«, schlägt Freddy vor.

»Jetzt? Ist doch nicht kalt, mindestens fünfzehn Grad, würde ich sagen.«

»Nur mal testen, ob sie wirklich läuft, wie der Gasprüfer meinte.«

Die Heizung hat zwei Schalter, die leider anders aussehen als in meinem Rex. Aber das Patent wird wohl ähnlich sein. Wir drücken an dem einen Schalter, drehen den anderen und lauschen auf das Rauschen von Gas, das partout nicht einsetzen will.

»Ist der Gashahn überhaupt aufgedreht?«, frage ich.

»Gute Idee, meine Süße.«

Freddy nimmt die diversen Gashähne unter die Lupe, einer führt zum Herd, einer zum Kühlschrank und der dritte ans Ziel, und so strömt bald warme Luft aus der Heizung. Unseretwegen können die Abende frostig werden! Dem großen Werkeln folgt ein kleiner Spaziergang durch das Dorf. Viertausend Menschen sollen hier leben, aber es wirkt deutlich kleiner. Die neueren Häuser gehören den Auslandsserben, die vorwiegend in Mitteleuropa ihr Geld verdienen. Beim Anblick des Dorfkerns, der Gärten mit alten Lattenzäunen voller Moosbewuchs, der Gemüsebeete, Obstbäume und Holzvorräte muss ich an Schwarzweißaufnahmen aus den Fünfziger- und Sechzigerjahren denken. Ewig habe ich kein Trafohäuschen mehr gesehen. Hier steht eines an der Kreuzung, wie in längst vergangenen Zeiten in meinem Heimatort. Und auch die Frauen in ihren Kittelschürzen, die durchs Dorf radeln, sind ein vertrautes Bild aus der Kindheit. Vor einem Lädchen für Produkte des ländlichen Bedarfs sitzen Männer neben Plastikschüsseln, Besen und Schubkarren in der frischen Märzsonne. Wir grüßen und nicken freundlich und werden mit einer gewissen Zurückhaltung bedacht.

Später lernen wir einen Verwandten unserer deutsch-serbischen Gastgeber kennen. Ihm sollen wir die zehn Euro für unsere Übernachtung persönlich überreichen. Der Mann um die fünfzig teilt das Schicksal vieler Serben. Im alten Jugoslawien ging es ihm gut. Er war in einem staatlichen Bauunternehmen in leitender Position beschäftigt, hatte sogar einen eigenen Chauffeur und kontrollierte Baustellen. Der Betrieb wurde heruntergewirtschaftet und später privatisiert. Seit über einem Jahr hat er keinen Lohn bekommen. Selbst Ärzte warten manchmal monatelang auf ihren Lohn, erhalten ihn dann häppchenweise und können kaum davon leben. Mit Hilfe von Cica als Übersetzerin klagt der Verwandte über die Armut.

»Offiziell gibt es in Serbien dreißig Prozent Arbeitslose. Hier in dieser Region sind wir besonders schlecht dran. Die Nato hat 1999 das Stahlwerk in Smederevo bombardiert, dann wurde es von der EU saniert, von den Amerikanern billig gekauft und wieder in Betrieb genommen. Die Amerikaner haben immerhin Disziplin eingeführt. Da musste man pünktlich und nüchtern zur Arbeit erscheinen, Alkohol war nicht erlaubt. Seit sich die Stahlproduktion nicht mehr rentiert, sind die Amerikaner wieder weg. Unsere Bevölkerung schrumpft und altert. Die Jungen gehen ins Ausland. Was sollen die hier auch?«

Wir prosten uns mit Slibowitz zu, der intensiv nach Pflaume schmeckt. Vom Schnapsbrennen versteht man hier etwas. Immer wieder muss ich an die Neunzigerjahre denken, als bosnische Flüchtlinge mir ihr Leid klagten und von unvorstellbaren Gräueltaten der Serben berichteten. Von ihnen wird sicher keiner Mitleid mit den *armen* Serben empfinden. Doch über den Krieg sprechen wir nicht. Was könnte ich auch sagen oder fragen, welche Antwort erwarten? Stattdessen trinken wir noch einen letzten Slibowitz. Dermaßen erwärmt, verkrümeln wir uns später in unsere Emmy, ohne die Heizung erneut anzustellen. Gas sparen ist angesagt. Das Thermometer zeigt acht Grad.

Als wir am nächsten Morgen ankoppeln, trifft gerade ein Handwerker mit seiner Frau ein. Er soll eine kleine Terrasse für die Wohnmobilgäste pflastern. Cica möchte dort eine Sitzecke einrichten.

»Der Maurer bringt seine Frau mit, damit auch sie ein ordentliches Frühstück bekommt«, sagt Cica.

»Ja, so schlimm ist es«, pflichtet Herbert bei, »die Menschen haben einfach nichts. Serbien hat einen schlechten Ruf, angeblich ist das Land für jedermann gefährlich. Aber das stimmt so nicht, vor allem nicht in ländlichen Gebieten. Wir hatten hier nie Probleme mit Kriminalität, jeder kennt jeden. Zwar gibt es neuerdings selbst in Lozovik Einbrüche, meistens in den unbewohnten Häusern. Aber stellen Sie sich mal vor, was gestohlen wird: ausschließlich Lebensmittelvorräte! Die Diebe räumen Kühltruhen aus, nehmen Weckgläser mit und natürlich den Schnaps. Die Leute haben nicht genug zum Essen, besonders jetzt im Frühjahr, wo die Vorräte aufgebraucht sind. Der Winter war lang, das merkt man.«

Wir kaufen der Nachbarin zehn Eier ab. Es ist das Einzige, was sie uns anbieten kann. Dafür möchte sie einen Euro haben. Unser Angebot, etwas mehr zu zahlen, wird abgelehnt.

»Gute Reise! Kommen Sie auf der Rückfahrt doch wieder vorbei. Dann sind wir zwar in Deutschland, aber Sie wissen ja, wo Sie stehen können. Das Tor wird nicht abgeschlossen«, sagt Herbert zum Abschied.

Als wir nun zum zweiten Mal durch den Ort fahren, sehen wir die Menschen mit verändertem Blick. Einige sind auf dem Weg zum Markt, wo es nach Cicas Aussage ohnehin kaum was zu kaufen gibt. In der letzten Woche waren schrumpelige Orangen im Angebot. Frischware geht ausnahmslos nach Belgrad, wie es heißt.

Ostblockrelikte

Der Autoput wirkt weiterhin verwaist. Wir fahren vorbei an Gärten und kleinteiligen Feldern, auf denen gesät, gepflanzt und geharkt wird, zumeist von Hand. Frisches Grün auf bräunlicher Erde, erste Salatpflänzchen und Zwiebeln sollen in der Hoffnung auf ein gutes Erntejahr ohne Trockenheit und Überschwemmungen sprießen. Immer wieder sehen wir antiquiert wirkende Fahrräder, auf denen enorme Lasten transportiert werden. Mal ist es ein Holzstapel, mal sind es Rankstützen, mal Saatgut oder Ackergerät, das abenteuerlich auf Gepäckträgern befestigt ist und selbst gewieften Vietnamesen – den Künstlern des Zweiradtransportes – Konkurrenz machen könnte. Muskelkraft wird hier auf einigen Feldern nur durch altersschwache Traktoren ersetzt, die anderswo sicher begehrte Liebhaberstücke wären.

»Da, unser erster Storch«, rufe ich laut aus und zeige auf einen Vogel, der offenbar mit dem Ausstaffieren eines Nests beschäftigt ist. »Warum seine Artgenossen wohl über Tausend Kilometer weiter in den Norden fliegen? Strecke haben sie bis hier sicher schon genug gemacht. Manche sollen aus dem südlichen Teil Afrikas kommen. Ist doch unglaublich.«

»Dagegen haben wir ziemlich bescheidene Reiseziele«, sagt Freddy.

Hinter der Stadt Niš im Süden des Landes verändert sich die Landschaft. Die Ausbaustrecke hat ein Ende und schlängelt sich als zweispurige Straße durch ein enges Tal. Es geht streckenweise an der wilden Nišava entlang, die Straße führt durch unverschalte Tunnel, die aus dem Felsgestein herausgeschlagen sind. Es wird eng und hinter unserem Gespann bildet sich eine Kolonne aus LKWs, die dicht auffahren. Wenn wir in dieser romantischen Landschaft doch nur halten könnten, aber es gibt keinerlei Platz. Wir werden von den Nachkommenden regelrecht angeschoben.

Als wir die bulgarische Grenze erreichen, erleben wir eine ähnliche Prozedur wie an der serbischen, wenn auch mit dem Unterschied flatternder EU-Fahnen. Eine Zöllnerin mit langen schwarzen Haaren und sorgfältigem Make-up bittet Freddy, den Wohnwagen zu öffnen. Im Rückspiegel sehe ich die beiden nach hinten gehen. Und dann hält mein Liebster die Dame einen Moment lang zurück, um die Trittstufe aus dem Wagen zu holen und ihr einen bequemen Einstieg zu ermöglichen. Ich muss schmunzeln, die Zöllnerin findet es offensichtlich charmant und dankt mit einem kurzen Nicken. Nach einem prüfenden Blick ins Innere dürfen wir weiterfahren.

Auf den Straßenschildern nimmt der Anteil lateinischer Buchstaben rapide ab, aber immerhin gibt der ›Lonely Planet‹ beide Schreibweisen der Ortsnamen wieder, sodass wir vergleichen können. Die Landschaft verändert sich, wird weitläufiger und die Felder größer als im südlichen Serbien. Niemand pflanzt oder sät. Als uns vereinzelte Radfahrer begegnen, könnte der Gegensatz zu Serbien kaum größer sein. Hier werden weder Feuerholz noch andere Lasten transportiert, sondern man tritt just for fun in die Pedale. An diesem frühlingshaften Sonntag jagen Sportler auf ihren Rennrädern durch die Landschaft, die Trikots und Sonnenbrillen dürften der aktuellen Tour-de-France-Mode entsprechen. Dieses Bild wird uns bis Sofia begleiten. Je näher wir der Hauptstadt kommen, desto dichter wird der Verkehr und bald finden wir uns in einem chaotischen Kreisverkehr wieder, doch Freddy lässt sich nicht aus der Ruhe bringen. Wir müssen Richtung Plovdiv, manchmal ist auch das Wort *Transit* in lateinischen Buchstaben ausgeschildert. Ich spähe konzentriert hinaus.

»Wir sollten uns an den türkischen LKW hängen, der drei Fahrzeuge vor uns ist. Der wird wohl dasselbe Ziel haben.«

Die Rechnung geht auf. Bald sehen wir erneut Transit-Schilder. Wir landen auf einer ausgefahrenen Umgehungsstraße mit tiefen Spurrillen. Emmy schaukelt hin und her, und der Massai-Engel veranstaltet einen wilden Tanz. Inzwischen erkenne ich das Wort Plovdiv auch in kyrillischen Buchstaben. Es beginnt mit einer römischen Zwei und endet mit einem B, so einfach ist das. Immer häufiger sehen wir LKWs mit deutscher Beschriftung und osteuropäischen Kennzeichen. Ihrem Aussehen nach hatten manche länger keinen Kontakt mehr zum deutschen TÜV. Hier sind LKW Walter, die Gebrüder Weiss, Willi Betz, Krone und Robert Schmitz stark vertreten. Ich muss selber staunen, welche Interessen sich bei mir durch die lange Fahrt entwickeln: Nun achte ich schon auf die Namen und die Häufigkeit deutscher Speditionen. Seltsam, seltsam.

Der ›Lonely Planet‹ ist kein Reiseführer für Camper, aber im Falle von Plovdiv macht er eine Ausnahme und erwähnt das *Gorski Kat Camping*. Leider reicht der ausgedruckte Stadtplan nicht bis zum Campingplatz, aber die Richtung ist zumindest vage angegeben.

»Wollen wir nicht hierbleiben und uns Plovdiv anschauen? Klingt ganz nett, was im Reiseführer steht.«

»Und wo können wir unsere Emmy abstellen?«

»Angeblich nicht weit vom Zentrum entfernt, wenn wir es denn finden.«

Wir verlassen die Autobahn und fahren zunächst durch Gewerbegebiete und Einkaufszentren mit den üblichen Verdächtigen und etwas später an sozialistisch anmutenden Häuserblöcken vorbei. Eine Roma-Familie – zumindest interpretiere ich ihr Äußeres so – ist mit einem Pferdefuhrwerk unterwegs. Eine Bergkette säumt die Stadt im Westen. Wir sollten wirklich versuchen, einen Platz für unser Gefährt zu finden. Bereits an der ersten Tankstelle spricht die junge Kassiererin hervorragend Englisch und kann uns weiterhelfen. In der Stadt herrscht Wochenendstimmung, und auch ohne die hiesigen Wetterverhältnisse zu kennen, tippe ich auf den ersten warmen Sonntag des Jahres. Die Menschen tragen gewagt knappe Kleidung, als hätten sie ewig auf diese Temperatur gewartet. Gutgelaunte Gesichter und wenig Hektik. Vorbei an einem Fußballstadion, einem Universitätsgebäude und Autohändlern mit hochpreisigen deutschen Fahrzeugen, sollen wir gegenüber von Porsche abbiegen, wurde uns gesagt. Es scheint fast so, als sei der *goldene Westen* hier fest etabliert. Eine deutsche Baumarktkette ist selbstverständlich auch schon da, alles auf dem Einheitsweg nach Europa.

Gorski Kat zeigt sich zwischen der geballten westlichen Firmenpräsenz wie ein Relikt vergangener Ostblockzeiten. Auf den ersten Blick wirkt alles verlassen, und ich befürchte schon das Schlimmste, aber dann sehe ich eine geöffnete Tür und das Schild *Rezeption*. Ein junger Mann sitzt am PC und macht einen ausgesprochen trendigen Eindruck. Das Gleiche gilt für den Empfangsraum, eine cool gestaltete Lounge mit alten Sofas und bunten Teppichen. Die Verständigung klappt einwandfrei. Wir seien die einzigen Gäste, die sanitären Anlagen noch geschlossen, aber wir könnten das Bad in einem der Bungalows nutzen.

»Bestens«, sage ich zu Freddy, als wir aufs Gelände fahren.

Er sagt nichts, weil der Anblick nun wirklich nicht bestens, sondern eher skurril ist. Die Bungalows sind winzige Betongebäude, die an Garagen erinnern, einige vollkommen verfallen und teilweise eingestürzt. Im Sommer werden sie von üppigem Grün verdeckt sein, denn Gorski Kat ist ein parkähnliches Gelände, auf dem es im März zaghaft zu sprießen beginnt. Im Grunde genommen ist es ein ziemlich trostloser Anblick. Wir parken in der Nähe des Eingangs.

»Ich werde uns etwas kochen«, sagt Freddy, als Emmy fest auf vier Füßen steht.

»Und ich schaue mir mal unser Bad an. Vielleicht gibt es warmes Wasser. Wir müssten dringend abwaschen.«

»Fühlst du dich hier sicher, oder muss wieder einer von uns Wache schieben?«, will Freddy ernsthaft wissen.

»Ist ganz gut hier. Warum fragst du?«

»Weil ich deine Kriterien durchschauen möchte. Ich finde es überraschend, dass du ausgerechnet diesen Platz als sicher empfindest. In einer Stunde ist es stockdunkel, wir stehen in einem kleinen Wäldchen umgeben von einem Gewerbegebiet.«

»Ist eine Gefühlssache.«

»Habe ich mir gedacht.«

»Der Typ an der Rezeption macht einen guten Eindruck, die Lobby ist witzig, es gibt ein Tor und zwei Hunde, die bestimmt anschlagen, wenn etwas Ungewöhnliches passiert.«

»Ach so.«

Als ich zurückkomme, sitzt Freddy vor dem Wohnwagen und schneidet Gemüse. Die Sonne geht hinterm Wäldchen unter und färbt den Himmel rot. Die Temperaturen bleiben trotzdem angenehm mild, und mit ein wenig Fantasie kann man sich einen lauen Sommerabend in Norddeutschland ausmalen.

»Sieht gemütlich aus«, sage ich.

»Mir gefällt es auch schon besser. Gibt es warmes Wasser?«

»Einen ganzen Boiler voll. Wir können sogar duschen, auch wenn das Bad nicht besonders einladend wirkt. Der Bungalow hat seinen ganz speziellen Charme. Ich habe einen Rundgang übers Gelände gemacht. Die meisten Gebäude sind nicht mehr bewohnbar, aber es gibt weitere Camper am anderen Ende des Platzes, anscheinend Dauercamper oder Leute, die hier richtig wohnen.«

»In einer halben Stunde können wir essen. Draußen?«, fragt Freddy und erntet mein zustimmendes Nicken.

Später sitzen wir auf dem Bett und lehnen an den Kissen. Ich schaue mir im ›Lonely Planet‹ den Stadtplan an und Freddy schnappt sich einen Roman. Er liest ›Der Trafikant‹, was mich ein wenig neidisch macht. In den letzten Jahren bin ich kaum noch zum Lesen von Romanen gekommen. Tagsüber habe ich als Autorin ohnehin ständig mit Texten zu tun und abends sind meine Augen müde, und ich mag nicht mehr zu Büchern greifen. ›Der Trafikant‹ passt weder geografisch noch zeitlich zu unserer Reise und ich bin gespannt, was er mir darüber erzählen wird. Als wir uns nebeneinandersitzend anschauen wollen, müssen wir beide losprusten, denn mit eingeschalteten Stirnlampen kann man sich nicht in die Augen blicken, sondern ist geblendet. Außerdem ist dieser Kopfschmuck nicht besonders attraktiv. Wir müssen ziemlich idiotisch aussehen.

»So geht das nicht. Kann man die Lampen nicht anders einstellen?«, frage ich.

Freddy hält seine Hand vors Licht und ich ziehe meine Lampe hinunter zum Hals. So lässt es sich ohne Blendung küssen. Doch wenig später beginnt das Spiel von vorn.

»Nicht anschauen«, sage ich, als Freddy mich beim Umblättern kurz ansieht.

»Oh, Verzeihung.«

Nach einer weiteren Seite Lektüre schläft er ein und ich knipse die Stirnlampen aus. Von draußen ist kein Geräusch zu hören. Ich fühle mich sicher.

Frühlingsboten in Bulgarien

Wie belebend es doch ist, stadtfein und in luftiger Kleidung in Richtung City zu spazieren. Ich atme tief ein, warme Luft, wow, wir haben den 20. März, und ich möchte nicht mal wissen, wie das Wetter zu Hause ist. Vielleicht genauso schön, aber das ist mir egal. Wir sind mitten in Bulgarien und das ist gut so. Die Plovdiver, oder wie auch immer die Bewohner sich nennen, fühlen offenbar ganz ähnlich. An einer Bushaltestelle warten Studenten in kurzen Hosen und sommerlichen Hemden, manche Frauen tragen leichte Röcke und Kleider. Wir lassen den Bus fahren, die Beschilderung können wir ohnehin nicht lesen, aber schon werden wir auf Englisch gefragt, ob wir Hilfe bräuchten. Klar, immer gern.

»Only a few kilometers to the city«, wird uns gesagt und wir bedanken uns mit einem mühsam auswendig gelernten *Blagodarya,* das mit einem Lächeln und unverständlichen Worten quittiert wird. Doch bevor wir uns historischen und architektonischen Sehenswürdigkeiten widmen, geht es in einen Baumarkt. Die gelb-blaue Halle unterscheidet sich von ihren deutschen Pendants nur insofern, als hier auch Gegrilltes und jede Art von Getränken angeboten werden. Aber es ist eindeutig zu früh für bulgarische Fleisch- und Wurstspezialitäten. Wir müssen uns zunächst im kyrillischen Buchstabenwirrwarr zurechtfinden. Inzwischen wissen wir zwar, dass die Hauptstadt Sofia mit einem C beginnt, mit einem seitenverkehrten R endet und in der Mitte eine aufgespießte Tomate hat – zumindest ist das meine Eselsbrücke zum F, das wie ein O mit vertikaler Mittellinie aussieht. Doch das bringt uns nicht weiter auf der Suche nach Sechs-Volt-Batterien, mit denen wir uns vorsichtshalber eindecken wollen. Da wir unsere Emmy bisher noch an kein Stromnetz anschließen konnten, haben wir unser Licht stets über die umgebaute Gasfunzel bezogen, von der wir nicht wissen, wie viel Energie sie wohl schluckt. Auch hier finden wir sofort jemanden, der Englisch spricht. Die Bulgaren sind offenbar bestens auf ihre EU-Mitgliedschaft vorbereitet. Unsere Spezialbatterien gibt es zwar nicht, aber dafür bekommen wir Klebeband und Kabelbinder, Allzweckhilfsmittel, die man immer gebrauchen kann. Die Abteilung für Alarmanlagen, Überwachungskameras und Tresore ist auffallend gut sortiert. Ein Schelm, wer Böses dabei denkt. An der Kasse hantieren wir erneut mit fremder Währung, doch der bulgarische Lev ist auch von Zahlenphobikern problemlos konvertierbar. Zwei zu eins, wie damals die D-Mark.

Eine Brücke über den Fluss Mariza führt uns in die Altstadt. Das Frühlingsgrün, die Wärme und die Gebäude aus vergangenen Jahrhunderten heißen uns auf angenehmste Art willkommen. Plovdiv fühlt sich gut an. Mit Hilfe des Stadtplans steuern wir die Dschumaja Moschee an, einen schönen Bau aus Natur- und Backsteinen, der an die türkische Vergangenheit der Stadt erinnert. Gegenüber gibt es eine Spirituosenhandlung von bemerkenswerten Ausmaßen. Mit einer Edelwhiskymarke und dem Hinweis *Non Stopp* wirbt sie um Kunden. Angesichts dieser Nachbarschaft vermute ich mal, die Moschee dient nicht mehr ihrer eigentlichen Bestimmung. Nur einen Steinwurf entfernt liegt das antike römische Stadion. Es soll zweihundert Meter lang sein, ist aber weitgehend überbaut worden. Hier gibt es wirklich viel zu entdecken, insbesondere auch auf den Köpfen der Frauen, und ich komme aus dem Staunen nicht mehr heraus. Auffallend viele Damen tragen Haarverlängerungen (und -verdichtungen), wobei nicht alle dafür einen Profi konsultiert haben dürften. Überall eingeflochtenes oder eingeschweißtes Haar, mal bezaubernd schön und mal seltsam improvisiert. An jeder Ecke bieten Friseure in ihren Auslagen Echthaartressen an. Wie viele indische Frauen mögen ihr Haar gelassen haben und wie viel Geld machen Geschäftsleute damit? Irgendwo in einem indischen Tempel haben Frauen aus Dankbarkeit ihre Haare dem Gott Venkateswara oder einem der vielen anderen Götter geschenkt, um sich für gutes Wirken zu bedanken, für die Heilung von einer Krankheit, für bestandene Prüfungen, für Reichtum oder einen guten Schwiegersohn. Freddy wundert sich, welche *Sehenswürdigkeiten* mich beschäftigen. Mit Plovdiv jedenfalls werde ich ein für alle Mal Extensions, High Heels und aufwändiges Make-up verbinden.

Wir essen Pommes, und als von unseren übervollen Tellern etwas auf den Boden fällt, kommt ein junger Mann in zerschlissener Kleidung und steckt sich die Kartoffelspalten in den Mund. Wir wissen nicht, wie wir reagieren sollen. Ein alter Mann mit weißen Haaren ist in seiner Begleitung und bittet am Nebentisch um Almosen. Die beiden umkreisen das Café in engen Bögen, aber niemand achtet auf sie.

Unser Stadtspaziergang führt uns zu einer prächtigen Magnolie vor dem Jugendstil-Rathaus. Sie ist beinah verblüht, und es zeigen sich die ersten Blattspitzen. Die nächsten Windböen werden die Blüten davontragen. Schon jetzt bedeckt ein weiß-rosafarbener Teppich den Rasen unter dem Baum. Glücksbringer in Form bunter Bänder sind an manche Äste des ausladenden Gewächses geknotet. Zwei junge Frauen zücken ihre Smartphones und fotografieren sich vor dem schönen Hintergrund.

»Da vorn ist die Touristeninformation«, sage ich mit Blick auf ein modernes Gebäude neben der Post. Kaum eingetreten, werden wir von einer eleganten Dame herzlich in perfektem Englisch willkommen geheißen und mit Informationen versorgt. Jeden Tag um vierzehn Uhr gäbe es einen kostenlosen Stadtrundgang in englischer Sprache. Der Gott der Reisens scheint es gut mit uns zu meinen. Sie drückt uns einen Flyer in die Hand, auf dem wir den genauen Treffpunkt finden. Eine hervorgehobene Empfehlung wird uns noch lange begleiten: *We highly recommend flat shoes.*

Rosy ist die schnellste Stadtführerin aller Zeiten, vielleicht auch die jüngste. Die zarte Frau mit den engen Hosen und dem streng zurückgebundenen Haar hat gerade die Schule beendet. Unser bunter Haufen aus deutschen, südamerikanischen und ungarischen Touristen hat Mühe, ihr zu folgen. Das gilt für ihr rasant gesprochenes Englisch genauso wie fürs Gangtempo. Anfangs finde ich es noch erfrischend, wenn Rosy die Historie der ältesten Stadt Europas zack, zack zusammenfasst, doch dann komme ich nicht mehr mit, und die anderen Reisenden schauen ebenfalls eher verwirrt als belehrt in die Runde. Thrakien, die Region, in der Plovdiv liegt, war quasi die Wiege Europas, schon im 6. Jahrtausend vor Christus gab es hier eine Siedlung, erläutert Rosy uns. Älter geht es in Europa wirklich kaum. Später spielten die Makedonier eine wichtige Rolle, allen voran der Vater von Alexander dem Großen im 3. Jahrhundert vor Christus. Muss denn immer alles so verdammt lang her sein? Freddy hat längst abgeschaltet, wie einige andere aus der achtköpfigen Gruppe auch. Wer kein Muttersprachler ist beziehungsweise sein Englisch nicht regelmäßig nutzt, bleibt auf der Strecke. Die junge Frau hat Pep und davon jede Menge. Hoffen wir doch mal, dass sie eines Tages ruhiger wird. Der Sozialismus mit seinen *ugly buildings* stellt in ihrem Vortrag nur eine bedauerliche Ära aus der Vergangenheit dar, mit der es noch vor ihrer Geburt vorbei war. Rosy weist uns auf Denkmäler hin, die jahrzehntelang eingelagert und durch kommunistische Heldenstatuen ersetzt worden waren, aber zum Glück unbeschädigt blieben. Nun können die wahren Heroen der Stadt wieder bewundert werden, wie unsere Stadtführerin meint. Männer, die für die Unabhängigkeit der freiheitsliebenden Bulgaren nach über sechshundertjähriger Fremdherrschaft gekämpft haben. Ende des 19. Jahrhunderts war es dann endlich so weit: Das Land war unabhängig.

»Männer wie Levski und Botev haben uns Bulgaren in die Freiheit geführt und von osmanischer Vorherrschaft befreit«, sagt sie leidenschaftlich. Es ist doch immer wieder erstaunlich, wie schnell sich Ideologien ersetzen lassen und wie schnell eine neue Generation heranwächst, für die das Vorhergehende nur Geschichte ist, die man unterschiedlich interpretieren kann. Kaum hat Rosy die Zeit der Ottomanen in Bulgarien abgehakt, da geht es auch schon um die wunderschönen Klöster und die berühmten sechs Hügel, auf denen die antike Stadt errichtet wurde. Je höher wir einen der Hügel hinaufsteigen, desto lieblicher zeigt sich die Stadt. *Plovdiver Barock* schmückt viele Häuser. In den steilen Gassen, beim Anblick des Ethnografischen Museums und mancher Kirche bleibt einem fast die Spucke weg. Als ich eine Dame mit künstlich erweitertem Haupthaar und künstlich erhöhter Körpergröße in einer Gasse mit unebenem Kopfsteinpflaster herumstaksen sehe, kann ich nur eines sagen: »We highly recommend flat shoes!«

Nach einer Stunde haben wir den höchsten Hügel erklommen und unsere Führerin verabschiedet sich genauso schnell, wie sie uns durch ihre Heimatstadt gejagt hat. Wir müssen allesamt erst einmal Atem holen. Unsere kleine Gruppe ist sich nach Rosys Abgang sofort einig: Solch eine Highspeedführung erlebt man selten. Ob das symptomatisch für die junge bulgarische Generation ist?

»Vielleicht hat sie ein Date«, sage ich in die Runde. Mein Bulgarienbild ist jedenfalls durch Rosy eingefärbt: jung, dynamisch, stolz.

Rote Flaggen mit Halbmond

Bulgarien verabschiedet sich mit einem Storchennest auf einer Kirchturmspitze und einem Kreuz in Hochhaushöhe, platziert auf einem Hügel bei Kapitan Andreevo, dem Grenzort zur Türkei. Wir fragen uns, was dort oben bis 1990 zur Schau gestellt wurde. So ist die Botschaft jedenfalls unmissverständlich: Bulgarien ist ein christliches Land!

Wir sind aufgeregt. Einen entscheidenden Abschnitt unserer Anreisestrecke haben wir geschafft. Vor uns liegt der sechste Grenzübergang. Freddy drückt meine Hand und grinst.

»Gleich sind wir in der Türkei«, sagt er und klingt dabei wie ein kleiner Junge, der zum ersten Mal in die großen Ferien darf. Die Schlange der wartenden LKWs ist überschaubar und verteilt sich rasch in die Breite. Bald überblicken wir die enormen Ausmaße des Übergangs. Auf türkischer Seite heißt er Kapikule, wir zählen dreiundzwanzig Schalter, die meisten unbesetzt. Nach Tijuana/San Ysidro zwischen Mexiko und den USA ist dies der zweitgrößte Grenzübergang der Welt und ein Nadelöhr für den Warenaustausch zwischen der Türkei, dem Iran, dem Nahen Osten und der Europäischen Union. Quasi jeder muss hier durch.

Der Papierkram ist um einiges größer als an den vorherigen Grenzen, weil unsere Fahrzeuge in Freddys Pass eingetragen werden. Und dann sind wir drüben! Rote Flaggen mit dem Halbmond flattern im Wind und eine überdimensioniert wirkende Moschee *begrüßt* alle Einreisenden. Damit bloß keine Missverständnisse aufkommen: Die Türkei ist ein islamisches Land.

Meine Routenmappe gibt den derzeitigen Umrechnungskurs

mit 1:29 an. Autobahngebühren fallen nur auf wenigen Strecken in der Nähe von Großstädten an. Na, dann mal los.

Edirne ist die erste Stadt hinter der Grenze, an der wir jedoch weiträumig vorbeigeführt werden. Die Straßen sind in bestem Zustand und der Verkehr ist mäßig. Nach einer Weile kommt mir der absurde Gedanke, die Türkei habe extra viele schicke Neubauten in Grenznähe hochgezogen, damit das Land modern und wohlhabend auf alle Einreisenden wirkt. Doch aus reinen Showgründen wäre das eindeutig zu kostspielig, denn es bleibt bis auf Weiteres so. Zu meiner Schande muss ich gestehen, über kein besonders genaues Türkeibild zu verfügen. Schon während meines Studiums, bei dem das Erlernen einer sogenannten Migrantensprache verlangt wurde, habe ich mich für Spanisch anstatt für Türkisch entschieden. Damals schwebten mir südamerikanische Abenteuer vor. Ich wollte lieber in kubanischen oder nicaraguanischen Brigaden Revolutionen vorantreiben, als mich in Anatolien langweilen. Beim Thema Türkei war ich immer nachlässig, wenig interessiert und nur mittelmäßig informiert. Schande über mich.

Klar habe ich gehört, dass es hier ein enormes Wirtschaftswachstum gibt, aber wie es sich in der Realität darstellt, habe ich mir nicht ausmalen können. Nun fahre ich staunenden Auges auf picobello Landstraßen, die locker mit vielen deutschen Autobahnen mithalten können, und an ultraschicken Firmengebäuden vorbei, obwohl wir uns in ländlichen Gebieten befinden. Sobald man eine größere Ortschaft erreicht, entdeckt man Gewerbeflächen, internationale Logos und Neubaugebiete mit mindestens fünfstöckigen Gebäuden, die mit ausladenden Balkonen inklusive Barbecue-Grills bestückt sind. In jedem Dorf steht mindestens eine Moschee jüngeren Datums. Allesamt haben sie eine weithin leuchtende Metallkuppel. In ihrer Bauweise ähneln sie sich so sehr, als seien sie am Fließband produziert worden.

Zur Mittagszeit machen wir Pause in einem kleinen Ort und parken Emmy vor ihrer ersten Moschee. Weit und breit ist kein

Mensch zu sehen. Kaum sitzen wir im Wohnwagen am gedeckten Tisch, da knackt und piept es seltsam. Wir schauen hinaus, und im nächsten Moment krächzt eine künstlich wirkende Stimme aus dem Lautsprecher des Minaretts. Vier Mal tönt es »Allāhu akbar!«, gefolgt von Gottesbezeugungen und dem Aufruf zum Gebet. Doch der ferngesteuerte Ruf verhallt weitgehend unerhört, und bis auf zwei alte Männer geht niemand zum rituellen Wasserbecken vor der Moschee, um sich auf das Mittagsgebet vorzubereiten.

»Auf den nächsten Kilometern müssen wir uns entscheiden. Weiter nach Istanbul oder mit der Fähre über die Dardanellen«, sage ich zu Freddy.

»Ich dachte, das wäre längst klar. Erst mal auf dem schnellsten Weg ans Meer. Istanbul läuft uns nicht weg. Die Stadt können wir uns auf dem Rückweg anschauen.«

»Dann also weiter nach Gelibolu. So heißt die Landzunge, auf der sich der Fähranleger befindet. In der Nähe des Hafens könnten wir übernachten und dann morgen nach Asien übersetzen.«

»Asien! Wie das klingt. Ich bekomme eine Gänsehaut. Mit dir und Emmy nach Asien.«

Wir fahren parallel zur griechischen Grenze in Richtung Süden. Nachdem wir einen längeren Anstieg bewältigt haben, liegt es endlich vor uns:

»Das Meer!«, ruft Freddy und strahlt über das ganze Gesicht. »Ich möchte heute Abend mit dir am Meer spazieren gehen.«

Doch bis dahin müssen wir noch eine Weile fahren und nutzen die Gelegenheit, um im Wortschatz des ›Lonely Planet‹, im *Türkisch-Kauderwelsch,* zu blättern.

»Sollen wir mit den Zahlen anfangen? Die sind in Lautschrift angegeben, damit wir beim Einkaufen wenigstens ansatzweise verstehen, was wir bezahlen sollen. Von eins bis fünf: bir, iki, ütsch, dört, bäsch«, lese ich vor und finde nicht die kleinste Ähnlichkeit mit vertrauten Sprachen.

»Bitte noch mal, ich weiß nur noch Bier und Ütsch«, versucht sich Freddy.

»Alte, jedi, sekies, dokuz, on geht es weiter. Da fehlt mir jegliche Eselsbrücke.«

Es dauert nicht lange und Freddy kann bis zehn zählen, während ich immer wieder bei jedi, sieben, hängenbleibe. Die Ortsnamen, die wir unterwegs auszusprechen versuchen, sind eine weitere Herausforderung. *Bahçeköy* lässt viele Interpretationen zu, wenn man die Betonungszeichen nicht kennt, und so schaue ich ständig ins Buch. Hoffentlich treffen wir auf viele englisch- oder deutschsprachige Türken.

»Wenn ein Haken unter dem C ist, spricht man es Tsch aus«, fasse ich meine neuesten Erkenntnisse zusammen.

Zu unserer Rechten liegt das nördliche Ägäische Meer und die Meerenge der Dardanellen zur Linken, wo sich Siedlungen aneinanderreihen, die allesamt unbewohnt aussehen. Nach der fünften leblosen Anlage haben wir auch ohne Sprachkenntnisse verstanden, dass es sich um Feriensiedlungen handelt, die sich *Sitesi* nennen. Sie tauchten genauso abrupt auf wie das Marmarameer zu unserer Linken. Sitesis sind in die Landschaft gesetzt, ohne jeglichen Bezug zu ihr. Meistens handelt es sich um gleichförmige Bauten, mal mehrstöckig und in Form von Appartements, mal großzügiger und zweigeschossig mit Balkonen und kleinen Grundstücken. Allen gemeinsam sind heruntergelassene Jalousien und Satellitenanlagen. Einige Hundert Menschen können in einer Sitesi den Sommer verbringen, doch jetzt im Frühjahr ist weit und breit niemand zu sehen.

Die Dardanellen verbinden die Ägäis mit dem Marmarameer, und jedes Schiff zwischen Istanbul, Bosporus, Schwarzem Meer und Mittelmeer muss hier vorbei. Eine bedeutende Meerenge und im Ersten Weltkrieg ein entscheidender Kriegsschauplatz, wie uns alsbald in Erinnerung gerufen wird. Kaum haben wir die Region um die Stadt Gelibolu erreicht, flattern unzählige türkische Nationalfahnen im Wind, rot, rot, rot. Kriegerdenkmäler, überdimensionale Aufnahmen von Atatürk und Gedenktafeln säumen die Straße. Wir können die geballte Präsenz türkischer Nationalsymbole kaum deuten. Uns kommen zahlreiche Busse entgegen, in denen Soldaten sitzen, die das Kriegsmuseum besuchen wollen. Wenn wir schon mal hier sind, dann sollten auch wir uns das genauer ansehen. Unser Gespann parken wir nach einer chaotischen Konversation mit Uniformierten zwischen einigen Reisebussen. Neben türkischen Jungsoldaten und zwei traditionell wirkenden Familien sind wir die einzigen Besucher. Emmy scheint sich vor all dem Militär ducken zu wollen und wirkt noch winziger als ohnehin schon.

Im *Çanakkale Destanı Tanıtım Merkezi*, wie das Museum offiziell heißt, werden wir aufgeklärt, oder man könnte auch sagen, uns wird auf modernste und hochtechnisierte Art die Perspektive der Türkei im Kampf um die Dardanellen 1915/1916 vorgeführt. Die Präsentation ist schwer erträglich, aber ein gutes Mittel, Staatsgründer Atatürk näher kennenzulernen.

Als Besucher gehen wir an Deck eines täuschend echt wirkenden Minenlegers auf See (schaukelnd und unter Beschuss durch Schlachtschiffe), marschieren durch Schützengräben (zumindest akustisch fliegen einem die Kugeln um die Ohren) oder sind in einem Lazarett (unter Bombenangriffen). Ausgerüstet mit Headsets, können wir den Darstellungen professioneller Schauspieler folgen und erfahren, was Mustafa Kemal Paşa, der sich erst seit 1934 Atatürk – Vater der Türken – nennen ließ, auf dem Schlachtfeld zu den erschöpften Soldaten gesagt haben soll: *Wenn ihr keine Munition mehr habt, dann habt ihr immer noch eure Bajonette!*

Davonstehlen können wir uns nicht, denn dreizehn unterirdische Säle müssen als Gruppe durchlaufen werden. Am Ende sind wir Zeuge, wie die alliierte Besetzung der Dardanellen verhindert wurde und Winston Churchill zurücktreten musste. Einhunderttausend Tote und mehr als doppelt so viele Verletzte waren zu beklagen.

Wir sind vollkommen geschafft und flüchten wortlos ins Auto, das auf einem ehemaligen Schlachtfeld steht. Mit einem mulmigen Gefühl fahren wir ans Meer und schauen uns die Dardanellen mit anderen Augen an.

In Asien

»Wir sind in Asien. Ich kann es kaum glauben«, sagt Freddy und lenkt den Wagen am nächsten Tag durch Çanakkale. Nationalfahnen hängen über mehrere Etagen aus den Fenstern, überdimensionale Bilder von Atatürk anlässlich der bevorstehenden Dardanellen-Siegesfeier säumen die Straßen. Auf den meisten trägt er einen hohen Fes aus Karakulpelz, was ausgesprochen kleidsam wirkt, insbesondere zum gestärkten Frackhemd mit Krawatte. Der Republikgründer muss ein Dandy gewesen sein. Sein Persianer-Fes passt aber auch zur Militärjacke, die dem Träger mit dem schneidenden und eisklaren Blick etwas Abgehobenes gibt. Wenn nur die Anzahl und die Größe der Porträts nicht so verwirrend wäre.

»Ich habe Hunger. Wollen wir in Çanakkale zu Mittag essen? Laut unserer Karte gibt es auf dem weiteren Weg keine größere Ortschaft mehr«, schlage ich vor.

Nachdem wir den älteren Teil der Stadt hinter uns gelassen haben, landen wir in einem modernen Vorort. Bisher haben wir noch in keinem türkischen Restaurant gegessen und hoffen auf Fremdsprachenkenntnisse.

»Da vorn sind mehrere Restaurants, sogar mit Parkplätzen für unser Gespann.«

Wir wählen das schlichteste aus, ohne schicke Außenterrasse, ohne künstlichen Rasen, ohne bunte Bilder der Speisen und ohne Musik. Hier gibt es lediglich einen gekachelten Raum, Neonröhren an der Decke, zwanzig Tische, ein Dutzend Gäste, eine Kasse im Eingangsbereich und ein Einheitsmenü. Wir verständigen uns mit Gesten und genießen das einfache und schmackhafte Essen an einem Fensterplatz. Beim Bezahlen wundern wir uns über den Preis. Zwölf Türkische Lira für alles. Ist das hier etwa eine Armenküche? Doch die Gäste sehen keinesfalls bedürftig aus, eher wie Angestellte in der Mittagspause. Nebenan kostet eine Portion Adana Kebab sechzehn Lira.

Wir sind absolute Türkeineulinge. Ich war schon ewig nicht mehr in einem Land unterwegs, das mir derart fremd ist. Aber es ist trotz aller Irritationen ein gutes Gefühl, denn so gibt es jede Menge zu entdecken! Und was das Schönste ist, wir sind beide gleichermaßen ahnungslos.

»Wohin fahren wir?«, frage ich, als wir wieder im Wagen sitzen.

»Immer weiter?«

Auf Höhe der antiken Stadt Troja nehmen wir eine Landstraße, die uns an der Ägäisküste entlang in Richtung Süden führt. Die Straße wird schmaler, die Landschaft hügeliger und der Verkehr weniger. Wir zuckeln gemächlich dahin und lassen den Fahrtwind durch die geöffneten Scheiben wehen. In winzigen Ortschaften sitzen alte Männer vor Teehäusern und beäugen unser Gespann, während Frauen in bunt leuchtenden Pumphosen in den Gärten arbeiten oder Ziegen über die Straße führen. Troas, so der antike Name dieser Landschaft, ist ein fruchtbares Stück Erde und jede Ackerfläche ist bestellt. Allerorten werden Wasserleitungen verlegt. Plötzlich sind wir umzingelt von einer Schafherde, um uns herum bimmeln Glöckchen, Hufe tippeln auf dem Asphalt, und der Schäfer grüßt mit einem *Merhaba.* Wir fühlen uns angekommen. Aber wie verhält man sich, wenn man von einer Schafherde umringt ist? Ein nachfolgendes Fahrzeug macht es vor: hupen und Gas geben! Wir trauen uns nicht, haben ohnehin keine Eile und tasten uns langsam vor.

Stundenlang denken wir nicht daran anzuhalten oder Fotos zu machen. Wir schauen und saugen das Gesehene in uns auf, Bilder und Gefühle, die bleiben, ohne digital oder auf Papier festgehalten zu werden. Manchmal erhebt sich das Land, die Straße führt Anstiege hinauf und scheint im Nichts zu enden, doch nach der nächsten Kurve schweben wir unverhofft über der glitzernden Ägäis. Einsame Buchten liegen weit unter uns, nur erreichbar über steile Schotterwege. Bis Assos können wir es heute locker schaffen und vielleicht am Tempel der Athene verweilen.

»Das muss Lesbos sein!«, sage ich, nachdem die Südwestspitze Troas umfahren ist und wir weit über das Meer schauen können. Für Freddy muss es genauso unwirklich sein, einen alten Tabbert hinter uns herzuziehen, griechische Tempel am Wegesrand zu wissen und beinah nach Lesbos hinüberspucken zu können.

»Was hältst du davon, wenn wir uns die Athene vorerst schenken und einfach weiterfahren? Das ganze Land liegt noch vor uns, und vor griechischen Tempeln können wir uns in den nächsten Wochen sicher kaum retten«, schlage ich vor.

»Gibt deine Mappe einen netten Übernachtungsplatz her? Es ist jetzt fünf Uhr. Bald wird es dunkel«, sagt Freddy und lässt seine Worte mit einem geheimnisvollen Unterton ausklingen.

»Ha, ha, wir haben noch fast zwei Stunden Zeit, bis die Räuber aus dem dunklen Wald kommen. Also, ich weiß nicht genau, ob wir es bis Ören auf der anderen Seite des Golfes schaffen, aber dort soll es einen Platz geben, der geöffnet ist. Das sind noch ungefähr sechzig Kilometer, wenn ein Zentimeter auf dem Atlas 7,5 Kilometern entspricht«, sage ich und vermesse mit meinen Fingern die Landkarte und den Golf von Edremit.

»Ich liebe es, wenn du Berechnungen anstellst.«

»Wieder ha, ha, ist dir irgendwie langweilig? Willst du mich zum Zeitvertreib ärgern?«

»Nein, überhaupt nicht. Ich kann mir nichts Schöneres vorstellen, als mit dir als Copilotin an Lesbos vorbeizufahren. Einfach nur wunderbar.«

Zwischen Assos und Küçükkuyu führt eine schmale Straße an der Küste entlang, als *Nebenstraße* ist sie im Atlas weiß markiert.

In Troas waren wir laut Legende auf einer gelb-grünen *landschaftlich schönen Strecke* unterwegs. Diese Einordnung können wir nur bestätigen. Auf unserer ersten weißen Straße ragen schroffe Felsen zur Linken auf, während der Uferstreifen gesäumt ist von einfachen Ausflugslokalen, kleinen Hotels und Campingplätzen, die allesamt geschlossen sind. Im Sommer wird sicher eine Menge Trubel sein, wobei dem Tourismus hier von Natur aus enge Grenzen gesetzt sind. Es gibt keinen Platz für Massen und kein Hinweis lässt auf ausländische Gäste schließen, kein Flugplatz und keine größere Stadt weit und breit. Ein schönes Fleckchen Erde. Der nördliche Küstenstreifen duckt sich unter einem Gebirgszug mit dem Mont Ida als Gipfel von über siebzehnhundert Metern. Ich bin gespannt, wo wir heute landen werden. Noch ist alles neu und rätselhaft, unsere Gefühle für Land und Leute sind kaum entwickelt. Einerseits haben wir eine moderne Stadt gesehen, die in rote Fahnen und Atatürk-Porträts gehüllt war, mit Menschen, die rein optisch kaum anders wirken als in einer deutschen Großstadt, und andererseits sind wir stundenlang an Bäuerinnen und Bauern auf ihren Feldern vorbeigefahren.

»Ich freue mich darauf, die Türkei besser kennenzulernen«, sage ich aus meinen Gedanken heraus.

»Mir geht es genauso«, stimmt Freddy mir zu. Er arbeitet seit vielen Jahren mit einem deutsch-türkischen Kollegen zusammen, der von der Heimat seiner Eltern nicht viel mehr kennt als diesen durch die Insel Lesbos von Wind und Wetter geschützten Golf. In der Nähe von Edremit hat die Familie eine Wohnung in einer Sitesi, wo sie jedes Jahr die Sommerferien verbringt. Der Kollege hat uns diese Wohnung angeboten, falls wir mal richtige Wände und eine Dusche bräuchten. Doch so weit sind wir noch lange nicht. Emmy gibt uns ein schönes Dach über dem Kopf.

»Wenn wir einen Ort mit vielen Ks erreichen, kommen wir wieder auf die rote Fernstraße, die wir bei Troja verlassen haben. Ich möchte gern wissen, wie sich der Ort ausspricht. Er schreibt sich K-ü-c-u-k-k-u-y-u, mit einem Haken unterm C. Glaubst du, das lernen wir irgendwann mal? Ist doch peinlich, wenn man sich kaum verständigen kann und nicht mal die Ortsnamen richtig ausspricht. Stell dir vor, wir wollten jemanden fragen, wie wir nach Küküsoundso kommen«, sage ich zu Freddy.

»Bir, iki, ütsch, dört, besch«, gibt Freddy lächelnd sein Türkisch zum Besten.

»Du kannst immerhin schon zählen und machst mich damit ganz schön neidisch.«

In Kikiriki, wie ich den Ort inzwischen nenne, verändert sich die Welt. Die vierspurige Straße führt beinah übergangslos von einem Ort in den nächsten und von einer Sitesi zur anderen. Fußgängerbrücken garantieren eine ungefährdete Überquerung, wobei der Verkehr sich in Grenzen hält, denn auch diese Sitesis sehen zum Großteil unbewohnt aus. An Einkaufszentren mangelt es nicht und viele europäische Lebensmittelkonzerne haben hier ihre Filialen, allen voran die Schweizer.

»Brauchen wir noch was?«, fragt Freddy.

»Willst du etwa zu Migros?«, frage ich.

»Mal schauen, wie hier das Sortiment ist. Wir können Frischware gebrauchen. Ich möchte gern was kochen.«

Doch ans Kochen ist noch lange nicht zu denken, denn erst als es zu dämmern beginnt, erreichen wir Edremit, das fast zwanzig Kilometer vor unserem Ziel liegt. Vom Meer haben wir seit Kikiriki nicht mehr viel gesehen, denn jeder noch so kleine Uferstreifen ist verbaut. Dicht an dicht stehen die Feriensiedlungen, meist zwei- bis vierstöckige Häuserblöcke und Einkaufszentren, und verdecken natürlich gewachsene Ortschaften. Edremit ist eine Stadt von über hunderttausend Einwohnern, mehrspurige Straßen, Hochhäuser und viele Neuwagen prägen das Bild. Von der hübschen Altstadt, die es hier geben soll, ist nichts zu sehen. Das einundzwanzigste Jahrhundert präsentiert sich ohne Romantik und ohne einen Hauch von Fremdheit. So sehen viele Vorstädte überall in der Welt aus. Die Bäuerinnen in ihren Pumphosen sind plötzlich ganz weit weg. Als es zu nieseln beginnt, schwindet meine Geduld. Ich mag nicht mehr sitzen und will nur noch das, was alle Reisenden wollen: den schönsten, einzigartigsten und unberührtesten Platz an einer einsamen Küste! Beim Gedanken daran muss ich laut auflachen und Freddy schaut mich fragend an.

»Es ist alles okay mit mir, ich frage mich nur, wo in dieser ungastlichen Moderne wir unseren Oldie für die Nacht parken können«, sage ich.

»Ich denke, wir fahren nach Ören.«

»Wenn wir es finden, momentan sehe ich nur Kräne, Hochhäuser und Kreisverkehre.«

»Geduld, mein Engel.«

»Ich habe Hunger und mein Hintern schmerzt. Es war nicht später als zwölf, als wir zuletzt was gegessen haben.«

Mit Hilfe von Innenbeleuchtung und Taschenlampe suche ich auf der Karte nach dem richtigen Weg. Es kann nicht weit sein, aber Baustellen und Feierabendverkehr erschweren die Orientierung. Dann endlich ein Schild. Wir durchqueren eine fruchtbare Ebene, zwischen Feldern liegt ein kleiner Flugplatz. Es ist kaum ein Mensch auf der Straße. Warum sollte ausgerechnet hier ein Campingplatz geöffnet sein? Vom Meer ist auch nichts zu sehen. Im Autoatlas ist der Ort Ören gelb hinterlegt, was *sehenswert* bedeutet.

»Nach rechts«, rufe ich, als ich im letzten Moment einen bescheidenen Hinweis zum *Altin Camp* am Straßenrand entdecke. Wir fahren durch eine Siedlung mit Einzelhäusern und gepflegten Gärten. Und dann stehen wir im Dunkeln vor einem geschlossenen Tor: *Altin Camp & Park Hotel.*

»Ich steig mal aus und schaue nach«, sage ich und bitte im Stillen um Einlass. In diversen Sprachen gibt es einen Hinweis: läuten! Selten war ich so glücklich über eine Klingel. Und prompt erscheint jemand am Tor und öffnet.

»Ja, Sie können hier stehen«, sagt ein älterer Mann in gut verständlichem Deutsch und erklärt uns, was wir wissen müssen: Es gibt weder einen Kiosk noch ein geöffnetes Restaurant, aber selbstverständlich Elektrizität und warmes Wasser. Ich bin in jeder Hinsicht erleichtert. Wir fahren durch ein parkähnliches Gelände mit Laubbäumen und Palmen, Oleander, immergrünen Gummibäumen und Eucalyptus. Lichter schimmern durchs Dickicht und wir erahnen den Uferstreifen, das Meer und dann beim Näherkommen sogar die glitzernden Lichter von Kikiriki und den anderen Orten auf der gegenüberliegenden Seite des Golfs. Nach kaum einer halben Stunde steht unsere Emmy quer zur Agäis, wenige Schritte vom Strand entfernt, die Ruhe nur untermalt vom Rauschen der Blätter und des Meeres. Mit der Drehstützenkurbel noch in der Hand gehe ich auf einen Steg und betrachte unsere Emmy aus der Distanz. Wir sind ans Stromnetz angeschlossen und die Küchenlampe brennt. Freddy steht am Herd und brutzelt. Jippie, wir haben ein Zuhause in der Türkei!

Obwohl es kühl ist, stelle ich zwei Stühle an den Strand, schnappe eine Wolldecke und gieße uns Rotwein ein. Eingepackt in Mützen und Schals prosten wir uns zu.

»Ist das nett hier! Erste Reihe vom Feinsten.«

Zum ersten Mal begreife ich wirklich, was es heißt, mit einem Wohnwagen zu reisen. Wir haben alles, was wir brauchen, ein kuscheliges Bett am Meer, unsere kleine Küche, einen Vorratsschrank, einen Kleiderschrank, unsere Bibliothek und unser Ess- und Wohnzimmer. Immer wieder drehe ich mich zu unserer Gräfin um. Der Lichtschein im Innern verzaubert sie in ein Märchenschloss.

Grau versus Blau

Am Morgen ist es bewölkt, das Meer zeigt sich im gleichen Grau wie der Himmel, von Lesbos ist nichts mehr zu sehen. Ich koche uns einen Kaffee und stöbere in den Vorräten.

»Ach nee, ich glaube, jetzt habe ich den Regler für den Kühlschrank entdeckt. Ich schalte ihn mal aus. Den brauchen wir nun wirklich nicht«, sage ich. Draußen ist es nicht wärmer als in einem Kühlschrank, sieben Grad. Nach dem Kaffee und einem ersten Frühstück muss dringend abgewaschen werden, und ich spreche ein stilles Erfinderlob auf die Faltschüssel, mit der ich mich ans Werk begebe. Ein Raum mit Toilette, Waschbecken und Dusche ist für *Wintergäste* geöffnet. Von dort hole ich warmes Wasser und nutze unseren Klapptisch als Spüle. Es gibt kaum eine angenehmere Hausarbeit, als draußen am Meer Geschirr zu spülen. Den Wellenschlag im Ohr, mit Blick aufs Wasser, das sich mit den ersten Sonnenstrahlen, die sich durch die Wolken kämpfen, in Sekunden verwandelt. Was eben noch graublau schimmerte, leuchtet nun türkisfarben.

»Freddy, komm schnell! Schau mal aufs Meer«, rufe ich. Mit dem Rasierer in der Hand lugt er aus der Tür und lacht über das ganze Gesicht. Wenig später steht er in Badehose vor mir und geht ins Wasser.

»Bist du verrückt?«

»Nein, verliebt«, sagt er und bleibt eine gefühlte Ewigkeit im Wasser. Vermutlich sind es nur zwei Minuten.

»Lecker salzig«, sagt er. Ich reiche ihm ein Handtuch und wehre seine eiskalte Umarmung ab. Wie kann er nur im März ins Meer steigen? Immerhin ist die Lufttemperatur inzwischen auf sechzehn Grad geklettert. Selten zuvor habe ich Außen- und Raumtemperaturen gemessen, aber eines unserer Reisegeschenke ist ein Thermometer, das ich nun freudig nutze. Bevor der letzte Teller sauber ist, hat sich der Himmel wieder zugezogen und es beginnt zu regnen. Aprilwetter an der Ägäis. Freddy hat vor seinem Badeausflug den Wohnwagen aufgeräumt und eine neue Ordnung eingeführt, die er mir sogleich präsentiert. Hoffentlich kann ich mir merken, in welche Kiste unter dem Bett die Dinge gehören, die sonst einfach nur im Weg herumliegen. Er nennt es Zwischenlagerung. Als es draußen immer ungemütlicher wird, sitzen wir in unserem Esszimmer und frühstücken zum zweiten Mal. Die Heizung läuft und wir haben den Golf von Edremit quasi ganz für uns allein. Niemand geht vorbei, kein Schiff ist zu sehen. Als es verdächtig knackt und krächzt, schaue ich auf die Uhr. Zwölf Uhr dreißig, eine Tonbandstimme ruft zum Mittagsgebet. Der Muezzin klingt hier genauso künstlich wie in den anderen Orten, die wir passiert haben.

»Wenn es aufhört zu regnen, wird es Zeit für eine Erkundung von Ören, oder was meinst du?«, fragt Freddy.

»Gute Idee, endlich wieder raus.«

Zum Campingplatz gehört ein Strandhotel, eine Art Wintergarten mit kleiner Bibliothek lädt zum Verweilen ein, und an der offenen Bar werden im Sommer Sundowner unter freiem Himmel angeboten. Das weiße Strand- und Gartengestühl stammt aus einer Zeit, als man Holz und Metall den Vorzug vor Plastik gab. Wir sind die einzigen Gäste, und als wir eine ältere Dame am Fenster eines Nebengebäudes sehen, grüßen und winken wir. Sie ist die Hausherrin des Altin Camps und spricht Deutsch.

»In den Sechzigerjahren habe ich im Goethe-Institut in München einen dreimonatigen Kurs besucht. Wir hatten hier immer deutsche Gäste, besonders in den Siebziger- und Achtzigerjahren. Mit dem Jugoslawienkrieg war es dann vorbei. Wie sollten die

Camper mit ihren Bullis und Wohnwagen denn auch hierherkommen? Alles ist anders geworden«, sagt sie. Freddy und ich ermuntern sie zum Erzählen, um etwas über diese Gegend und vor allem über diese nette Anlage zu hören.

»Haben Sie die Tennisplätze gesehen? Mein Mann hat das alles geplant und die Bäume gepflanzt. 1963 haben wir eröffnet«, sagt sie und deutet auf den prächtigen Park. Unsere Emmy wirkt wie ein Winzling angesichts der Baumriesen.

»Mein Mann ist vor fünf Jahren gestorben. Das hier war sein Lebenswerk«, fügt sie hinzu und zieht sich ihren locker gebundenen Schal ein wenig fester um den Kopf. Ich stelle mir vor, dass es ein schönes gemeinsames Leben gewesen sein muss. Aus dem Park und den Gebäuden spricht Liebe zum Detail. Bei Sommerhitze findet man hier überall Schatten, ein Pavillon ist an einer kleinen Landzunge platziert, wo ein Lüftchen durch die geöffneten Fenster wehen kann, und die Restaurantterrasse liegt unterm Schutz breitfächriger Palmen.

Der Uferweg führt uns in den Ort. Einige Frauen treiben Sport und nutzen ihre Walkingrunde zum ausführlichen Plausch. Zwei Männer angeln und ein ungleiches Liebespaar drängt sich auf einer Sitzbank dicht aneinander, der Mann mindestens dreißig Jahre älter, um einen Kuss ringend, den er erst auf sanften Druck erhält. Ein anderes Paar hat das Teenageralter noch lange nicht hinter sich gebracht, geht mit einem Hund spazieren und raucht. Nach einigen Hundert Metern führt der Weg einen Hang hinauf und bietet einen herrlichen Ausblick. Wir suchen die Sehenswürdigkeit, der Ören seine gelbe Hervorhebung verdankt. Unser Reiseführer betont die Ruhe im Vergleich zur Hektik auf der anderen Seite des Golfs, was wir auf Anhieb bestätigen können. Alter Baumbestand und hübsche Bungalows statt vierspuriger Straßen und Einkaufszentren. Plötzlich stehen wir vor einer Ausgrabung. Einige Säulen und Steinquader liegen in einer ausgehobenen Grube, mäßig geschützt durch einen Zaun und dekoriert mit neuzeitlichen Amphoren und Blumenarrangements. Noch während wir auf einem englischsprachigen Hinweisschild lesen, dass Adramys, der Bruder des berühmten und superreichen Krösus, diesen Ort gegründet haben soll, erwischt uns ein heftiger Hagelschauer. Schnell überfliege ich die weiteren Zeilen über den antiken Ort, der berühmt war für seinen Hafen, seine Verfassung und lokale Gesetzgebung und für Brombeerrahm und Mönchspfeffer. Wie bitte, *cream with blackberries and chaste tree*? Ob es an Übersetzungsfehlern oder an mangelnder Bildung meinerseits liegt, kann jetzt nicht geklärt werden, denn der Hagel schmerzt auf unseren Häuptern und wir müssen dringend Schutz suchen.

»Was machen wir jetzt?«, frage ich und halte Ausschau nach einem Unterstand. Bin ich froh, wenigstens Gummistiefel angezogen zu haben. Freddy nimmt meine Hand und wir rennen los. In der Nähe qualmt ein Schornstein und verbreitet angenehmen Rauchgeruch. Olivenholz stapelt sich vor dem Haus, und als wir einen Backofen entdecken, sind wir gerettet und nehmen auf der überdachten Terrasse Platz.

»Hoşgeldiniz!«, werden wir von einer jungen Frau willkommen geheißen.

»Merhaba, hello ... äh, do you speak English?«, frage ich.

»Little.«

Am Backofen entfacht ein Mann das Feuer zu neuem Leben und deutet wenig später auf einige Bilder von Speisen. Wir bestellen Pide, einen belegten und eingeschlagenen Hefeteig, und hängen unsere nassen Jacken über die Stuhllehnen. Der Pidebäcker holt einige Stücke Holzkohle aus seinem Ofen und legt sie in eine Metallschale. Bevor ich mich fragen kann, was es damit auf sich hat, kommt er herüber und schiebt das Gefäß unter unseren Tisch. Das nenne sich *Korsi* und werde uns wärmen.

»Teşekkür ederim«, sagen wir zeitverzögert, nachdem wir die entsprechende Stelle in unserem Sprachführer gefunden haben. Hoffen wir mal, dass die Aussprache einigermaßen passt. Ich ziehe die Gummistiefel aus und halte meine Füße an die Schale. Und dann wird uns die leckerste Pide aller Zeiten serviert. Der Teig ist mit Zwiebeln, Petersilie, Tomaten, Hackfleisch, Schafskäse und diversen Kräutern gefüllt. Das Olivenholzfeuer sorgt für ein besonderes Aroma, und wir rufen dem Bäcker unsere Begeisterung in diversen Sprachbrocken zu. Der Hagel geht in sanften Regen über und lässt schließlich gänzlich nach. Ein Nachbar fegt Palmblätter zusammen, die der Wind heruntergeweht hat, und wir verabschieden uns vom Bäcker und der Kellnerin. Sobald die Sonne sich wieder blicken lässt, wird es angenehm warm. Ein Liebespaar sitzt allein in einem Strandcafé und raucht Wasserpfeife, ein schönes Bild, zumal der Strand ausgesprochen breit ist und die Tische quasi im Nichts stehen. Das dazugehörige Lokal liegt in einiger Entfernung am Hang. Die armen Kellner.

Arm in Arm bummeln wir über den Sandstrand und versuchen die Hektik der letzten Monate abzuwerfen und die Zeit so verstreichen zu lassen, wie sie kommt und geht, ohne Pläne, ohne Ansprüche, ohne Druck, ohne etwas tun zu müssen. Wir haben keine Termine, aber begreifen können wir das noch nicht. Nach wie vor spüre ich eine gewisse Unruhe in mir und kann auch Freddy anmerken, dass er irgendetwas *schaffen* möchte, und sei es nur ein Zeitplan für die nächsten Tage oder eine Umbaumaßnahme am Wohnwagen. Als wir das Altin Camp erreichen, freuen wir uns darauf, es uns gemütlich zu machen. Wir drehen kurz die Heizung auf und ruck, zuck ist es mollig warm.

»Besser als jedes Kino«, sage ich, als wir unter der Decke liegen. Ein Fischer kommt nah ans Ufer und legt Netze aus. Eine mühsame Arbeit, er wird sicher klamme Finger haben.

»Das Fenster ist wie ein Monitor mit ständig wechselndem Programm. Heute früh waren die Farben ganz anders als jetzt«, sagt Freddy.

»Monitor I können wir das Seitenfenster nennen und Monitor II das Rückfenster, was meinst du? Ein Fischer auf Monitor I.«

»Hausmeister auf Monitor II«, sagt Freddy, und ich drehe meinen Kopf. Der Angestellte des Campingplatzes wirft prüfende Blicke auf die Promenade und den Strand und scheint wissen zu wollen, ob Hagel und Wind Schäden verursacht haben.

*

Am späten Nachmittag hören wir ein Motorengeräusch, richten uns auf und schauen raus. Ein schwer bepackter Motorradfahrer parkt in einiger Entfernung am Ufer. Ein langer Kerl, der sich nach dem Absteigen kräftig reckt und streckt. Wenig später muss ich ins Bad.

»Moin!«, rufe ich ihm aus unerfindlichen Gründen spontan zu.

»Auch Moin«, sagt er, und erst jetzt wird mir klar, wie unsinnig dieser Gruß im Ausland ist.

»Wirklich Moin? Wo bist du denn von wech?«, frage ich im breiten Norddeutsch meiner Heimat und gehe auf ihn zu, und wir geben uns die Hand.

»Ingmar aus Bremen.«

Nun sehe ich, wie verfroren er ist, trotz seiner beeindruckenden Kluft. Noch erstaunlicher ist seine Reiseroute: Er ist in Kapstadt in Südafrika gestartet, hat Mozambique und Tansania durchquert und ist immer weiter Richtung Norden gefahren. Vor fünf Tagen war er Skifahren im Iran.

»Und warum bist du jetzt schon hier?«, möchte ich wissen. Am liebsten würde ich ihn fragen, wie man überhaupt darauf kommt, zu dieser Jahreszeit mit dem Motorrad in Richtung Norden unterwegs zu sein.

»Die Liebe!«, ist seine prompte Antwort. Zwei Tage Skilaufen im Iran, abseits präparierter Pisten mit einer Vierzehn-Millionen-Metropole zu Füßen, mussten als kurze Pause drin sein, aber dann ging es ganz schnell weiter.

»Und woher kommst du jetzt? Die Küstenstraße ist doch sicher nicht die kürzeste Route durch die Türkei«, will ich wissen.

»Alles andere wäre zu kalt gewesen, Zentralanatolien liegt doch fast überall auf tausend Metern. Bei Mersin und Antalya war es dagegen geradezu warm, aber dann wurde es immer kühler. Hier ist es ja richtig frisch. Was macht ihr überhaupt hier?«, fragt er, als Freddy hinzukommt.

»Willst du dich nicht schnell bei uns im Wohnwagen mit einem Tee aufwärmen?«

»Danke, aber ich baue erst mal mein Zelt auf. Danach wäre ein warmes Getränk super.«

Bis die Sonne untergeht, sitzen wir gemeinsam in einer windgeschützten Ecke auf der Hotelterrasse. Ingmar trinkt Tee, bis er durchgewärmt ist. Ich habe etwas zum Essen vorbereitet und mit ein wenig Fantasie könnte man sich einen wunderschönen Sommerabend ausmalen, von dem uns jedoch zwanzig Grad Temperaturunterschied trennen. Mit dem Long-Distance-Biker plaudern wir nicht nur über seine ungewöhnliche Motorradtour, sondern vor allem über die Liebe. Wir drei sind im gleichen Alter und haben ähnliche Erfahrungen gemacht, wechselnde Beziehungen bei ihm und mir und das Großziehen von Kindern bei ihm und Freddy. Keiner von uns möchte mehr um die Liebe kämpfen oder tiefgehende Verletzungen ertragen müssen, Untreue erleiden oder sich in Abenteuern verlieren.

»Irgendwann will man auch mal ankommen«, sagt Ingmar. Der Motorradfahrer ist durch den afrikanischen Kontinent regelrecht gerast, weil er kurz vor Beginn der lange geplanten Reise die Frau seines Lebens kennengelernt hat. Unterwegs hat er gemerkt, wie wenig ihm die Reise noch bedeutet angesichts der Sehnsucht nach dieser Frau.

»Ihr seht glücklich aus«, sagt er, eingehüllt in einen Kapuzenpulli und mit roter Nase.

»Ja«, sage ich nur, und Freddy legt einen Arm um mich. Im nächsten Moment versinkt die Sonne im Meer und mein Liebster macht zwischen Palmenblättern hindurch einige Fotos, um sie seiner Tochter zu schicken. Als er mir die Aufnahmen auf dem Display zeigt, verdrehe ich ein wenig die Augen. Sie sind zu schön, um wahr zu sein.

»Ist es möglich, dass du ein romantischer Träumer mit einem gewissen Hang zum Kitsch bist?«, will ich von ihm wissen. Sonnenuntergänge gehören nicht gerade zu meinen bevorzugten Motiven, aber ich bin ja auch nur eine leicht unterkühlte Norddeutsche.

Unter Olivenbäumen

Es ist der bislang kälteste Morgen unserer Reise, draußen hat es nur noch vier Grad, im Wohnwagen acht. Das ändert sich dank Heizung zwar schnell, aber zunächst frage ich mich im Geheimen, ob wir die richtige Reisezeit und die richtige Gegend gewählt haben. Ingmar macht Frühsport, um warm zu werden. Er ruft einen Gruß herüber und flucht über die Kälte.

»Wollen wir weiterfahren?«, frage ich Freddy, als das Thermometer in der warmen Stube längst zwanzig Grad anzeigt, »ich hätte Lust auf einen Abstecher nach Ayvalık. Die Stadt soll ganz nett sein, einen Campingplatz gibt es dort auch, zumindest habe ich im Autoatlas ein rotes Dreieck gesehen.«

»Wie weit ist das?«

»Sehr nah, bei klarem Wetter müsste man es theoretisch sogar von hier aus sehen können oder zumindest die vorgelagerten Inseln.«

»Ja, lass uns fahren, hier kennen wir das meiste. Es wird Zeit, mal in kleinen Geschäften und auf dem Basar einzukaufen. In Ören ist einfach nichts los, es gibt noch nicht mal einen Fischladen. Hast du nicht auch Appetit auf Fisch?«

Zwei Stunden später sind wir in Ayvalık und entdecken einen Hinweis auf den Campingplatz auf einer vorgelagerten Insel, erreichbar über den Damm. Die Erhebungen auf Cunda bieten einen perfekten Rundumblick auf Ayvalık, den Golf von Edremit und auf zahlreiche Inseln. Aber wo ist der Campingplatz? Wir tasten uns vor, um etwaige Wendemanöver zu vermeiden. An einem Abzweig gibt es erneut ein Schild, hier sind gute Augen und ein wenig Mut gefragt, denn die Straße hat tiefe Schlaglöcher und windet sich in engen Kurven hinauf.

»Wehe, wenn der Platz geschlossen ist. Ich möchte unbedingt hierbleiben. Nichts als Natur ringsum«, sage ich.

Es geht über einige Kilometer zwischen Olivenhainen und Pinien hindurch, und dann, am höchsten Punkt, bleibt uns der Mund offen stehen. Lesbos in voller Größe im tiefblauen Meer. Eine enge Einfahrt führt zum *Ada Camping*, das Tor ist geöffnet, zwei PKWs stehen vor einem Restaurant, das Blau des Meeres schimmert durch eine kahle Weinlaube hindurch. Überall Geranien, Oleander und Kletterrosen in Blüte. Vor dem Aussteigen geben wir uns einen Kuss: Hier ist es gut, hier ist *unser* Platz. Ein attraktiver Mann mit irritierend grünen Augen begrüßt uns in bestem Englisch. *Welcome, Hoşgeldiniz, feel at home.* Wir sind die ersten Gäste des Jahres und noch hat niemand mit Campern gerechnet. Der Platz wird gerade fit gemacht für die Sommersaison, aber wir können gern bleiben, wenn uns das Provisorische nicht stört.

»Gibt es in der Nähe ein Fischrestaurant?«, frage ich, weil ich kaum noch an etwas anderes denken kann.

»Jede Menge am Hafen, ungefähr vier Kilometer von hier entfernt, Sie sind fast daran vorbeigefahren«, sagt der Mann vom Campingplatz und beschreibt uns den Weg. Außerdem brauchen wir Bargeld und Sprit. Er fertigt eine Zeichnung an, empfiehlt ein Restaurant und spricht über Sehenswürdigkeiten. Aber das können wir uns jetzt nicht alles merken.

»Wir haben viel Zeit«, sagt Freddy und der Mann versteht sofort. *Tomorrow* gehe es weiter mit den Tipps. Er wünscht uns schon mal einen schönen Abend und eine gute Nacht und reicht uns ein Buch über Ayvalık und Umgebung in englischer Sprache und mit vielen Fotos. Er werde wohl erst morgen Mittag zurückkommen. Zur Not könnten wir ihn auf dem Handy erreichen. Super. Er schreibt seinen Namen, Ediz, und seine Nummer auf einen Zettel. Warum können nicht alle Menschen so unkompliziert sein? Wir müssen nicht lange überlegen, wo unsere Emmy stehen soll, denn der knorrigste aller Olivenbäume bietet sich an, unser Heim an seiner Seite aufzubauen. Und die Ausrichtung ist auch keine Frage, Monitor I muss Meerblick bieten. Windgeschützt ist es von drei Seiten. Zum ersten Mal hole ich unseren bunten Plastikläufer hervor, spanne eine Wäscheleine und fülle den Wasserkanister auf. Wir wohnen in einem Olivenhain an der Ägäis! Was will man mehr.

»Hunger!«

»Ich auch, lass uns nach Zunda, Tschunda, Dschunda, Kunda fahren, oder wie auch immer der Ort heißt«, sagt Freddy.

»Wie hat Ediz es ausgesprochen? Wir müssen dringend Türkisch lernen. War es ein C mit oder ohne Haken?«

»Was fragst du mich?«

»Ach nee, auf der Landkarte steht nicht Cunda, sondern Alibey Adası ohne i-Punkt, wird ja immer spannender.«

»Wollen wir uns die Waschräume kurz anschauen, bevor wir zum Hafen fahren?«, schlägt Freddy vor.

»Ach was, das können wir später immer noch. Erst mal Fisch essen.«

Cunda ist ein Örtchen wie von der Urlauberwunschliste, alte Hafengebäude, die zu Lokalen umfunktioniert sind, ein Dutzend Fischrestaurants, die meisten davon nur mäßig besucht, obwohl das Wetter an diesem Sonntagnachmittag sehr schön geworden ist. Die weitläufigen Terrassen, nur wenige Schritte von der Mole entfernt, wo kleine Fischerboote im glasklaren Wasser dümpeln, lassen auf regen Sommerbetrieb schließen. Wir bestellen gegrillte Rotbarben und lassen es uns gut gehen.

*

Von unserem knorrigen Olivenbaum bis zu den Waschräumen ist es ein ziemlich langer Weg, und die bescheidenen Temperaturen nach dem Sonnenuntergang machen die Sache auch nicht leichter. Ich habe keine Lust, dorthin zu gehen, aber Freddy hat es sich auf dem Bett gemütlich gemacht und liest, keine zwanzig Zentimeter vom Waschbecken entfernt. Wenn ich die Abdeckung des Beckens aufklappe, hat er freie Sicht auf mein Zähneputzen, was ich jedoch lieber ohne Zuschauer erledigen würde. Und eine Katzenwäsche an den markanten Stellen könnte auch nicht schaden.

»Du musst dich umdrehen. Ich möchte mich unbeobachtet waschen und bettfertig machen«, sage ich.

Freddy schaut mich verdutzt an. Eine unserer Lieblingsbeschäftigungen in Hamburg ist das gemeinsame Bad in seiner schönen Wanne, was zweifelsohne auch eine intime Angelegenheit ist. Trotzdem, ich möchte zumindest das Gefühl haben, allein im *Bad* zu sein.

»Umdrehen oder unter die Klappe legen. Bitte!«

»Ist das wirklich dein Ernst?«

»Ein wenig Intimsphäre muss sein.«

*

Am nächsten Morgen weckt uns das Tuckern von Fischerbooten. Noch vor dem Aufstehen blättern wir gemeinsam im Ayvalık-Buch und freuen uns, bald schon alles mit eigenen Augen zu sehen. Doch zunächst gibt es ein Frühstück in der Sonne, wenn auch noch mit wärmender Jacke. Derart gestärkt entwickeln wir enorme Aktivitäten. Auf der Suche nach einer Waschmaschine treffe ich eine Mitarbeiterin an, die mir das gewünschte Programm einstellt. Wir verständigen uns in einer Mischung aus Türkisch, Englisch und jeder Menge Zeichen. In der Gemeinschaftsküche räume ich eine Spüle frei und zapfe warmes Wasser aus der Dusche, um abzuwaschen. Hier war seit Monaten niemand mehr zugange. Durch die Dachplatten sind Blätter hereingeweht und Vögel nisten allerorten. Ein Dutzend Kühlschränke warten auf ihren sommerlichen Einsatz. Als ich von meinem Wäsche- und Geschirreinsatz zurückkomme, ist Freddy ebenfalls in Aktionismus verfallen, er hat sämtliche Polster und Decken zum Lüften in die Sonne gelegt und nimmt sich gerade der klemmenden Wohnwagentür an. Wenn das so ist, dann hole ich meine Nähmaschine aus dem Wagen. Ayvalık läuft uns schließlich nicht weg. Ich habe in Hamburg auf den letzten Drücker zwar neue Vorhänge für den Wohnwagen genäht, aber nun soll auch der VW welche bekommen. Auf diese Art wird das ungleiche Paar aus T5 und Tabbert-Oldie sich optisch ein wenig annähern. Gegen Mittag ist das Gras vollkommen trocken, und ich rolle eine Stoffbahn unterm Olivenbaum aus. Regelrecht euphorisch platziere ich die Nähmaschine auf unserem Campingtisch in der Sonne und nehme die Schere in die Hand. Bisher habe ich nie am Meeresufer genäht! Freddy hilft mir beim Zuschneiden und macht Fotos.

»Du siehst glücklich aus«, sagt er.

In einer Nähpause fülle ich Joghurt auf ein Geschirrtuch, forme ein Säckchen und hänge es in den Olivenbaum zum Abtropfen. Daraus soll später ein Dessert entstehen. Als Ediz vorbeischaut, wundert er sich über seine Frühjahrsgäste und lacht.

»Ich glaube, ihr bringt uns Glück für die kommende Saison. Eben hat ein Franzose angerufen und einen Wohnmobilplatz reserviert. Später kommt mein Schwiegervater und bringt euch eine Flasche selbstgekelterten Wein zur Begrüßung. Er ist seit Jahrzehnten der Betreiber des Platzes. Meine Frau und ich sind erst seit drei Jahren hier. Wir haben in Istanbul gelebt, aber dieser Ort tut uns richtig gut. Immer mehr Großstädter ziehen hinaus.«

Wir plaudern über die Sehnsucht nach der Natur, die vermutlich die meisten Camper umtreibt.

Am Nachmittag siegt die Neugier, wenigstens Cunda wollen wir uns heute noch genauer anschauen. Ediz macht uns auf einen zehn Kilometer langen Rundwanderweg aufmerksam und so schnüren wir unsere Schuhe und laufen los. Nach wenigen Hundert Metern beginnt eine vertraute Diskussion: *Ist das der richtige Weg? Was stand auf dem Schild? Wohin führt der Pfeil?* Wir kraxeln über einen Felsen, und unser Selbstauslöser kommt zum Einsatz, als wir auf einer Klippe über dem Meer stehen. Ein Foto zum Posten, denn schließlich sollen die Daheimgebliebenen auch etwas von unserer Reise haben. Nicht bei allen trafen unsere Reisepläne auf Verständnis. Balkan und Türkei per Wohnwagen scheint besorgte Fantasien zu schüren. Dieses Foto wird sie sicher beruhigen (und neidisch machen). Ich drücke auf den Auslöser, stolpere an der Kante des Kliffs, wo Freddy posiert und mich gerade noch auffängt. Gemeinsam grinsen wir in die Kamera.

Betörender Ginsterduft steigt uns in die Nase, wilde Wicken leuchten in Rosa, und auch Heckenrosen stehen in voller Blüte. Die Insel ist größer, als wir vermutet haben, und der zehn Kilometer lange Wanderweg kürzt den Hauptteil ab. Die vorgelagerten Inseln sind Teil des Naturparks. Unter dem stahlblauen Himmel fällt es leicht, sich einen flirrenden Sommertag mit zirpenden Grillen und lähmender Hitze vorzustellen. Allmählich erreichen wir Kurze-Ärmel-Temperaturen. Während Freddy eine vermeintlich seltene Blume fotografiert, sehe ich in der Ferne einen Wanderer in unsere Richtung kommen.

Bald hat der junge Mann uns erreicht. Wieder ein Bremer, dieses Mal ein junger Student, der einige Tage Ferien von seinem Sprachkurs in Izmir macht. Die Gelegenheit für uns, um ihn mit Fragen nach den Mysterien der türkischen Sprache zu löchern. Ohne einen »Lehrer« kommen wir nicht weiter, selbst wenn wir täglich im Sprachführer stöbern. Wie spricht man die Zahlen korrekt aus, was soll das I ohne Punkt und welche Antworten gibt es auf *Nasılsın?, Wie geht es dir?* Mit gespitzten Ohren gehen wir nebeneinander her und hören erstmalig bewusst das punktlose – und damit stimmlose – I, wie in dem Wort *Irland.* Und İyiyim heißt *Mir geht es gut.* Wäre das auch geklärt. Als wir unverhofft inmitten surrender Bienen und Imkern in Schutzkleidung landen, verlässt uns der junge Mann, denn er möchte sich eine Windmühle auf der anderen Seite der Insel anschauen.

Am Hafen machen wir Rast, vertilgen unseren Proviant und

versichern uns gegenseitig, wie hübsch es hier ist. Alles im Bannkreis der Sitesis, also im inneren Ring Cundas, wirkt nicht herausgeputzt, sondern nett, sympathisch und echt. Es fällt schwer, sich hier Touristenhorden vorzustellen, denn durch das Kopfsteinpflaster wuchert Gras und sogar manche Blüte. Cunda ist ein Blumen- und Katzenparadies. Wohlgenährt findet man die Tiere auf dem Tisch eines Weinlokals, auf der Fensterbank eines Cafés, an der Mole bei den Fischern, in sonnigen Höfen und in der Nähe von Mülltonnen. Sie sind weder schreckhaft noch scheu, und bis auf eine Einäugige sehen sie allesamt gesund und glücklich aus. Neben winzigen Restaurants und Cafés, Käse- und Olivenölädchen, einer Patisserie und einem Friseur entdecken wir eine Zimmerei, einen Gashändler und einen Schneider, alles ganz normal. In diesem Dorf aus alten Steinhäusern und einer alles überragenden Kirche, die saniert wird, braucht es keine Touristen und die Sommersaison, um Leben reinzubringen. An einer geschützten und sonnigen Stelle inmitten einer Gasse liegen ein Hund und eine Katze eng aneinandergekuschelt und lassen sich durch nichts und niemanden stören.

Wir kaufen einige Vorräte und lernen ein wichtiges türkisches Wort: *ekmek, Brot.* Bald haben wir Mustafa Kemal Atatürk in verschiedenen Lebensphasen und Moden gesehen, weil es in jedem Lädchen, vermutlich in jedem Raum oder gar an jeder Wand ein Porträt des Republikgründers gibt. Unser Favorit hängt in einer Patisserie: Atatürk im schnieken Dreiteiler in einem Korbstuhl sitzend mit einer Tasse Mokka vor sich auf dem Tisch. In einer Hand eine Zigarre, in der anderen ein Paar eleganter Handschuhe. Oh, là, là.

Auf dem Pazar

Wir nehmen das Auto und fahren nach Ayvalık zum *Perşembe Pazar,* dem Donnerstagsmarkt, zu dem sogar von Lesbos Griechen zum Einkaufen kommen. Das Wetter ist frühlingshaft, wir drehen die Scheiben runter und das Radio laut. Ringsherum das Meer und die Inseln. Norddeutsche fühlen sich sofort, als stünden sie in einem Ausguck.

»Das ist ein griechischer Radiosender, der Sänger klingt verdammt leidend. Worüber er wohl singt? Ich frage mich, was es da überhaupt zu leiden gibt. Schau dich doch mal um, tolles Wetter, türkisfarbenes Meer, Oliven und Pinien. Ihm ist wohl zu heiß«, sage ich übermütig und drehe die Musik ein wenig lauter.

»Merkel, der singt über Angela Merkel«, sagt Freddy so trocken und bestimmt, dass ich sofort losprusten muss.

Auf dem Basar grüßt man uns gelegentlich auf Griechisch mit *Kalimera, guten Morgen.* Als wir auf dem Gemüsemarkt herausfinden wollen, von welcher Gattung die Rieseneier der Bäuerin stammen, schalten sich mehrere Händler ein und begutachten die Objekte unserer Begierde. Unter allgemeinem Gelächter und dem Imitieren unterschiedlichen Federviehs wird uns versichert, sie stammten wirklich von Hühnern. Die ausgesprochen füllige Frau hat ein verlockendes Angebot ausgebreitet und erklärt uns wortreich, was es damit auf sich hat. Dabei schaut sie uns aus blauen Augen an und verleiht ihren Worten mit einem Lächeln Nachdruck. Wir stehen trotzdem auf dem Schlauch. Pantomimisch demonstriert sie uns das Brotbacken, und ich frage sie nach der Zubereitung von Zwiebelblüten. Die Antwort sprengt mein sprachliches Verständnis, aber angelockt von unserer Unterhaltung, schaltet sich eine Frau ein.

»Kann ich Ihnen helfen?«, fragt sie auf Deutsch. Und bald haben wir nicht nur selbstgebackenes Brot, getrocknete Tomaten, Kräuter, Gemüse und Salat mit Übersetzungshilfe bei der Bäuerin und den Nachbarständen gekauft, sondern wissen auch einiges über das Leben einer Deutschtürkin in Ayvalık. Die Frau ist Ende fünfzig und vor einigen Jahren an die Ägäis gezogen. Mit einem amüsierten Blick schaut sie beim Erzählen auf das Hinterteil der Bäuerin, während die in einer Kiste kramt.

»Bei denen auf dem Land ist wohl alles größer, nicht nur die Eier«, kommentiert unsere neue Bekannte, zieht einen Vergleich zu Wassermelonen und schließt dann wieder nahtlos an ihren Lebensbericht an. »Vor Jahren habe ich ein Appartement in der Nähe des Damms gekauft. In Deutschland werden uns Türken immer wieder Wohnungen in den Sitesis angeboten. Ich hatte von meinem Vater ein wenig Geld geerbt. Auf dem Kaufvertrag stand als Ortsangabe Izmir-Ayvalık, und ich dachte, Ayvalık sei ein Stadtteil von Izmir. Und damit war ich nicht die Einzige. Ich hätte gern in Izmir gelebt, weil ich vermutete, dort sei es als alleinstehende Frau besser als in einer abgelegenen Feriensiedlung. Wir potenziellen Käufer staunten nicht schlecht, als man uns am Flughafen in Izmir abholte und dann zwei Stunden mit dem Bus hierherfuhr. Ich habe es aber nie bereut. Ich lebe gern hier, lieber als in Deutschland. Hier geht es mir gesundheitlich besser. Als geschiedener Frau steht mir auch die Rente meines Vaters zu. Das ist ein gutes türkisches Gesetz.«

»Stammt Ihre Familie ursprünglich von der Westküste?«, möchte ich wissen.

»Ach nein, wo denken Sie hin. Wir kommen aus Kappadokien. Wissen Sie, wo das ist?«

»Ja, und ob! Wir wollen bald nach Kappadokien weiterfahren. Es soll wunderschön sein.«

»Ich kenne es kaum. Als meine Eltern zum Arbeiten nach Deutschland gingen, war ich noch klein. Damals war Kappadokien bettelarm. Jetzt soll es dort besser sein. Die Touristen fahren hin, um sich die Höhlen und Felsen anzuschauen.«

Mit prall gefüllten Taschen landen wir später am ebenso prall gefüllten Parkplatz. Wir trauen unseren Augen kaum, als wir unseren Wagen an vierter Position hinter dicht geparkten Autos sehen, allseits eingekesselt. Das kann dauern, denke ich und halte Ausschau nach einem Teestand. Aber noch bevor wir unsere Sachen im Wagen verstaut haben, ist der VW-Bus frei. Simsalabim: die fixen Türken! Deshalb also lässt man seinen Autoschlüssel beim Parkwächter zurück.

»Und morgen machen wir einen richtigen Stadtbummel, nicht wahr?«, sage ich. Heute sind wir nicht dazu gekommen, denn an Markttagen wimmelt es von Verkaufsständen und Besuchern. Aber hinter den Menschenströmen waren die alten Steinhäuser und die mächtigen Kirchen zu entdecken, die nun fast alle als Moscheen dienen.

»Unbedingt. Und später brate ich uns den Fisch.«

Als Freddy gegen Abend mit Wollmütze und Jacke den Petroleumkocher unterm Olivenbaum aufstellt, obwohl es im Wagen gemütlicher wäre, danke ich ihm für seine Rücksicht. Auf Fischgeruch in unserer kleinen Emmy bin ich wirklich nicht scharf. Während er mit Wonne brutzelt, kümmere ich mich um sämtliche Beilagen, einschließlich einer Kräutercreme vom abgetropften Joghurt. Wie gut, dass ich mein Wiegemesser mitgenommen habe. Der frische Dill, mit dem Freddy den Fisch füllt, duftet wunderbar unter den Schwüngen des hundert Jahre alten Messers.

*

Immer wieder bummeln wir durch Ayvalık und klappern sämtliche Sehenswürdigkeiten ab. Bald verlaufen wir uns nur noch selten in den Gassen und fühlen uns ein wenig heimisch. Der Friseur, der Freddys Kopf fast vollständig eingeseift und rasiert hat, grüßt aus seinem Geschäft heraus, wenn wir vorbeigehen, und auf dem Basar erkennt man uns sofort wieder. Fast täglich lassen wir uns auf neue kulinarische Experimente ein. In der Altstadt bewundern wir die schönen Häuser und lernen, dass es sich nicht um griechische Architektur, sondern um den einzigartigen Ayvalıkstil handelt. Wir besichtigen Kirchen, Moscheen und alte Teehäuser und genießen im *Paşa Çorba Saloun* die köstlichste Suppe der Stadt.

Auf dem Aussichtspunkt *Şeytan Sofrası* bestaunen wir das Panorama vom *Tisch des Teufels* mit Satans Fußabdruck. Mit ein wenig Fantasie lässt sich tatsächlich die Form eines Fußes mit ungefährer Schuhgröße 500 erkennen. Daneben ein Schild mit Details zu den Umständen des Teufelsbesuches auf diesem Hügel: Nach seiner Verbannung aus dem Himmel – laut griechischer Mythologie hatte Zeus der Mondgöttin Selene diese Aufgabe übertragen – war Satan auf seiner eiligen Flucht auf die Erde herabgesprungen. Die Landung hinterließ einen Fußabdruck hier und einen weiteren bei Mytilini auf Lesbos. Wir malen uns die Größe des Teufels aus, etwa dreißig Kilometer Schrittbreite, das Ada Camp mitsamt unserer Emmy hätte sich ungefähr unter seinem Hinterteil befunden. Ach, wie soll man sich das alles vorstellen können? Göttereinsatz, herumstromernde Perser, ein algerischer Paşa, der dieser Stadt zur Autonomie vom Osmanischen Reich verhalf und damit den einstigen Reichtum begründete, Griechen, die bis zum sogenannten Bevölkerungsaustausch in den Zwanzigerjahren des letzten Jahrhunderts hier lebten, und eine Stadt, die nun von Türken bewohnt wird, die einen Glockenturm schon mal in ein Minarett umwandeln. Hier war immer richtig was los, schon zu Zeiten, als es in nordeuropäischen Gefilden nichts weiter gab als Weißkohl und Heringe, von Hochkultur, Götterhimmel und Inselhopping keine Spur.

Von Nichtcampern und Verlobten

Als wir nach einer Woche immer noch im Ada Camp sind und Schafe und Hunde mit Namen kennen, gesellt sich Herr Gönül, der eigentliche Chef des Campingplatzes, zu uns. Er spricht ausgezeichnet Englisch und wird immer redseliger, als wir unser Interesse an seinen Informationen bekunden.

»Familie Altin in Ören hat damals den ersten Campingplatz der Türkei eröffnet. Sie waren die Pioniere unserer Branche. Das war Anfang der Sechzigerjahre«, sagt Ediz' Schwiegervater.

Wir nicken wissend und erzählen von unserem Gespräch mit Frau Altin.

»Heutzutage kann man in der Türkei kein Geschäft mehr mit Campingplätzen machen. Vor dem Jugoslawienkrieg kamen die Gäste aus ganz Europa, die Leute blieben wochenlang. Es war eine schöne Zeit. Doch danach war alles vorbei, irgendwann wurde auch der direkte Fährbetrieb zwischen Venedig und Çesme eingestellt. Wegen Willkür, Korruption und Gewalt geriet die Balkanroute immer mehr in Verruf. Es ist gut, von Ihnen zu hören, dass es diese Probleme wohl nicht mehr gibt. Na ja, auf dem Balkan sucht man den Anschluss an Europa, da muss man eben gewisse Gesetze einhalten. Unsere Leute haben keine Tradition im Campen, keine Campingkultur, verstehen Sie? Türkische Gäste kann ich schlecht neben Mitteleuropäer stellen. Solche Leute wie Sie zum Beispiel, die verlassen den Platz mindestens so aufgeräumt, wie sie ihn vorgefunden haben. Bei unseren Landsleuten ist das anders, sie lassen alles stehen und liegen. Erst allmählich kommen einige wohlhabende Türken mit Wohnmobilen, aber das ist die

Ausnahme. Wenn man verreist, dann geht man in eine Ferienwohnung oder in ein Hotel. Türken denken, Campen ist etwas für arme Schlucker, für Leute, die sich kein Hotel leisten können. Dabei waren wir alle bis vor Kurzem arme Schlucker. Das Land hat sich erst in den letzten beiden Jahrzehnten rasant entwickelt. Früher hat kaum jemand Urlaub gemacht.«

»Wem gehören die Wohnwagen?«, frage ich und zeige auf zwei Reihen Wohnwagen, die winterfest eingepackt an den Längsseiten des Platzes stehen.

»Türkischen Dauercampern, sie werden wie Ferienwohnungen genutzt. Manche Dauercamper bleiben von Juni, sobald das Wasser warm ist, bis September. Andere kommen nur an den Wochenenden. Die türkischen Schulen haben drei Monate Sommerpause. Manche Mütter verbringen mit ihren Kindern den Sommer hier, während die Männer in der Stadt bleiben und arbeiten. Glauben Sie mir, ich hätte das Grundstück hier mitten im Naturschutzgebiet schon hundert Mal verkaufen können. Manche Interessenten hoffen darauf, das große Geschäft zu machen. Sie wollen Hotels bauen, nicht ganz legal, aber das haben schon viele geschafft. Fast die ganze Küste ist zugebaut, wie Sie sicher gesehen haben, und nicht alle haben ihre Genehmigungen auf dem normalen Weg bekommen. Es regiert nur noch das Geld«, sagt Fevzi Gönül und klingt beinah so traurig wie Frau Altin.

Wir versuchen uns das sommerliche Treiben vorzustellen, doch unser Gespräch wird von heftigen Winden und einsetzendem Regen jäh unterbrochen, und Herr Gönül verabschiedet sich.

Vor dem ersten heftigen Guss sitzen wir im Trockenen und haben kein Problem mit dem gemütlichen Warten auf Wetterbesserung. Angesichts des grauen Himmels, des grauen Wassers mit vereinzelten Schaumkronen und der grauen Silhouette von Lesbos ist unser kleines Heim die kuscheligste Knutschkugel unter allen Regenwolken dieser Welt. Als wir bei Kaffee und Süßem aus der Patisserie auf unserer 127 x 189 Zentimeter großen Bettfläche sitzen, erfüllen die Tortenstücke alle Fantasien, die sie optisch am Verkaufstresen ausgelöst haben. Ein Traum aus weißer und dunkler Schokolade und Creme, verziert mit Banane, Kirsche und pastellfarbenen Bonbons. Nicht zu süß, nicht zu mächtig und mit natürlichem Schokoladengeschmack. Unsere erste türkische Torte.

Die Böen werden stärker, und irgendwann wackelt auch Emmy. Durch die Dachluke pfeift der Wind. Wir hocken uns im Schneidersitz gegenüber, als Freddy meine Hände nimmt und sich räuspert. Das macht er eigentlich nie, und als er dann noch tief Luft holt, spitze ich meine Ohren.

»Meine Liebste, ich möchte dich etwas fragen, also ganz offiziell. Wir haben schon manchmal Scherze darüber gemacht, aber jetzt frage ich ganz ernsthaft: Willst du mich heiraten?«

Mein Herz beginnt heftig zu schlagen. Es ist plötzlich mucksmäuschenstill im Wagen, selbst der Wind macht eine Pause. Heiraten? Nie wollte ich heiraten.

»Ja, ich will.«

Wir umarmen uns und legen uns nebeneinander.

»Gut, dann sind wir jetzt verlobt«, flüstert Freddy, und wir müssen kichern.

Mitten auf dem legendären Autoput in Serbien.

Vierbeiner bestimmen das Reisetempo. Schafherde bei Troja.

Auf dem ersten Campingplatz der Türkei. Altin Camp bei Ören, Golf von Edremit.

Abendstimmung unterm Olivenbaum in Cunda, Ägäis.

Antike Stadtmauer von Herakleia am Fuße des Latmos, Bafasee.

Porträt von Emmy und Alfred Tabbert in unserer Küche.

Mit unserer Gastgeberin Süheyla.

Kulinarische Köstlichkeiten auf dem Bauernmarkt von Fethiye.

Wanderlust über blauer Lagune von Ölüdeniz.

Allmorgendliches Touristenspektakel im Land der Feentürme.

Erotisch erodierte Felsen im »Liebestal« bei Uçhisar, Kappadokien.

Seltsamer Weckruf um fünf Uhr früh. Startende Heißluftballone in Göreme, Kappadokien.

Frühling in Zentralanatolien.

Geschafft! Mit Ihsan (Mitte) und russischen Abenteurern in Maziköy.

Schaulustige auf weißem Tuff über dem Tal der Mönche.

Caravan Emmy von 1968 vor Karawanserei Sarıhan von 1249, Kappadokien.

Auf nach Izmir

Als die ersten Vorstädte auftauchen, erahnen wir die Größe der Stadt. Vier Millionen Menschen sollen hier leben, mehr als in jeder deutschen Stadt. Der Golf von Izmir verjüngt sich zum Zentrum hin, am teils schmalen Uferstreifen und an den Hängen breitet sich ein Häusermeer aus. In einem Bogen führt uns die Autobahn von Norden in Richtung Südwesten, wo alte Studienfreunde aus Oldenburger Zeiten leben. Eine deutsch-türkische Familie, die hier einen deutsch-türkischen Kindergarten betreibt. Wir haben uns viele Jahre nicht gesehen. Mit unserem Wagen könnten wir gern in ihrem Garten stehen, hatten Marion und Cumhur gesagt.

Laut unserem Autoatlas müsste Güzelbahçe ein Ort der Sommerfrische sein, fernab der Metropole, doch als wir auf Höhe des Stadtzentrums in Richtung Çesme abzweigen, begreifen wir, auf welcher Fläche Izmir sich erstreckt. Die Häuser stehen dicht an dicht, und durch die vielen bebauten Hügel wirkt es beinah so, als seien sie übereinandergestapelt und aneinandergeklebt, manche der Hanghochhäuser scheinen mit ihren über zwanzig Stockwerken an den Wolken zu kratzen. Das Panorama aus den Wohnungen mit Meerblick muss überwältigend sein, das Wasser glitzert in Blautönen und zahlreiche Stadtteilfähren sprenkeln es mit Farbtupfern.

Als Olivenhaine bis an die Autobahn reichen, glauben wir zu weit gefahren zu sein. Doch dann kommt die Abfahrt, wo wir mit Cumhur verabredet sind. Hätte er keine aktuellen Fotos geschickt, wäre das Wiedererkennen nicht ganz einfach. Wir sehen beide nicht mehr so aus wie zu Studienzeiten, die Stimme aber ist mir sofort wieder vertraut. In Gedanken kann ich Cumhur mit seiner *Saz,* der türkischen Gitarre, auf dem Rücken durch die norddeutsche Studentenstadt radeln oder in seinem kleinen türkischen Lebensmittelgeschäft hinterm Tresen stehen sehen. Damit hat er sich damals sein Studium finanziert.

»Willkommen!«, sagt er in akzentfreiem Deutsch. Er war als Teenager seiner Mutter aus Sehnsucht nach Deutschland gefolgt. Die geschiedene Frau hatte Arbeit in einer Fabrik gefunden und war allein in die Fremde gegangen.

»Und, alles klar bei euch?«, fragt Cumhur und die Zeit scheint stehengeblieben zu sein.

Wir fahren ihm nach und landen in einem Olivenhain, wo sich hinter einem Tor der Kindergarten befindet. Es ist Sonntag, und auf der sonnigen Terrasse sitzt eine Runde aus deutschen und türkischen Akademikern. Hier und jetzt werden wir unsere Reiseerlebnisse und Fragen los. Unsere Balkanroute erhitzt die Gemüter und spült Erinnerungen hoch.

»Ab 1975 bin ich jedes Jahr, Stoßstange an Stoßstange, bis in die Türkei gefahren. Wenn einer zum Überholen ansetzte, haben sich zwanzig Wagen drangehängt, unglaublich. Die Leute haben vor Erschöpfung am Straßenrand geschlafen«, sagt ein Jungpensionär, der sein halbes Leben in München verbracht hat.

»Ich bin jeden Sommer mit meiner Mama und zwei Kollegen aus der Oldenburger Fabrik in einem VW-Käfer mit großem Dachgepäckträger hierhergefahren. Wir waren drei bis vier Tage unterwegs. Irgendwie hat es auch immer Spaß gemacht«, sagt Cumhur.

»An meine erste Fahrt in den Achtzigerjahren erinnere ich mich noch gut. Fast alle Bulgaren und Rumänen hatten deutsche Schubkarren auf den Autodächern. In der Türkei war damals das meiste knapp und man transportierte alles Mögliche. Wir haben mehrmals Aluleitern mitgenommen«, erzählt Marion.

»Heute kenne ich niemanden mehr, der die Tour mit dem Auto

macht. Alle fliegen. Erzählt doch mal, wie war es in Bulgarien? Die Bulgaren waren damals die Schlimmsten, reine Schikane, was die mit uns Türken gemacht haben. Die haben uns erniedrigt und ausgebeutet«, erregt sich einer der Gäste.

»Einen Ford Transit habe ich mir übrigens erst gekauft, nachdem ich in die Türkei zurückgekehrt bin. Endlich ein richtiges Türkenauto«, sagt ein Arzt im Ruhestand, der vor einigen Jahren mit seiner deutschen Frau von München nach Izmir gezogen ist. Wegen des Wetters, des guten Essens und der lockeren Atmosphäre, wie beide betonen.

»Was haben eigentlich die vielen baugleichen Moscheen zu bedeuten? In jedem noch so kleinen Dorf steht eines von diesen Fließbandgotteshäusern«, frage ich.

Damit habe ich wohl ein Stichwort gegeben, die Stimmen überschlagen sich. Marion gießt derweil Kaffee und Tee ein, und wir essen uns an köstlicher Torte satt. Die vier deutschen Frauen und sechs türkischen Männer sind allesamt temperamentvolle Gesprächspartner.

»Selbst bei uns, an unserer schönen und modernen Westküste schreitet die Islamisierung voran. Es ist zum Heulen«, sagt einer.

»Die Leute werden einer Gehirnwäsche unterzogen, was noch milde ausgedrückt ist«, ein anderer.

»Von Weitem erinnern sie an kleine Atommeiler«, sage ich.

»Sind sie in gewisser Weise auch.«

»Kürzlich gab es eine repräsentative Umfrage. Das Ergebnis wurde in den staatlichen Medien verbreitet. Ich stelle euch beiden daraus jetzt mal die entscheidende Frage. Antwortet bitte spontan! Was ist euch im Leben das Wichtigste?«, will der Arzt von Freddy und mir wissen.

»Die Liebe!«, sagen wir impulsiv, und alle lachen los.

»Seht ihr«, sagt der Arzt in die Runde, »so eine Antwort würde man doch erwarten oder vielleicht *die Gesundheit, meine Kinder* oder *eine gesicherte Arbeit.* Aber nein, angeblich antworteten über sechzig Prozent mit *der Glaube!* Das kann ich mir einfach nicht vorstellen. Das ist nichts weiter als Propaganda.«

Bevor die Gäste aufbrechen, schauen sie sich unsere Emmy an, die zwischen Orangenbäumen steht. Sie ruft unterschiedliche Reaktionen hervor. Den meisten ist sie eindeutig zu klein, vielleicht auch zu alt und zu wenig komfortabel. Wie hieß es doch gleich noch mal? Türken sind keine Camper!

Emmy allein zu Hause

Nach einigen Tagen in Izmir lassen wir unsere Emmy im Orangengarten zurück und fahren über Urla eine Landzunge hinauf nach Karaburun. Der Berg Akdağ erhebt sich auf über eintausend Meter, an seinen Hängen stehen Windräder. Freddy erkennt schon von Weitem die dänische Technik. Als wir in einem Hafenlokal am Wasser sitzen und bei gefühlten fünfundzwanzig Grad zu Mittag essen, sehen wir zwei Windkraftingenieure aus ihren Autos steigen. Sie arbeiten für General Electric Windpower, wie ihre Overalls verraten, und sprechen deutsch miteinander. Das globale Thema der Energieversorgung erreicht auch diese abgelegene Ecke des Landes.

Ohne unsere Emmy sind wir erstaunlich wendig und fahren über winzige Straßen, hinauf und hinab. Es ist Erntezeit für Artischocken, in den Privatgärten sprießen sie genauso wie auf Feldern, Verkaufsstände an den Straßen biegen sich unter dem Angebot. Nirgends zeigt sich auch nur ein welkes Blättchen, manchmal stehen die Stängel in Eimern, oft gibt es geschälte Ware, in Schüsseln schwimmend oder für den Transport in die heimische Küche in Plastiktüten mit Wasser gefüllt. Sechs kleine Herzen kosten um die fünf Türkische Lira. Ich würde am liebsten ein ganzes Dutzend kaufen, aber unsere Küche ist leider in Güzelbahçe geblieben. Heute Nacht werden wir wild campieren, ohne jegliches Kochzubehör.

Unverhofft landen wir auf einer engen Straße, die sich durch ein Dörfchen schlängelt, und kommen nur noch im Schritttempo voran. Vor einem Teehaus sitzen alte Männer, einer hat sich ein orangefarbenes Palästinensertuch um den Kopf gewickelt und sieht verwegen aus. Ein anderer trägt ein modernes Basecap und der Nächste einen Hut. Als wir das *Çay Evi* schon fast hinter uns gelassen haben, stürzt plötzlich ein Mann von der Terrasse herunter und springt vor unser Auto.

»Hamburg! Hamburg!«, ruft er, und ich trete auf die Bremse. »Willkommen in der Türkei«, sagt er und sucht einen Moment lang nach deutschen Wörtern, als habe er die Sprache lange nicht mehr gesprochen. »Wo wollt ihr hin?«

»Das wissen wir gar nicht so genau. Irgendwann mal nach Erythrai«, sagt Freddy, an dessen geöffnetem Fenster der Mann nun steht. Der Fremde gibt uns eine detaillierte Wegbeschreibung mit Kilometerangaben und Erläuterungen zu diversen Kreuzungen. Ich drehe den Zündschlüssel herum, weil er offensichtlich in Plauderlaune ist.

»Wollt ihr einen Tee?«

»Gern«, sagen wir und freuen uns auf den Besuch unseres ersten dörflichen Teehauses. Einheimische Frauen gehen nie in diese Häuser, aber für Ausländerinnen sei es kein Problem, wurde mir gesagt. Im Nu sitzen wir auf der Terrasse am Rande einer Mandarinenplantage und unser neuer Bekannter, der in Deutschland immer Martin genannt wurde, erzählt, dass er sein halbes Leben am Bodensee verbracht hat: »Eine schöne Ecke, aber in Hamburg war ich auch mal«, sagt er.

Martin hat in Küçükbahçe ein Appartement gekauft und verbringt die meiste Zeit des Jahres hier und den Rest in Istanbul.

»Ich habe bei MTU gearbeitet, jetzt bekomme ich drei Renten, eine Betriebsrente, eine staatliche deutsche Rente und eine türkische Rente. Als ich dreiundzwanzig war, bin ich von Istanbul an den Bodensee. Siebenunddreißig Jahre habe ich dort gearbeitet, dann habe ich Schluss gemacht. Wisst ihr, tausend Euro sind hier dreitausend wert. Ich bin ein reicher Mann«, sagt er und lacht. Inzwischen stehen Teegläser vor uns und Martin reicht uns den Zucker.

»Wie sind Sie in dieses Dorf gekommen?«, möchte ich von Martin wissen. Ich schätze ihn auf Ende sechzig.

»Das war Zufall, Küçükbahçe hat mir auf Anhieb gefallen, der Ort ist klein und ruhig, das Meer ist nah, hier gibt es nur eine einzige Feriensiedlung. Wenn ich Trubel will, dann fahre ich für ein paar Wochen nach Istanbul. Wisst ihr überhaupt, was Küçükbahçe bedeutet?«

Ahnungslos schütteln wir unsere Köpfe. Bis vor wenigen Minuten wussten wir nicht mal, wie der Ort heißt.

»Kleiner Garten, *küçük* heißt *klein.*«

»Wir kommen grad von Freunden aus Güzelbahçe.«

»Das heißt *hübscher Garten.*«

»Was denken die Leute über die Windräder?«, fragt Freddy, denn selbst hier kann man sie noch sehen. Es sind leistungsstarke und hohe Anlagen. Zur Weiterleitung der gewonnenen Energie sind Strommasten gebaut worden, breite Straßen wurden angelegt und haben das Bild der Landschaft komplett verändert.

»Keiner mag sie, aber es ist auch keiner gefragt worden. Seit einem Jahr stehen sie dort oben.«

Die Türkei hat ein enormes Energieproblem und kann bisher kaum auf eigene Energiequellen zurückgreifen, zumindest auf keine, die ausgiebig erschlossen und genutzt sind. Obwohl das Land regelmäßig von starken Erdbeben heimgesucht wird, ist der Bau von zwei Atomkraftwerken geplant. Nach dem Tee verabschieden wir uns von Martin und haben das Gefühl, er habe Glück gehabt, in diesem Ort gelandet zu sein, wo es noch andere Zugezogene und Rückkehrer gibt, die ein ähnliches Schicksal teilen. In ländlichen Regionen fernab der Küste soll es wesentlich schwerer sein, wieder Fuß zu fassen, wenn man Jahrzehnte im Ausland war.

*

Beinah verpassen wir das antike Erythrai, das auf Türkisch Ildırı heißt. Die Ortsdurchfahrt ist schmal, und zwischen der Moschee und dem Teehaus steckt ein LKW fest. Als es endlich weitergeht, merken wir nicht, dass dieser winzige Ort unser gesuchtes Ziel ist. Erst als wir menschenleere Sitesis durchqueren und Çesme immer näher kommt, wenden wir. Wir landen schließlich vor dem Agora Café, in dem ein junger Mann gerade die Wände streicht.

»Yes, you're right! The ancient city is right here, behind those trees. Just have a look. No one is there«, sagt er, und wir parken unseren Wagen vor seinem Café. Erythrai gehörte zum bedeutenden ionischen Zwölfstädtebund. Ausgrabungen und Erforschungen gibt es hier erst seit den Sechzigerjahren des letzten Jahrhunderts. Kurz hinter einem unscheinbaren Eingang stehen wir im grasüberwucherten Amphitheater, erklimmen steile Stufen und genießen den Blick auf die tief gelegene Bühne sowie die Landschaft und das Meer. Hier oben gibt es den Tempel der Athena und die Ruinen eines Gotteshauses zu bestaunen. Wir wandeln zwischen Säulen, einer eingestürzten Kirchenkuppel und wildem Mohn, Kamille und Lupinen umher. Auf einem sonnenbeschienenen Felsen versuchen wir zu begreifen. Die Farben der Landschaft, das kleine Ildırı mit seiner Moschee und dem schlanken Minarett, die frühlingshafte Wärme und der Duft der Blumen und Kräuter regen die Fantasie an. Auch wenn hier oben die türkische Flagge mit dem Halbmond in weithin sichtbaren Ausmaßen flattert, so ist dies nach wie vor der Ort eines mystischen Götterreichs, der einstige antike Hafen im Schutz der Insel Chios steht uns vor Augen.

Als der Tag sich langsam verabschiedet und das vertraute Knacken und Piepen zu hören ist, sitzen wir längst mit Fatih und seinem Bruder Hakan vor dem Agora Café. »Nur fünf oder sechs Männer gehen in die Moschee«, hebt einer der Brüder seine Stimme gegen die Lautstärke an. Und dann ertönt das spacige Geräusch, mit dem die ferngesteuerte Ansage beendet wird.

»Direkt von oben«, sagt der andere Bruder, und wir lachen los, denn genau das legt dieses Signal nahe.

»Für neue Moscheen gibt es Geld, eine ist teurer als die andere.

In Istanbul soll eine der größten Moscheen der Welt entstehen, mit Minaretten, die über zweihundert Meter in den Himmel ragen und von jedem Ort in der Stadt sichtbar sind. Aber für die Erhaltung der antiken Stätten haben sie wenig übrig. Dabei müsste dort oben dringend etwas getan werden«, fügt er hinzu und zeigt in Richtung des Amphitheaters. Als eine Frau vorbeigeht, die eine Kuh am Seil hinter sich herführt, rufen sie ihr abendliche Grüße hinüber. Hier kennt jeder jeden.

»This cow is a Holsteiner«, sagt Fatih, woraufhin Freddy und ich lachen müssen. Die Brüder hören zum ersten Mal, dass dieser Name von einer deutschen Region kommt und Freddy selber fast ein Holsteiner ist.

»Eine gute Kuh, die viel Milch gibt. Wir bekommen unseren Joghurt von ihr«, erklärt Fatih, und wir nicken zustimmend. Er bietet uns ein Bier an, und wir prosten uns zu.

»Unser Dorf verändert sich. Nur noch eine Handvoll Bewohner haben eine Kuh. Vor wenigen Jahren gab es noch in jedem Haus eine. Die meisten Einheimischen setzen jetzt auf Tourismus und vermieten Zimmer. Es sind zumeist türkische Touristen, jedes Jahr werden es mehr.«

Kaum bricht die Dunkelheit an, leuchtet der erste Stern aus dem Abendrot hervor. Wenig später sehen wir die Markierungsleuchten der Windkrafträder auf dem höchsten Berg der Umgebung und die Radarstation des Militärs. Die Zeit der Abgeschiedenheit ist auch hier vorbei. Über dem Meer ist es noch hell und wir können einige Fischfarmen, künstliche Inseln im Wasser, sehen.

»Wer die Macht hat, darf hier machen und bauen, was er will. Ob es Fischfarmen, Windräder, Moscheen oder Sitesis sind«, sagt Hakan, und dann schauen wir wieder schweigend aufs Meer.

»Gestern haben wir in Urla einen köstlichen türkischen Rotwein getrunken. Kennt ihr euch mit Weinen aus? Man sagte uns, er stamme aus alten wiederentdeckten Reben der einstigen griechischen Bewohner.«

»Hier in Ildırı haben die Türken Tabak auf die Weinfelder gepflanzt, weil sie keine Ahnung vom Weinanbau hatten. Unser Großvater stammt aus Thessaloniki. Im Zuge des Bevölkerungsaustauschs landete er 1926 in Ildırı, einem griechischen Dorf, das zwei Jahre lang verlassen war, nachdem die Griechen wegziehen mussten. In den letzten Jahren kommen manchmal deren Nachfahren und stehen weinend vor den Häusern ihrer Großeltern und Urgroßeltern. Die meisten Türken kennen diesen Teil unserer Geschichte kaum, es wird selten darüber gesprochen. Hier in der Gegend leben jedenfalls viele Türken, deren Großeltern aus Griechenland hierher umgesiedelt wurden. Atatürk ist übrigens in Thessaloniki aufgewachsen, als die Stadt noch zum Osmanischen Reich gehörte«, sagt Fatih.

Später will Hakan wissen, wie es sich in einem Wohnwagen lebt. Seine Frau und er möchten einen Wohnwagen kaufen und hier abstellen. Das Cafégebäude dürfen sie nicht erweitern, weil es in unmittelbarer Nähe zu einer archäologischen Stätte liegt. Im Sommer würden sie gern hier oben übernachten, wenn es spät wird. Ich empfehle ein großes Modell, doch dann überlegen wir, dass es teuer werden könnte, eine Klimaanlage im Sommer laufen zu lassen. Was in Norddeutschland die Überlegungen zur Heizung sind, trifft an der Ägäis auf die Klimaanlagen zu.

Als es immer kühler wird, verabschieden wir uns voneinander. Hakan möchte sich beim Streichen warm arbeiten, und wir verkrümeln uns in den Wagen.

»Es ist komisch, ohne unsere Emmy«, sagt Freddy.

In dieser Nacht bleibt uns nur das schmale Bett im VW-Bus, aber dafür haben wir einen grandiosen Ausblick über das Dorf und die Inseln.

Emmy und der Hinkefuß

Als wir am nächsten Nachmittag Güzelbahçe erreichen, ist der Kindergarten schon geschlossen und Marion und Cumhur sind nach Hause gefahren. Und dabei hätte ich dringend eine Dusche nötig. Zu meinem Pech ist in unseren Kanistern kaum noch Wasser. Wir gehen in den Garten, wo unser Zuhause auf einer Blumenwiese auf uns wartet.

»Es hat keinen Zweck. Wir brauchen Wasser, lass uns welches suchen«, sage ich. Das Gartengrundstück hat keinen Wasseranschluss, aber irgendwo wird sich schon ein Hahn finden. Wir schnappen uns den Zwanzigliterkanister, den kleinen Fünfer und sämtliche Trinkflaschen. Zwölf Liter sind noch unter der Spüle.

»Wir könnten es bei einer Tankstelle versuchen«, schlägt Freddy vor.

»Oder bei einer Moschee.«

Im Ort wohnen viele Aleviten, die zum Beten keine Moschee aufsuchen, entsprechend wenige Gotteshäuser gibt es in Güzelbahçe. Im Schritttempo fahren wir durch die Straßen und halten Ausschau. Schließlich sehen wir eine Frau, die ihren gepflasterten Hof mit einem Schlauch abspült. Irgendwie kann ich ihr erklären, was wir möchten, und sie versteht sogar, dass wir zum Kindergarten, zum *anaokulu* gehören. Sie lacht und fragt, ob wir das Wasser trinken möchten. Davon rät sie entschieden ab.

Wenig später bringe ich einen Wasserkessel zum Kochen, und noch vor der Abendkühle sind meine Haare gewaschen, draußen zwischen blühenden Orangenbäumen. Als heftiger Wind aufkommt, huschen wir in unsere kuschelige Stube. Später regnet, blitzt und donnert es sogar. Der Himmel leuchtet, und die Stimmung ist perfekt.

*

Bei einer Inspektion unseres Heims müssen wir feststellen, dass sich eine Drehstütze gelockert hat und beim nächsten Touchieren abreißen könnte. Sie muss also *verarztet* werden. Gleich nach dem Frühstück gehen wir in den Kindergarten, um Rat einzuholen und bei der Gelegenheit dem Badezimmer einen Besuch abzustatten. Gelegentlich dreht man doch gern mal einen richtigen Wasserhahn auf.

»Kennst du einen Schweißer?«, fragt Freddy unseren Freund, der daraufhin nur kurz nickt und zum Telefon greift. Das einzige Wort, das wir bei diesem Gespräch verstehen, ist *caravan.*

»Er kommt in zehn Minuten!«

Wir haben kaum Zeit fürs Bad, denn schon steht der mobile Schweißer vor der Tür. Aus seinem Kofferraum holt er alles, was für seine Arbeit notwendig ist. Wir erwähnen den Holzunterbau, was den Profi nicht im Geringsten beeindruckt. Und dann geht es auch schon los. Wir bocken unsere Emmy mit reiner Muskelkraft hoch, legen einige Steine unter die Achse und ruck, zuck, wie wir es nicht anders von den Türken kennengelernt haben, ist die Sache erledigt. Keine Diskussionen, keine lange Aufzählung möglicher Komplikationen, kein Zaudern und kein Murren. Der Hinkefuß sitzt wieder fest, und wir überlegen fieberhaft, ob es nicht weitere Schäden gibt. Hier wären vermutlich alle Renovierungsmaßnahmen problemlos zu erledigen.

Auf die Frage, was wir dem Schweißer zahlen sollen, meint Cumhur nur: »Ach, der schuldet mir ohnehin noch einen Gefallen. Ich mache das schon.«

Als Freddy und ich später in einem liebevoll eingerichteten Café in Urla sitzen und ein Glas Wein trinken, entdecke ich in einer Nische ein graviertes Messingschild, das auf Hochglanz poliert ist: J. J. Sietas, Schiffswerft, Hamburg-Neuenfelde, Bau-Nr. 845, Baujahr 1979. Welch ein Zufall! Von meinem Rex aus kann ich die Sietas Werft auf der anderen Elbseite sehen. Die Cafébesitzerin ist ganz aus dem Häuschen, als ich ihr von der ältesten Werft Hamburgs erzähle. Sie hat ein Herz für Details und berichtet von den Abwrackungen in Urla, wo alte Kähne auseinandergenommen werden. Von dort habe sie ihre Ausstattung, die schweren Schiffsplanken, die sie zur Speisetafel aufgearbeitet hat, die Treppenstufen aus einem Kreuzfahrtschiff, das alte Schiffstelefon und die Schiffsglocke eines italienischen Frachters. Sie möchte ihre Gäste nicht nur verwöhnen, sondern auch dazu anregen, das Alte wertzuschätzen. Auf der Speisekarte stehen traditionelle Gerichte der Region, es dürfe doch nicht alles verloren gehen und nur noch ans Geld gedacht werden, mahnt sie. Da können wir nur zustimmen.

»Was ist eigentlich unser nächstes Reiseziel?«, frage ich Freddy, als unsere Gastgeberin mit Kundschaft beschäftigt ist.

»Was hältst du von Pamukkale?«

»Liegt das nicht hoch im Landesinnern, wo es bestimmt viel kühler ist? Ich weiß nicht. Können wir das nicht streichen und lieber weiter in den Süden fahren?«

Freddy schlägt Ephesos vor, was quasi in der Nachbarschaft liegt, keine sechzig Kilometer entfernt. Das antike Erythrai hat uns auf den Geschmack gebracht. Doch Ephesos soll für uns nur ein touristischer Zwischenstopp sein. Ich habe in Marions Kindergarten einige Stunden im Internet gesurft und mir Reiseberichte von Leuten heruntergeladen, die mit ihren Wohnmobilen unterwegs waren. Unter ihnen habe ich ein »Lieblingspärchen«, dem ich voll und ganz vertraue. Sie campierten bei ihrer Türkeireise zumeist auf kleinen Plätzen, gern mit Familienanschluss und ohne Ansprüche an Komfort. Genau nach unserem Geschmack. Von ihnen stammt der Tipp eines Stellplatzes am See, etwa siebzig Kilometer südlich von Ephesos.

Efes: mehr als nur ein Bier

Nach einem gemeinsamen Frühstück mit Marion und Cumhur spannen wir unsere Emmy an. Es ist nicht einfach, Güzelbahçe und unseren Gastgebern Tschüss zu sagen. Wir haben vertrauensvolle Gespräche geführt, viel gelacht und viel gelernt. Für eine Woche war der Garten unserer Freunde ein Zuhause für uns, wir haben einiges über das Land und vor allem über die Küche, Fisch und die Zubereitung von Artischocken, den Genuss von gefüllten getrockneten Auberginen und Weinblättern erfahren. Selbst in die filigrane Herstellung von *mantı*, von winzigen Teigtaschen, sind wir eingeweiht worden, als wir einer älteren Dame bei der Zubereitung zuschauen durften.

»Eine Frage noch, bevor wir losfahren«, sagt Freddy zu Cumhur, »wie funktioniert das hier eigentlich mit dem Kreisverkehr?«

»Ach, hör bloß auf! Das blicken die Türken nicht. Die denken immer, wer aus der breitesten Straße kommt, hat Vorfahrt. Fahr einfach ganz vorsichtig, die üblichen Regeln brauchst du dabei nicht. Das läuft hier nicht. Immer nur gucken, gucken, gucken.«

Was den sonstigen Verkehrsfluss betrifft, geht es hier meistens gemächlich zu. Mehr als einmal habe ich mich gefragt, wie den Türken das Hupen abgewöhnt wurde. Hier ist es fast so still wie in Deutschland. Es gibt auch erheblich mehr Verkehrskontrollen als auf deutschen Straßen, regelmäßig werden Geschwindigkeitssünder mit gehobener Kelle herausgewunken. Und eine Abwrackprämie muss es auch gegeben haben, oder warum sonst sehen wir kaum Schrottkisten, sondern nur blitzblank polierte Neuwagen?

Auf der Fahrt in Richtung Süden tauchen sie plötzlich und

unverhofft auf: Paare in kurzen Hosen, mit weißen Beinen und Tagesrucksäcken – Osterferien in Deutschland! So viel nacktes Fleisch ist ungewohnt und in gewisser Weise unangenehm. Einerseits freue ich mich über die milden Temperaturen, aber andererseits bin ich nicht erpicht auf käseweiße Winterhaut oberhalb der Knie. In zwei Tagen ist sie vermutlich puterrot.

Je mehr wir uns Efes nähern, desto mehr Reisebusse und Touristen bekommen wir zu sehen. In der Stadt parken wir unser Gespann neben Luxusreisebussen, die vermutlich mit Anabolika gefüttert wurden. Wie kommen die um die Kurven und unter Brücken hindurch? Unser Gespann wirkt im Vergleich dazu wie Playmobil. Vor dem Eingang zur antiken Stadt ist eine Art Rummel mit Verkaufsbuden und Restaurants aufgebaut. Menschen aus aller Herren Länder strömen hinein, es herrscht babylonisches Sprachengewirr.

Auf geht's zur Besichtigung einer der berühmtesten griechisch-römischen Städte am Mäander! Warum hatte ich mich bisher eigentlich nie gefragt, woher das Wort *mäandern* kommt? Wie gut, dass Reisen bildet, und zwar in jeder Hinsicht, wie ich sogleich feststellen muss: Schon nach zwei Stunden bin ich bestens über die jeweilige Touristenmode aller Kontinente informiert und auch über Artemis, Asklepios, Kleopatra, Apostel Paulus und all die anderen herausragenden Persönlichkeiten, die hier einst Geschichte machten. Ich kann meinen Blick nicht von der bunten Menschenfülle lassen, nicht mal im gigantischen Theater mit fünfundzwanzigtausend Sitzplätzen unter warmer türkischer Sonne. Zunächst verschlägt die Größe mir den Atem und ich frage mich, wie solch ein Bau vor Tausenden von Jahren möglich war, wenn es heutzutage nicht mal mit der Elbphilharmonie klappt! Es ist eine Wonne, auf den oberen Rängen zu sitzen und in Fantasien zu vergangenen Weltreichen und Theateraufführungen zu schwelgen oder aber eine Südamerikanerin in einem türkisfarbenen schulterfreien Minikleid zu beobachten, die auf einem der unteren Ränge posiert. Schulterfrei scheint en vogue zu sein, was den Gesprächspartnern in Marions Kindergarten ein Zuviel an Stoff auf den Frauenköpfen war, das wird hier eindeutig eingespart. Aber wenn das Gleiche auch für den Bereich unterhalb der Intimzone gilt, muss ich passen. Ladys! Wir sind hier in der Türkei, wenngleich in einer quasi internationalen Zone, vielleicht aber sollte man gerade deshalb auf ein Strandoutfit verzichten, denn hier trifft man auch auf Araberinnen in strenger Verhüllung und schmuckbeladene Inderinnen in bunten Saris. Ihnen muss man doch nicht unbedingt die eigene Unterwäsche vorführen. Im nächsten Moment grüble ich über den Wunsch von Asiatinnen nach einer Körpergröße jenseits der 1,50 Meter: Das kann ich durchaus nachvollziehen, aber warum man sich dafür auf einem antiken Trümmerfeld permanent der Gefahr eines Beinbruchs aussetzt, überfordert mein Verständnis. Ich staune über gewagte Klötze an den Füßen – *We highly recommend flat shoes!* Das Thema Sonnenschutz dominieren unangefochten blasse Japanerinnen: gigantische Hüte, ellbogenlange Handschuhe und eine gewisse Gesichtsvermummung. Damit würden die Damen sogar in islamischen Heiligtümern willkommen sein.

Bei den Männern gibt es ebenfalls einige Ausfallserscheinungen. Zum Glück haben wir nur fünfundzwanzig Grad im Schatten und müssen keine Oben-ohne-Exemplare bewundern. Dafür dürfen wir beängstigende Oberarmtätowierungen und stramme Waden begutachten. Jahreszeitlich bedingt trifft man auch auf deutsche Lehrer, die großen Wert auf Trittsicherheit, Sonnenschutz, hochgebirgstaugliche Hosen und Antimückenhemden legen. Das solide Schuhwerk zahlt sich insbesondere auf der aalglatten Marmorstraße von Ephesos aus. Vor Jahrtausenden verlegt, zeigt diese Sehenswürdigkeit einen gewissen Abrieb und faustgroße Löcher, die einst der Ableitung von Schmutzwasser dienten.

Ich bin überwältigt angesichts des globalen Publikums und ärgere mich, dass ich die Herkunft mancher Besucher nicht einordnen kann. Und wieso sprechen streng verhüllte Teenager mit dunkler Hautfarbe und eindeutig afrikanischen Gesichtszügen türkisch miteinander?

»Ist doch irgendwie seltsam, dass das beliebteste Bier der Türkei nach dieser Stadt benannt ist«, sagt Freddy unvermittelt. Efes-Bier ist überall präsent und wird in jedem Supermarkt angeboten, beleuchtete Werbeschilder und Kühlschränke vor Kiosken, randvoll gefüllt mit Efes-Flaschen und -Dosen sind ein vertrautes Bild geworden. Es schmeckt aber auch gut.

Unser Audioführer erzählt uns derweil, Kleopatra habe hier vermutlich ihre jüngere Schwester Arsinoe mit Hilfe von Mark Anton ermordet oder ermorden lassen. Was? Das ist ja unerhört! Und ich dachte immer, die schönste Frau der Antike habe unentwegt in Milch gebadet, ihre hübsche Nase gepudert und Avancen abgewehrt, einschließlich derer von Asterix und Obelix.

Vor der Celsus-Bibliothek wird Freddy von einer Gruppe Japanerinnen gebeten, sich gemeinsam mit ihnen fotografieren zu lassen. Ähnliches ist uns kürzlich in Rothenburg o. d. T. passiert. Manch asiatische Dame verliebt sich sofort in seine blauen Augen und scheint auch seinen kahlen Kopf höchst ansprechend zu finden. Aber womöglich haben sie ganz andere Gründe. Ephesos war und ist in gewisser Weise immer noch Weltmetropole, es war einst die größte Stadt nach Alexandria, und in Metropolen – das weiß doch jedes Kind – gibt es immer viele ungelöste Rätsel.

Ich werde Zeugin, wie ein Japaner eine aufreizend gekleidete Dame fragt, ob sie aus Thailand stammt. Sie nickt, und er ist sichtlich stolz darauf, richtig geraten zu haben.

»Unglaublich!«, sage ich in regelmäßigen Abständen, wenn ich wieder eine Episode aus dem Audioführer abgehört habe. Als wir vor dem Relief der Siegesgöttin Nike stehen, werden wir von Teenagern in der gleichnamigen Sportkleidung sanft zur Seite gedrängt. Schon viele Besucher müssen Nike an ihren entblößten Busen gegriffen haben, wie ein gewisser Glanz auf dem Stein verrät.

Puh, irgendwann hat man dann auch genug gesehen. Ermattet sitzen wir auf einem Steinquader mit Blick auf die Ruinen der Marienkirche. Der Legende nach soll Maria mit dem Apostel Paulus hierher geflohen sein. Eine Gruppe Japaner lässt erstauntes Murmeln hören, als ihre Fremdenführerin den Namen ausspricht: Maria! Maria in der Türkei – das denkt man auch erst mal nicht.

Fabelwelt am See

Nichts deutet auf eine Sehenswürdigkeit hin, dabei hatte ich doch gelesen, der See und seine antiken Trümmer gehörten zu den *romantischsten Orten im südwestlichen Kleinasien.* Wir rumpeln auf einer schmalen, löchrigen Straße am Ufer des Bafa Gölü entlang, haben den durchdringenden Geruch von Kuhdung in der Nase und müssen langsam fahren, damit die matschigen Exkremente der Schwarzbunten nicht allzu hoch spritzen. Die Brüder Zeybek sollen hier eine Art Campingplatz und ein Restaurant betreiben. Prompt verfahren wir uns und müssen zurücksetzen. Dieses Unternehmen wird durch die abschüssige Straße, diverse Kühe mitsamt ihren Hinterlassenschaften und einige Schaulustige erschwert. Während ich neben unserem Gespann hin und her laufe und vor Lachen keine verständlichen Kommentare abgeben kann, schaut Freddy lächelnd aus dem Fenster. Wer ihn nicht kennt, würde denken, er sei fast so belustigt wie ich.

»Liebste, sagst du mir bitte, wie viel Spielraum nach hinten noch ist?«, fragt er, wobei sein *bitte* einen klitzekleinen Unterton hat, der mir signalisiert, dass ich mich konzentrieren sollte und er doch ein wenig überfordert ist. Zentimeter um Zentimeter setzt er zurück, bis wir an der Gabelung in den richtigen Weg einbiegen können. Derweil spricht mich eine ältere Bäuerin an, die ein großes Bündel auf ihren Schultern trägt. Ich glaube, sie möchte mitfahren, und winke sie zu mir auf den Beifahrersitz. Als wir drei bequem sitzen, öffnet sie ihr Bündel und bietet mir bunte Tücher mit kunstvollem Häkelsaum zum Kauf an. Und selbst wenn ich noch so gern eines davon hätte, gekauft wird vorerst nichts. Sie scheint beleidigt und will aussteigen. Ich bin gleichfalls beleidigt, weil ich mich überrumpelt fühle. Bald darauf endet die Straße auf einer Wiese mit einem handbeschriebenen Schild: *Camping Alani, Piknik Yapmak, Ateşiyakmakiasak.* Aha. Wenn jetzt jemand sagte, das sei Japanisch, würde ich es sofort glauben. Dann sehen wir einen alten VW-Bus mit deutschem Kennzeichen und zwei ausgewachsene Wohnmobile aus Großbritannien und Oranienburg, eine Hängematte schwebt über geblümtem Gras. Die Wiese ist sumpfig vom letzten Regen, und es gibt kaum ein ausreichend großes und trockenes Plätzchen für unsere Emmy.

Mustafa Zeybek spricht ein wenig Deutsch und lässt uns die Wahl. Wo immer es uns gefällt, können wir stehen. Wir wollen nah ans Ufer und rangieren mutig drauflos. Bei der Schräglage des Platzes und einer gewissen Unterzuckerung meines Liebsten bin ich froh, keine Zuschauer zu haben. Die anderen Camper sind allesamt ausgeflogen. Als angehende Outdoor-Profis denken wir heute sogar an Keile und Handbremse. Hinten, sozusagen auf Höhe des Schlafzimmers, setzt Emmy beinah auf, vorne kurble ich bis zum Anschlag an den Drehstützen und Freddy schleppt einen Felsbrocken zum Unterlegen herbei. Trotz unseres Tritts braucht es einen größeren Schritt, um in den Wagen zu kommen, dafür stehen wir nur drei Meter Luftlinie vom Bafasee auf einer Terrasse unter einem Baum. Geschafft. Und verzaubert! Das Restaurant der Brüder liegt, wie wir alsbald herausfinden, zwei Terrassen höher und kann Fernwehträume erfüllen. Die Spätnachmittagssonne wirft mildes Licht auf die Holztische mit den rotkarierten Decken, Geranien blühen, ein Zaun aus groben Ästen und Geflecht soll Kühe von den Gästen fernhalten, Hühner picken munter herum. Am Dorfrand ragen bizarre Felswände in die Höhe und wir wissen kaum, wohin wir zuerst schauen sollen.

»Gibt es jetzt etwas zu essen?«, fragen wir Mustafa.

»Immer Essen, keine Uhr, alles fertig«, sagt er und empfiehlt uns

Auberginen mit Joghurt, Seebarsch mit Salat, Köfte und selbstgebackenes Brot. Wir wollen alles, was er aufzählt, und beginnen mit zwei Efes-Bier und Blick auf den glitzernden See.

Im Restaurant hängt ein Bücherregal neben einem Bollerofen. Überhaupt hat dieser Raum den Charakter einer erweiterten Wohnstube. Er ist urgemütlich, ein wenig chaotisch und dient offenbar auch als Handarbeits- und Mittagsschlafzimmer. Hier stapeln sich bunte Tücher mit Häkelkanten, aber wir bleiben hart, als die Frauen des Hauses aus der Küche kommen und sie zum Verkauf anbieten. Unmissverständlich geben wir zu verstehen, dass wir ihre Arbeiten zwar schön finden, aber dennoch keine Tücher kaufen möchten. Das kann bitter sein, und ich fühle mich irgendwie mies. Das verstaubte Buch ›Frühe Menschenbilder‹ von Anneliese Peschlow-Bindokat verkürzt uns die Wartezeit aufs Essen. Die Archäologin hat über Jahrzehnte hier am Latmos – in dem bizarren Gebirge hinter dem Dorf – geforscht. An den Wänden hängen Fotos der Dame, bei Mustafa und seinem Bruder Şefik hat die Wissenschaftlerin mit ihren Kollegen offensichtlich Quartier bezogen, wenn sie zu ihren Streifzügen durch die Höhlen aufgebrochen ist. Es gibt mehrere Veröffentlichungen der Archäologin und so erfahren wir, dass es sich hier um einen Teil der karischen Gebirgslandschaft handelt und dieser Ort jetzt den türkischen Namen Kapıkırı trägt, aber früher Herakleia hieß. Der See war einst Teil der Ägäis und bildete den latmischen Meerbusen. Der Mäander hat nicht nur Ephesos ein Ende bereitet, sondern durch Versandung auch diesen Binnensee geschaffen, der heute einige Kilometer vom Meer entfernt ist. An welch historischer Stätte sind wir nun schon wieder gelandet?

Noch vor der Dämmerung sind wir pappsatt und können eigentlich nur noch liegen und aus dem Fenster hinaus auf den See schauen, wo Pelikane auf einem vorgelagerten Felsen stehen. Doch das Licht und die unbekannte Umgebung mit den Ruinen einer versunkenen Stadt locken uns bald wieder hinaus.

»Spaziergang?«, fragt Freddy.

»Versuchen wir es.«

Eine der Zeybek-Frauen kommt mit drei Kühen einen Hügel hinunter, auf dem ein altes Gemäuer steht. Wir kraxeln hinauf und überblicken erst hier die Ausmaße des Sees und des zersiedelten Dorfes. Als wir den höchsten Punkt erreichen und uns einen antiken Hafen ausmalen können, nähert sich die Sonne leuchtend rot dem Horizont und fällt beinah in den See, dort, wo früher der Zugang zum offenen Meer gewesen sein muss. Von Bergen bis zu über tausend Metern Höhe und von Ruinen umgeben, machen wir es uns auf einer kleinen Landzunge bequem. Frösche quaken, wo kleine Fischerboote in einer seichten Bucht liegen. Kaum ist die Sonne gänzlich im Westen untergetaucht, geht im Osten über den Bergen der Vollmond auf. Wie gebannt schauen wir auf den Mond, der wie eine Laterne über dem Latmos schwebt. Wir schmiegen uns aneinander, und ich bin mir sicher, dass auch Freddy an *unseren* Vollmond über der Ostsee denkt. Damals war diese Reise noch ein ferner Traum, nicht einmal die Reiserichtung stand fest. Freddy läuft eine Träne über die Wange. Der Wind, wie er sagt.

*

Das Waschbecken ist im Freien montiert, ein Spiegel hängt an einem rostigen Nagel im Mauerwerk und zeigt mein verschlafenes Gesicht mit einem Lächeln und im Hintergrund einen Eukalyptusbaum, unter dem Hühner nach Futter picken. Eine Bäuerin treibt Kühe den Hügel hinauf, wo sie bei den Ruinen des alten Herakleia grasen.

Bei Zeybeks gibt es zwei Hocktoiletten, einen Duschraum und auf dem Dach eine Solaranlage. Ach was, ich muss jetzt nicht duschen, ein erfrischtes Gesicht wird vorerst reichen. Hier ist alles auf einfachste Art gezimmert und gemauert, ausgelegt für die Nutzung in einem Land mit vielen Monaten Sonne und Wärme. Der Duft eines Zitronenbaums weht herüber, Agaven säumen die Rückseite der halbhohen Mauer. Einige Gästezimmer mit einer überdachten Veranda aus Bougainvillea schließen sich an, zarte Blütenblätter kündigen einen violetten Farbenrausch in den nächsten Wochen an. Ein Hund legt sich auf den Steinboden neben das Waschbecken, wohin die Morgensonne erste warme Strahlen schickt. Ich finde keine Ablage für meine Waschtasche, doch wenn ich sie auf den Boden stelle, werden wohl die Hühner kommen. Vielleicht sollte ich den Rest meiner Morgentoilette an unserem Platz erledigen. Meine Zahnbürste habe ich ohnehin vergessen. Sie steht mit dem Zahnputzbecher an einem historischen Ort auf der Mausolos-Mauer, die direkt an unserer Emmy vorbeiführt: übrigens ein beeindruckendes Zeugnis hellenistischer Stadtbaukunst, wie ich nachlesen konnte. Sie zählt zu den besten Beispielen antiker Befestigungen. Donnerwetter. Ich frage mich nur, wie sie die riesigen Steinquader transportiert haben. Ob Kleopatra die Technik vom Pyramidenbau aus Ägypten mitgebracht hat? Kommt das zeitlich überhaupt hin? Jedenfalls war die Stadtmauer einst 6,5 Kilometer lang, bis zu drei Meter dick und sechs Meter hoch. Und das alles im 4. Jahrhundert vor Christus.

»Noch einen Kaffee?«, fragt Freddy, nachdem ich meine Haare gekämmt habe und versonnen über den See schaue.

»Sehr gern, dann kümmere ich mich ums Frühstück. Wir haben leider nur noch eine der leckeren Pampelmusen aus Marions Kindergarten.«

Den Tisch stelle ich an die Steinkante vor den Wohnwagen, der See ist zum Greifen nah. Es gibt nicht viel Platz vor unserer Emmy, aber immerhin reicht es für eine Privatterrasse. Als alles bereitet ist und der Honig aus Zeybeks Imkerei seinen Duft verbreitet, hören wir das unverkennbare Motorengeräusch eines alten Bullis und schauen auf. Er gehört zwei deutschen Studentinnen, die wir gestern noch gesprochen haben. Sie müssen gute Reifen und Fahrkünste haben, denn sie wenden auf der sumpfigen Wiese, ohne sich festzufahren.

»Wohin geht die Reise?«, frage ich überrascht, weil ich mir beim besten Willen keinen Grund vorstellen kann, diesen Ort schon nach einer Übernachtung zu verlassen.

»Zum Van-See.«

»Das ist ja richtig weit weg.«

»Ungefähr 1800 Kilometer, aber wir müssen unbedingt dorthin. Irgendetwas zieht uns zu diesem See. 2800 Kilometer haben wir schon geschafft. Den Rest wird unser guter Bulli auch noch packen. Wir haben nur vier Wochen Zeit.«

»Gute Fahrt!«, rufe ich den beiden jungen Frauen hinterher und merke, wie wenig Lust ich auf eine Reise unter Zeitdruck habe. Viel lieber widme ich mich unserem üppigen Frühstück, frage die Bäuerin nach frischen Eiern und schlage meinem Schatz einen Spaziergang zum Tempel der Athene vor.

Als wir später zu einer ersten Erkundung aufbrechen wollen, rührt sich auch beim Wohnmobil des Pärchens aus Oranienburg etwas. Schon werden wir zu einem zweiten Frühstück geladen und treffen auf zwei erfahrene Türkeireisende, die im letzten Jahr das Land innerhalb von drei Monaten umrundet haben.

»Und nun seid ihr schon wieder hier, dann muss es euch gut gefallen haben«, sagt Freddy.

»Und ob! Jetzt haben wir leider nur vierzehn Tage Osterferien«, sagt Kathrin.

Freddy und ich schauen uns an und glauben uns verhört zu haben. Wieder Turboreisende, wenn man 5000 Straßenkilometer bedenkt. Da sind unterwegs wohl nur Tankstopps drin. Die beiden stehen mit ihrem Reisemobil oberhalb der alten Stadtmauer auf einem idyllischen Plätzchen, von einem großen Felsen geschützt und mit noch freierem Blick.

»Es ist unsere erste Fahrt mit dem neuen Wohnmobil, ein Gemeinschaftskauf unserer Großfamilie. Im letzten Jahr waren wir noch mit einem Geländewagen unterwegs, aber so etwas braucht man in der Türkei eigentlich nicht.«

»Darf ich euch mal was fragen? Wieso habt ihr eigentlich Plastikgeschirr, wenn ihr mit so einer dicken Kiste unterwegs seid?«, möchte ich irgendwann von unseren neuen Bekannten wissen und halte dabei eines unserer hübschen Latte-Macchiato-Gläser in der Hand.

»Gewicht sparen, ganz einfach«, sagt Uwe und lacht über meine offene Frage. »Sieht blöd aus, fühlt sich blöd an und nervt. Aber der Wagen ist auf 3,5 t konzipiert. So viel wiegt er fast schon ohne Zuladung, wegen der vielen Technik. Es gibt eigentlich viel zu viel Luxus in solch einem Ding. Allein die Wasser- und Abwassertanks, die großen Batterien und die Gasflaschen sind schwer. Da kommt es irgendwann auf jedes Kilo an. Manchmal vermissen wir unseren Schlafplatz auf dem Dach des Landrovers, aber bequem ist es im Wohnmobil schon.«

Als sie unsere Emmy besichtigen, kommentieren sie sofort jene Details, die uns immer besondere Freude machen, und haben einen Blick für das weitgehend unverfälschte Interieur.

»Wer sind denn die beiden auf dem Foto?«, fragt Kathrin.

»Emmy und Alfred«, antworten wir gleichzeitig und erklären, was es mit dem Foto der Eheleute Tabbert auf sich hat.

»Unsere Emmy ist viel schöner als so ein Mercedes«, flüstere ich meinem Schatz ins Ohr, und er nickt zustimmend.

*

Wir möchten zu alten Klosterruinen wandern und haben eine grobe Vorstellung von der Richtung. Am Ortsrand sind die Felder von niedrigen Mauern aus Feldsteinen gesäumt. Auch hier haben bis in die Zwanzigerjahre des letzten Jahrhunderts Griechen gelebt. Je näher wir den bizarren Felsen des Latmos kommen, desto unwirklicher erscheinen sie. Hier sind wir nur noch zwei Winzlinge in einer Welt aus Steinen. In diesen Dimensionen müssen sie Riesen als Spielzeuge gedient haben, denn wie kann ein Gigant in Größe eines Doppelhauses glatt und rund sein, ein anderer wie eine haltlose Torte in exakt gleiche Stücke in Kleinwagengröße zerbrochen sein? Der nächste hat die Form einer halben Ellipse, deren zweite Hälfte weggezaubert wurde, ein ausgewachsener Olivenbaum steht wie ein Relikt aus dem Spielzeugfundus an der glatten Bruchkante. Wo ist die andere Hälfte? Überall grünt und blüht es. Der Lavendel ist so groß, dass man sich dahinter verstecken könnte. Er säumt Straßen aus grauem Stein, die jahrtausendealte Spurrillen zeigen und als Sackgassen enden. Eingemeißelte Treppenstufen aus längst vergangenen Zeiten führen Felsen hinauf, die wie geschmirgelt und poliert aussehen. Alles ist seltsam zusammengewürfelt, wie von oben heruntergeworfen und liegengelassen. Die bizarren Felsformationen verlangen unsere gesamte Aufmerksamkeit. Nur noch wenige Hundert Höhenmeter und wir würden alte Wehrtürme erreichen. Dort oben sehen wir einen Esel, ja sogar Kühe, aber für uns gibt es kein Hinaufkommen. Immer wieder stehen wir vor Spalten, Grotten und Felswänden. Erst mal eine Pause! Während wir bei Brot, Eiern, Bier und in schweißnassen Hemden auf einem Stein hocken, kommt plötzlich ein alter Mann von oben. Er hält ein Sträußchen Wildblumen in der Hand, wir grüßen uns freundlich und können seine Worte leider nicht verstehen. Genauso schnell, wie er aufgetaucht ist, verschwindet der Alte auch wieder. Wenn wir doch nur annähernd so schnell klettern und wandern könnten wie er.

»Hier geht es nicht weiter«, höre ich Freddy bald zum zehnten Mal sagen. Was soll's, meinetwegen kann der Tag auch ohne Wehrtürme und Klosterruinen vergehen. Wir unterqueren aneinandergelehnte Steinblöcke, die man als Fundament für eine weitere Brücke über den Bosporus nutzen könnte. Hoffentlich gibt es jetzt kein Erdbeben. Wir wären von der Natur verschluckt, auf Nimmerwiedersehen. Ein Steingigant sieht zart und ausgelöffelt aus, als sei er einst Nougat gewesen und von einer Riesenfee mit einem Eiskugellöffel ausgehöhlt worden. Freddy kann dieses Bild nur bedingt nachvollziehen, dafür findet er einen herzförmigen

Stein, den der Gott der Liebe für uns hier abgelegt haben soll. Betörender Lavendelduft, die Wärme eines Frühsommertages und unser Übermut lassen uns immer weitergehen. Irgendwann ist ein Weg markiert, er führt angenehm bergab nach Karahayıt Köyü, was uns leider nichts sagt. Wir wissen nicht einmal mehr, wie unser Wohnort auf Türkisch heißt, und die Namen der Nachbardörfer haben wir ohnehin nicht parat. Bergabgehen macht Spaß, es bringt Kilometer, aber es ist leider bald vorbei, und der Weg weist steil nach oben. Meine Beine werden müde.

Der Himmel färbt sich bereits abendrot, als wir irgendwie wieder bei den Zeybeks landen. Vom Duschen kommt Freddy ewig nicht wieder, und als ich nachschaue, sitzt er mit den Zeybek-Männern und einem Besucher auf der Treppe vor dem Haus. Sie trinken Bier und Raki, und ich drehe ab, bevor sie mich sehen. Zum Essen bin ich zu müde und schnappe mir lieber ein Buch der deutschen Archäologin, in dem ich nicht nur auf die Mondgöttin Luna Selene treffe, sondern auch auf Aurora, Endymion und Hypnos, die allesamt in einer gewissen Verbundenheit zum Latmos stehen. Der Latmos war ein heiliger Berg und ist es sicher immer noch. So etwas vergeht nicht. Hier wurde einst der karisch-anatolische Wettergott verehrt, dessen Stelle später der griechische Zeus einnahm. Sein Gipfel hat keine Spitze, sondern ist gerundet und wird deshalb Thron des Wettergottes genannt. Schade, dass kein Gott uns den Weg dorthinauf gewiesen hat.

Als Freddy irgendwann durch die offene Tür stolpert, befinde ich mich fast schon in den Armen irgendwelcher Götter.

»Stell dir vor, Mustafa hat früher in Niebüll gearbeitet«, sagt Freddy. Er riecht nach Schnaps und hat eine schwere Zunge, was äußerst selten vorkommt. Ich finde ihn süß, wenn er langsam und bedacht spricht, um Zeit für die richtigen Worte zu finden. »Auf Sylt hatte er auch zu tun.«

»Hat er in der Autoverladung gearbeitet? Viele andere Jobs dürfte es in Niebüll wohl nicht geben.«

»Er hat es nicht von sich aus gesagt, und ich wollte nicht fragen. Die Jungs haben ihre Späße gemacht. Der Dritte im Bund spricht auch gut Deutsch. Er hat in Bodrum als Touristenführer gearbeitet. Im Dorf sehen wir übrigens keine Kinder, weil sie in Milas zur Schule gehen und nur alle paar Wochen nach Hause kommen. Mustafa fährt seine Kinder dieses Wochenende besuchen. Milas ist dreißig Kilometer entfernt. Und weißt du, was sie noch sagten? Rate mal, wo in der Türkei der meiste Raki pro Kopf getrunken wird!«, sagt Freddy mit seiner herrlich schweren Zunge.

»Keine Ahnung. Wo soll das sein? An der sündigen Westküste. In Izmir?«

»Falsch! In Konya! Im stockkonservativen Konya!«

»So so! Das sind ja mal entscheidende Infos.«

»Und der See ist auch noch ein wenig Meer, das heißt, einmal im Jahr kommen Fische aus dem Meer zum Laichen hierher. Das ist ein Phänomen«, sagt er voller Begeisterung und schläft wenig später in meinen Armen ein.

Wahrer Döner

Entweder ist der Wettergott wütend oder ihm war langweilig. Nach mehreren Tagen mit blitzblankem Himmel und Windstille bläst es nun heftig und düstere Wolken ziehen auf. Emmy wackelt und der See zeigt Schaumkronen. Bevor es zu regnen beginnt, räumen wir zusammen. Schon ist die Rechnung bezahlt und wir sitzen im Auto. Der Latmos sieht unter grauen Wolkentürmen noch gewaltiger und bezaubernder aus. Die Fachleute nennen dies ein *eruptives* Gestein, als Laie würde ich sagen, hier haben Riesen in Höhlen geschlafen und beim morgendlichen Strecken den einen oder anderen Felsen herunterkugeln lassen. Eine Kuh steht hoch über uns auf einem Felsen. Ein seltsamer Weideplatz, steil, kein Weg erkennbar, keine Umzäunung, kein Hinweis auf einen Fahrstuhl. Wir fahren weiter, trotz aller Rätsel, die noch gelöst werden könnten.

In Muğla lässt sich hinter der eintönigen Fassade der Stadt ein altes Viertel ausmachen, das an einem Hügel klebt. Dort möchten wir gern zu Mittag essen. Der Wettergott ist hier gnädiger und lässt die Stadtbummelsonne scheinen. Doch wo parken wir unser Gefährt? Am Atatürk-Kreisverkehr biegen wir auf gut Glück von der Hauptstraße ab. Wir brauchen mindestens eine Zehnmeter-Parklücke, um ausreichend rangieren zu können, was an einem belebten Freitag nicht einfach zu finden ist. Wenn wir noch langsamer fahren, werden wir zum Verkehrshindernis. Bloß nicht rückwärtsfahren müssen. Irgendwann sehen wir eine Lücke, bevor Muğla zu Ende ist. Wir laufen los, ohne zu wissen, wohin. Langsam gewöhne ich mich an dieses Gefühl. Es gefällt mir.

Wir entscheiden uns intuitiv für die richtigen Gassen und landen in einer hübschen Altstadt. Viele Häuser haben Holzbalkone, Veranden und Balustraden. Und dann stehen wir vor *unserem* Restaurant! Schon von Weitem habe ich einen Stapel Olivenholz auf dem Gehweg liegen sehen. Aber was ich nun erlebe, lässt mich nur noch staunen. Wie ist es möglich, dass man erst nach Muğla fahren muss, um zu erfahren, wie Döner am allerallerbesten zubereitet wird? Seit Jahren gehe ich in Hamburg fast täglich an türkischen Imbissen und Restaurants vorbei, esse zwar nur äußerst selten Döner, aber gelegentlich einen Grillteller. Döner hängt am Spieß, das ist hier nicht anders, aber der entscheidende Unterschied liegt im Feuer! In drei übereinander angebrachten Feuerstellen brennt und glüht Olivenholz. Davor dreht sich der Spieß. Flammen züngeln, es duftet köstlich, mir läuft das Wasser im Mund zusammen. Es ist ein modernes Lokal, die Angestellten tragen Einheitslook, die gleichen T-Shirts, Schürzen und Schirmmützen. Alles ist picobello sauber und im Stil amerikanischer Fastfoodketten aufgemacht. Egal, das stört mich jetzt nicht, ich will nur *richtigen* Döner vom Holzfeuer!

»Du bist ja ganz aufgeregt«, sagt Freddy.

»Das wäre doch echt eine Marktlücke. Wir werden Dönermann und -frau.«

»Ich dachte, du tendierst eher zu Gemüse.«

»Ab und zu mal Fleisch ist halbwegs okay, finde ich, und was glaubst du, wie das schmeckt, wenn es so gegart wird.«

»Das werden wir gleich erfahren.«

Und dann kommt unsere Bestellung, die alle Erwartungen erfüllt. Also bitte, liebe Dönerleute in Deutschland, lasst euch von eurem Mutterland inspirieren!

Bloß schnell weg aus Marmaris

Ich liebe Küstenstraßen, insbesondere wenn sie sich Berge hinaufschrauben, in ein üppiges Orangental hinabstürzen, Flusstäler durchqueren und grandiose Ausblicke auf unzugängliche Buchten bieten. Diese hier ist meistens vierspurig und wenig befahren. In der Türkei werden Straßen offenbar für die ferne Zukunft gebaut. Breit, breiter, am breitesten, aufwändige Tunnel und Brücken inklusive. Während man sich beim Passieren deutscher Autobahnbaustellen fragt, wie zwei bis drei Arbeiter es jemals schaffen sollen, ihren Auftrag zu erledigen, sind hier ein Dutzend schwerer Maschinen und unzählige Männer im Einsatz, die Landschaften zerstückeln, Berge versetzen und tiefe Narben hinterlassen. Alles groß, breit, neu und glatt wie ein Babypopo.

Marmaris von oben sieht auf den ersten Blick unverschandelt aus, zumindest wenn man Costa-del-Sol-Maßstäbe anlegt. Die Natur setzt dem Wildwuchs an Bebauung klare Grenzen in Form mächtiger Felsen und bewaldeter Steilhänge. Das Meer ist postkartenblau und die vorgelagerten Inseln sind unbebaut. Na prima.

Wie in jeder neuen Stadt heißt unsere Richtung *şehir merkezi,* Stadtmitte. Doch dort erleben wir eine unliebsame Überraschung, nämlich viel zu viel vorwiegend britische nackte Haut. Warum verdeckt man sein Hinterteil bei achtzehn Grad in der Sonne nur äußerst notdürftig? An heißen Sommertagen in Hamburg genieße ich es durchaus, voyeuristisch im Straßencafé zu sitzen, aber hier grenzt es an Fleischbeschau an einem usurpierten Ort. Wir zuckeln unter Palmen und Platanen an der Hafenmeile entlang. Sämtliche Beschilderungen sind in englischer Sprache. Ausflugsboote werben mit jeder Art von Freigetränken. Zum ersten Mal während dieser Reise fühle ich mich unwohl in der Türkei, aber auch ein wenig versnobt, als sei ich eine *bessere* Touristin. Eine Gruppe Inder, die Frauen in Saris, heitern mich ein wenig auf. Als wir unser Gefährt in einer Seitenstraße losgeworden sind, führt die genauere Betrachtung der Stadt zu einem frustrierenden Ergebnis. Urlaubmachen besteht hier offensichtlich aus Horse Safaris, bei denen Bikinischönheiten auf Pferden durchs Wasser galoppieren, Schlammbädern (ebenfalls im Bikini) und Bootsausflügen mit Trinkgelagen. Sprachlos studieren wir die Angebote der zahlreichen Booking-Agenturen und fühlen uns nicht angesprochen, als uns eine Offerte gemacht wird. Wir brauchen wirklich keinen Busausflug, da wir unsere Ziele selbst ansteuern, erklären wir dem Mitarbeiter der Agentur. Für diesen Fall hat er selbstverständlich auch ein passendes Angebot.

»Turkish hamam for you?«

»Stinken wir eigentlich schon?«, frage ich Freddy, nachdem wir uns vom Lachen erholt haben. Marmaris hat mit der Türkei, wie wir sie bisher erlebt haben, nicht viel gemeinsam.

»Ich will weg«, sage ich.

»Das sehe ich.«

Als meine Geduld mit Marmaris fast am Ende ist, stehen wir vor unserer Emmy. Kurz darauf hält Freddy vor der Filiale einer türkischen Supermarktkette, die er schon lange ansteuern wollte, aber es immer verschoben hat, weil ich gemeckert habe. Jetzt bleibe ich still. Soll er doch dort kaufen, anstatt auf Märkten und in kleinen Geschäften. Ich will einfach nur nichts mehr von Marmaris und halbnackten Engländern sehen. Nach einer gefühlten Ewigkeit kommt er als Packesel zurück.

»Mit diesem Proviant können wir tagelang irgendwo ganz allein stehen«, sagt er, und dafür liebe ich ihn umso mehr.

*

Unsere Unfähigkeit, türkische Ortsnamen korrekt wiederzugeben beziehungsweise sie uns überhaupt zu merken, verursacht regelmäßig Probleme. Beim Lesen diverser Reiseberichte war ich auf ansprechende und nicht so ansprechende Campingplätze in der Nähe von Marmaris gestoßen. Danach habe ich die Wörter Boncuk, Ilıca, Datça und Aktur in meiner Erinnerung wohl ein wenig durcheinandergewürfelt. Ich sitze am Steuer und fahre auf einer windungsreichen Bergstraße über die dorische Halbinsel in Richtung Westen. Die Ausblicke werden immer spektakulärer, überall verwunschene Buchten, Landzungen und Inseln.

»Wow, ist das schön hier«, sage ich und nehme eine der Kurven mit gehörigem Schwung.

»Du fährst schnell«, sagt Freddy.

»Zu schnell?«

»Nun ja.«

In Datça landen wir prompt in einer Sackgasse vor einem kleinen Hotel. Hier sollte eigentlich ein Campingplatz sein, aber vielleicht habe ich auch wieder Buchstaben verwechselt. Mit einem Angestellten und einem deutschsprachigen Passanten beratschlagen wir, wo der gesuchte Campingplatz sein könnte. Zum Glück kann ich hier wenden, ohne ein größeres Manöver einzuleiten. Kaum zehn Minuten später ist das Gleiche im Sperrgebiet des Hafens nicht mehr möglich. Da hilft nur abkoppeln und von Hand drehen. Ausgerechnet wenn ich am Steuer sitze! Wenig später stehen wir auf einer Anhöhe über dem Hafen und kommen nicht weiter. Inzwischen ist Freddy ein wenig ungehalten, was ich daran merke, dass er im Auto bleiben möchte, als wir endlich einen Campingplatz entdecken. Hier sieht man zwar weit und breit kein Wohnmobil und kein Zelt, aber immerhin ist das Tor geöffnet und ein Mann Ende zwanzig kommt auf mich zu. Wir müssen nah beieinanderstehen, um uns zu verständigen, weil plötzlich ein ohrenbetäubender Baustellenlärm herüberdringt. Hier können wir nicht bleiben, gibt er mir zu verstehen. Wegen des starken Regens in den letzten Tagen sind die Toiletten übergelaufen. Wenn wir eine eigene Wasserversorgung hätten, wäre es kein Problem. Sein Kennerblick auf unsere Emmy verrät ihm jedoch, dass wir über so etwas ganz sicher nicht verfügen. Notlügen möchte ich auch nicht. Der junge Mann spricht ein gutes Deutsch, das er schon als Kind von Touristen gelernt hat, wie er sagt.

»Mein Vater betreibt den Campingplatz seit dreißig Jahren, aber jetzt lohnt es sich nicht mehr. Drei Monate harter Arbeit im Jahr von frühmorgens bis spätabends, und in den restlichen Monaten ist nichts zu tun. Da bin ich lieber Bauer. Unser Hof ist dort oben«, sagt er und deutet auf eine Hügelkette.

»Es ist unsere letzte Saison. Dann ist Schluss. Wir verkaufen. Die Baustelle gibt uns den Rest, dort wird ein neues Hotel gebaut.«

»Gibt es in der Nähe keinen anderen Platz für uns?«, frage ich ihn.

»Nein, hier können Sie auch nirgends wild stehen, Sie sehen ja selber, was hier los ist.«

Es ist bereits dunkel, als wir an der Baustelle entlangfahren. Ein gewaltiges Stück Fels ist herausgesprengt worden. Die offene Wand ist mindestens zwanzig Meter hoch. Eine tiefe Wunde, aber mit Meerblick.

»Lass uns an einer Tankstelle fragen, ob wir dort über Nacht stehen können. Wir sind beide müde und hungrig«, sage ich.

»Eben deshalb möchte ich ein schönes Plätzchen finden und nicht irgendwo an der Straße parken. Außerdem leuchtet hier ein Warnlämpchen. Ich habe mal kurz die Betriebsanleitung überflogen, während du mit dem Bauern gesprochen hast. Es hat wohl etwas mit dem Dieselpartikelfilter zu tun.«

»Ist das schlimm?«

»Keine Ahnung. Das kommt vielleicht von den steilen Straßen und unserer ständigen Kurverei. Dann die kurzen Anfahrten. Pustet sich bestimmt wieder frei, wenn wir mal ein längeres Stück schnell fahren.«

»Was machen wir denn jetzt?«

»Zwanzig Kilometer vor Datça habe ich ein Schild mit einem Hinweis auf einen Campingplatz gesehen.«

»Bis zum Ende der Landzunge bei Marmaris gibt es nur die Höhenstraße, keinen Ort und keine Tankstelle, nicht wahr?«

»Findet sich schon was, meine Süße.«

Beinah verpassen wir im Dunkeln den Hinweis *Aktur-Camping*. Ich bremse und fahre in eine Einfahrt hinein. Die Anlage sieht nicht nach Camping aus, eher wie ein Nato-Hauptquartier mit hohen Mauern und Zäunen. Drei Uniformierte sitzen hinterm Schalter und sehen fern. Hinter dem Pförtnergebäude ducken sich einige Häuser unter hochgewachsenen Bäumen. Eine Schranke versperrt den Weg.

»No camping!«, sagt einer der Männer, und ich versuche auf freundlichste Art unsere Lage zu schildern.

»Just one night, please«, bitte ich ihn.

Sein Englisch ist begrenzt, aber er telefoniert.

»Wait!«

Nach einigen Minuten wird ihn jemand zurückrufen, gibt er mir zu verstehen. Als es klingelt, reicht er mir den Hörer, und ich habe einen Mann am Telefon, der meinen deutschen Akzent heraushört und Deutsch mit mir spricht. Wieder erkläre ich unsere Lage.

»Kann es ein, dass ich Sie heute Nachmittag in Datça gesehen habe?«, fragt er.

»Sind Sie der Mann aus Hildesheim, der vor dem Hotel für uns übersetzt hat?«

»Ja, genau. Ist das nicht verrückt? Also, es ist so, mein Bruder ist der Manager des Campingplatzes, aber die Saison hat noch nicht begonnen.«

Wenig später dürfen wir passieren. Der Pförtner notiert meinen Namen, schreibt ihn aus dem Pass ab und fügt die Autonummer hinzu. Nato-Hauptquartier, sag ich doch! Wir fahren einige Hundert Meter an Wohnhäusern vorbei, nur in wenigen brennt Licht. Ob es eine Ferienanlage oder ein Rückzugsgebiet für Prominente ist? Im Scheinwerferlicht sehen wir schließlich winterfest verpackte Wohnwagen dicht an dicht beieinanderstehen, es folgt ein weiteres Tor, ein Pförtner ohne Uniform und dann eine normale Campingplatzrezeption. Wir zahlen die dreißig Türkische Lira, die ich am Telefon ausgehandelt habe – es war bisher immer der übliche Preis –, und suchen uns im Dunkeln einen Platz. Es gibt auf dem gesamten Gelände nur einen einzigen bewohnten Wagen, davor sitzen zwei Männer und spielen Karten.

Wir wissen kaum, wo wir sind, in welcher Richtung das Meer ist und was die Sicherheitsvorkehrungen bedeuten, aber das ist momentan nicht so wichtig.

»Ich habe eine Überraschung«, sagt Freddy, als wir unsere Emmy aufgeschlossen haben und uns auf dem Bett ausstrecken. Wein aus Urla! Den Tropfen hat er im Einkaufszentrum in Marmaris entdeckt und wird sicher wieder ein Vermögen dafür ausgegeben haben. Köstlich! Danach schlafen wir tief und fest.

Am nächsten Tag begreifen wir langsam, dass wir uns auf einem traditionsreichen und in gewisser Weise berühmten Platz befinden. Das Tageslicht offenbart größten Luxus. Marmor! Alle Sanitärräume haben Marmorböden und -becken, selbst der Geschirrspül- und Kochtrakt. Es gibt eine Wäschezentrale mit vierzig Waschmaschinen, die in einem Halbkreis angeordnet sind, jeweils zwei Maschinen übereinander. Ein skurriles Gefühl, wenn man von vierzig Bullaugen angestarrt wird. In der Kühlzentrale kann man sich Eisfächer mieten. Ein Zettel verrät, dass hier bis zum 6. September des letzten Jahres die Fächer geräumt werden mussten. Eine Lounge lädt zum Chillen ein, jedoch nicht jetzt, denn alles befindet sich ausnahmslos unter einer dicken Piniennadelschicht. Was mag hier im Sommer los sein? So sieht also ein Nobel-Campingplatz aus! Ich blättere flugs in unserem Autoatlas. Tatsächlich, da prangt das rote Dreieck bei einem Ort namens Aktur. Hinterm bewaldeten Platz verbergen sich ein Strand in einer lauschigen Bucht, ein Badesteg, glasklares Wasser, Pinienbäume, Urlauberträume.

»Lass uns weiterfahren«, sage ich.

»Gerne.«

Süheylas Garten

Wir fahren Richtung Süden ohne genaues Ziel. Die Landschaft wird immer grüner, üppiger, fruchtbarer, feuchter. An den Straßenrändern wird frisch gepresster Granatapfel- und Orangensaft angeboten, und wir gönnen uns eine Pause. Als ein Platzregen einsetzt, gesellen wir uns zu einem Händler an seinen Ofen unter eine Plane und trinken uns durch sein Saftangebot. Bei der Gelegenheit hole ich mein vietnamesisches Messer aus dem Wohnwagen und frage den Saftverkäufer, ob er es schärfen kann, denn in seinem Fundus habe ich das passende Werkzeug erspäht. Er ist mit Freude dabei, nimmt Schnittproben an Pampelmusen vor und wundert sich über das seltsame Messer, Marke Eigenbau aus dem Mekong-Delta. Es bleibt unklar, ob er mit dem Wort Vietnam etwas anfangen kann.

»Wir sind nicht mehr weit entfernt von Fethiye. Wollen wir uns den *Doğa Campingplatz* dort mal anschauen? Mein Reiseberichte-Lieblingspärchen hat nur Gutes darüber geschrieben. Er ist familiär und wird von einer Bäuerin namens Süheyla geführt, alles ganz einfach und nett«, sage ich.

»Na, denn mal los.«

Da wir keine genaue Adresse haben, spähe ich permanent aus dem Fenster und hoffe auf irgendeinen Hinweis. Wir wissen nicht mal, ob der Platz nördlich oder südlich der Stadt liegt. Beinah verpassen wir den Abzweig, die Straße wird schmaler, Hühner picken vor einer Öko-Lodge und dann müssen wir in einen Kiesweg abbiegen. Wir fahren Schritttempo, als uns eine Frau in bunten Pluderhosen und eigenwillig gebundenem Kopftuch entgegenkommt und zu sich winkt. Das muss Süheyla sein.

Vorbei am Kuhstall, einigen Schafen, einem Misthaufen und diversen Hühnern, geht es hinter das Haus. Mit ein wenig Fantasie ist zwischen dem Strand und dem Wohnhaus unter Bäumen ein Campingplatz auszumachen, denn es gibt einige Stromkästen und Wasserhähne, die trickreich an Eukalyptusbäumen montiert sind. Eine Wäscheleine ist zwischen zwei Palmen gespannt. Wir sind die einzigen Gäste.

Um sieben können wir essen, sagt Süheyla. Kaum haben wir unsere Drehstützen heruntergekurbelt, bringt uns die Wirtin Orangen und Eier zur Begrüßung. Wenig später stößt eine andere Frau zu uns. Sie heißt Ayfer und sagt, sie könne für uns übersetzen.

»Hier ist mein kleines Paradies. Ich lebe in Berlin, aber sooft ich kann, komme ich hierher und nehme ein Zimmer in der Ferienwohnung nebenan«, sagt Ayfer und schaut aufs Meer, dorthin, wo kleine Inseln in der Bucht liegen und in der Ferne schneebedeckte Berge des Taurus den Himmel küssen.

»Habt ihr mit Süheyla schon über den Preis gesprochen?«, fragt sie uns und wir schütteln den Kopf, als würde allein schon der Gedanke daran uns absurd erscheinen. Wir lauschen der Konversation zwischen Süheyla und Ayfer und ahnen es schon. Dreißig Türkische Lira pro Tag, wie immer.

*

Heute ist der 23. April, also Unabhängigkeitstag und gleichzeitig der Tag der Kinder. Zu Wasser, zu Land und in der Luft wird alles aufgefahren, was zu einem richtigen Feiertagsvergnügen bei Frühlingswetter gehört, selbst wenn die Gästezahl in den benachbarten Hotels überschaubar ist und man sich um jeden Einzelnen bemüht, wie wir bei unseren Spaziergängen sehen.

Darf man über etwas urteilen, das man nie ausprobiert hat?, frage ich mich von meiner Strandliege aus dem Treiben auf dem Wasser zuschauend. Ja, man darf! Ich jedenfalls habe schon vor Jahren klipp und klar entschieden, dass Jetskifahren absolut blöd ist.

Es gehört zu jenen Aktivitäten, die die Menschheit nicht braucht, die überflüssig und nervig sind. Hier und heute ist Saisonauftakt in unserer lauschigen Bucht. Das exklusive Majesty Hotel fährt Probe, jedoch mit gehörigem Abstand zur Küste, sodass ich mich fast überhaupt nicht aufregen muss. Ich könnte die Monstren einfach ignorieren, allenfalls ein kleiner Seitenblick und pah! Sollen sie ruhig Benzin vergeuden und Fische unterpflügen. Doch dann folgt eine Sportart, deren Namen ich nicht kenne und die meine Aufmerksamkeit vollkommen in Anspruch nimmt. Sie wird mit Paragliding oder Fallschirmspringen verwandt sein, denn der Freizeitaktivist hängt einerseits an einem Fallschirm und andererseits per Seil an einem Motorboot, das ihn zieht. So froh war ich noch nie über die hohen Spritpreise in der Türkei. Nicht auszudenken, was hier sonst los wäre. Andere Touristen versuchen sich im Windsurfen, wobei sie bei der herrschenden Flaute nicht mal mit den Spaziergängern am grobsteinigen Strand mithalten können. Die Surfer werden von Paddlern überholt, die zügig vorankommen. Bald verschwinden sie als gelbe Farbkleckse in der weiten Bucht und werden von einem Motorflitzer überholt, der eine sogenannte Banane hinter sich herzieht, auf der vier kreischende Personen sitzen, die sich bei dem Affenzahn festkrallen müssen, um nicht ins kühle Meer zu stürzen. Nicht zu vergessen sind Wasserskifahrer, von denen einige Profis sein müssen und sicher auf den Brettern stehen. In der Ferne gibt es Segelschiffe, die nicht vom Fleck kommen, und 12-Island-Ausflugsboote, von denen eines schöner ist als das andere mit ihren Holzrümpfen und Holzaufbauten. An der Pier in Fethiye werden unentwegt Inseltouren angeboten. Verlockend, wenn wir nicht eine gewisse Sparsamkeit an den Tag legen müssten.

Süheyla zieht derweil ein Schaf hinter sich her, gefolgt von zwei Lämmern. Unsere Gastgeberin ist eine fleißige Frau, die immer beschäftigt ist. Gestern fanden wir einen Blumenstrauß auf unserem Tisch und einige frische Orangen. Sie hat ihren kleinen Hof, die drei Bungalows mit Ferienwohnungen und den Campinggarten voll im

Griff. Die Toiletten, Duschen und Waschbecken sind überwiegend unter freiem Himmel und werden von Süheyla penibel sauber gehalten. Als ich beobachtete, dass sie ihre Gummischuhe wechselt, sobald sie den gefliesten Bereich vor den Kabinen betritt, habe auch ich ein Wechselpaar für mich dort abgestellt. So bleiben Sand und Gras weitgehend draußen. Unsere Gastgeberin hat es mit einem Lächeln und einem kurzen Streicheln über meinen Arm quittiert. Könnten wir uns doch nur unterhalten. Wenn ich morgens meine Zähne hier draußen putze, zeigt der Spiegel überm Waschbecken einen Baum, in dem die Hühner die Nacht verbracht haben. Heute früh liegt darunter das Fell des Mutterschafs, das frisch geschoren wurde. Ich muss auflachen, weil ich plötzlich an einen neuen Trend in der Campingwelt denken muss. Das sogenannte *glamping* kommt natürlich aus Amerika und bedeutet *glamouröses Campen.* Diverse Hollywoodgrößen sollen bereits Anhänger dieser luxuriösen Urlaubsform sein. In Anlehnung an noble Lodges in den Safarigebieten Afrikas wurde daraus eine Geschäftsidee, die Camper mit gehobenen Ansprüchen oder auch Campingmuffel in die Natur locken soll, ohne dabei der Natur zu nahe zu kommen. Edle Baumhäuser gehören dazu, Jurten aus feinstem Tuch und noble Mobilheime, selbstverständlich gern mit Pool, Bar und Sternerestaurant. Und trotzdem kann man hinterher sagen, man war campen. Hier und jetzt wird ein neuer Begriff geboren: *sampling*! Simples Campen. In der Einfachheit liegt der Kick! Die Ökobilanz ist ausgeglichen, indem man nur zwanzig anstatt hundertzwanzig Liter Wasser am Tag und kaum Strom verbraucht. Ich sollte die Idee vermarkten, denn irgendwann muss ich ja auch mal Geld verdienen.

Als ich um die Mittagszeit überlege, was unsere Vorräte noch hergeben und ob wir zum Basar in die Stadt fahren müssen, kommt Süheyla mit *gözleme*, würzig gefüllten Pfannkuchen, um die Ecke. Wir danken mit einem *Teşekkür ederim.*

»Kaum zu glauben, wie gut es uns geht«, sagt Freddy, als wir unter einem Schatten spendenden Baum, dessen Namen wir nicht kennen, sitzen und uns die Pfannkuchen schmecken lassen. Wir wissen nicht, wie spät es ist und was außerhalb unseres persönlichen Blickfeldes passiert. Wir sind gänzlich im Reisemodus angekommen, kein Zeitdruck, kein Planungsdruck, einfach nur leben.

»Denkst du manchmal an zu Hause oder an deine Arbeit?«, frage ich ihn.

»Überhaupt nicht.«

»Bei mir ist es ähnlich. Diesen Zustand hatte ich schon lange nicht mehr, eigentlich kenne ich ihn nur aus kurzen Phasen, wenn ich ein Buch fertiggestellt habe und eine kleine Geldreserve auf meinem Konto ist, was selten genug vorkommt. Immer ist da dieser Druck in mir. Jetzt fühle ich mich vollkommen befreit. Wunderbar. Hoffentlich hält das eine Weile an.«

»Trotzdem kann ich mir ein Zurückkommen ins normale Leben gut vorstellen. Beides ist schön: das Hier und Jetzt und die Zukunft mit dir, meinen Kindern und der Arbeit«, sagt Freddy und sieht entspannter aus, als ich ihn je gesehen habe.

*

Bevor die Sonne untergeht, gieße ich Blumen und junge Bäume, die unsere Gastgeberin angepflanzt hat. Ich nehme ihr gern ein wenig Arbeit ab. Die Abfälle für die Tiere lege ich an die verabredeten Stellen, und für das selbstgebackene Brot, das wir gestern auf unserem Tisch gefunden haben, revanchieren wir uns mit Lübecker Marzipan und einem Kilo *kiriş,* ein lauchartiges Gemüse vom Bauernbasar in Fethiye, worüber sie sich besonders freut.

Sobald die Nacht einbricht, wird es kühl und wir ziehen in den Wohnwagen um. Unsere überhitzten Körper frieren, doch sobald die Gasflammen für unser Abend-Menü brennen, wird es mollig im Wagen. Auf dem Speiseplan stehen grüne Spargel aus der Pfanne mit Pinienkernen und einigen Zwiebelblütenstengeln.

»Es macht wirklich Spaß, in dieser winzigen Küche zu kochen«, sagt Freddy.

»Du bist ein Organisationstalent«, sage ich, denn Kochen ist nur eine Aufgabe, den Tisch zu decken eine andere. Am Tisch finden wir beide nur Platz, wenn kein Topf mehr auf dem Herd steht und die Arbeitsplatte wieder nach oben geklappt ist. Freddy bleibt bei dieser komplizierten Angelegenheit, insbesondere wenn es sich um mehrere Gerichte handelt, ruhig und konzentriert, während ich durchaus mal nervös werde und Flüche ausstoße.

*

Die Tür unseres Wohnwagens ist wie bei einer Pferdebox zweigeteilt. Um frische Luft und das Meeresrauschen hereinzulassen, bleibt die obere Hälfte auch in der Nacht geöffnet. Unter unserem Moskitonetz können uns die Plagegeister nichts anhaben, und so schlafen wir in der Regel bestens. Doch plötzlich lässt mich ein Geräusch aufschrecken. Der Mond wirft ein mildes Licht über die Bucht. Ich schaue zur Tür, dorthin, wo ich etwas gehört habe. Mein Herz klopft bis zum Hals. Was ist da los? Wir stehen nur wenige Schritte von einem öffentlichen Strand entfernt. Hier gibt es keinen Zaun, nur Süheylas übergewichtigen Hund, der nachts vermutlich in Tiefschlaf fällt. Dann sehe ich etwas Schwarzes durch die geöffnete Tür greifen. Eine Hand?

»Freddy, wach auf! Da ist jemand an der Tür!«

Mein Liebster richtet sich auf, krabbelt unterm Netz hervor und geht wie ferngesteuert zur Tür. Ohne ein Wort, ohne Angst.

»Zisch ab!«, sagt er nur, und ich lache los.

»Die Katze! Du hast wieder eine deiner Mülltüten an den Haken neben der Tür gehängt, meine Süße.«

»Woher nimmst du den Mut, einfach so zur Tür zu gehen? Ich habe ganz deutlich eine Hand hereingreifen sehen.«

»Das muss der buschige Schwanz von Ayfers Katze gewesen sein. Jetzt lass uns weiterschlafen.«

»Mein Held!«, sage ich und Freddys Brust schwillt deutlich an.

Ein blinkendes Lämpchen

Wir sind auf dem Weg zum Basar nach Fethiye, als die Kontrolllampe wieder leuchtet.

»Sollten wir der Sache nicht doch lieber einmal nachgehen? Schließlich haben wir noch einige Tausend Kilometer vor uns. Vielleicht ist es doch ein größeres Problem, als wir dachten, und dieser komische Partikelfilter hat sich nicht frei gepustet«, überlege ich.

Freddy hat noch einen anderen Verdacht. Er hat den Tipp seines Kollegen, nur Markendiesel zu tanken, in den Wind geschlagen und ist zuletzt zu einer Billigtankstelle gefahren, womöglich war der Diesel nicht rein.

»Hm, können wir das nicht abzapfen? Oder sollen wir lieber eine Werkstatt ansteuern?«, frage ich und schnappe mir die Mappe mit der Bedienungsanleitung aus dem Handschuhfach. »Oh, das klingt ernsthaft. Es handelt sich um die Abgaswarnleuchte«, sage ich nach dem Studium einiger Absätze.

»Ja, mein Schatz, lies doch mal weiter und sage mir, wie du das interpretierst.«

»Hm, den ersten Absatz interpretiere ich so, wie du es in Datça verstanden hast. Hier steht, es kann vom Kurzstreckenfahren kommen, aber der Filter reinigt sich wieder, wenn man mal lange und schnell fährt. Das haben wir gemacht, aber das Ding leuchtet schon wieder. Hier geht es noch weiter, auweia, das sind ja heftige Meldungen. Der letzte Satz lautet: *Gehen Sie umgehend vom Gas und fahren Sie vorsichtig zum nächsten Fachbetrieb, um den Motor überprüfen zu lassen.* Das alles hast du schon gelesen, und wir fahren trotzdem weiter durch die Lande?«, frage ich höchst erstaunt über Freddys Seelenruhe.

»In Fethiye gibt es VW. Da fahren wir jetzt gleich mal hin«, sagt Freddy, der immer alles sieht und sicher einen passablen Detektiv abgegeben hätte.

Dort angekommen öffnet ein Pförtner das Tor und schon parken wir vor einem modernen Gebäude, das in gewisser Weise eine Kopie der VW-Werkstatt in Freddys Hamburger Nachbarschaft ist. Der Unterschied liegt darin, dass wir sofort Tee und Gebäck angeboten bekommen. Der Werkstattmeister spricht Englisch und schaut sich kurz die Leuchte an. In vier Tagen habe er einen Termin frei. Mit dieser Lampe sei nicht zu spaßen. Eigentlich wollten wir demnächst weiterfahren, aber die Gegend gefällt uns und wir könnten derweil auf dem Lykischen Weg wandern, schlage ich vor.

»Gute Idee. Dann lass uns kein Risiko eingehen und den Termin in vier Tagen wahrnehmen. Davor liegt der 1. Mai, ein Feiertag, deshalb dauert es wohl so lange«, sagt Freddy mit einem Blick auf den Kalender. Es ist beinah schon ungewohnt, sich mit Terminen zu befassen.

Blaue Lagune und Schmetterlingstal

In Fethiye wandern wir einfach drauflos. Von einer netten Dame in der Touristeninfo haben wir eine Wanderkarte bekommen, die sich bereits an der ersten Weggabelung als zu grob und ungenau erweist. Wir setzen unsere Spürnasen ein und orientieren uns am uralten Straßenverlauf in Richtung Ölüdeniz. Dort soll der berühmteste und schönste Strand des ganzen Landes liegen, die Blaue Lagune ist legendär. Doch zunächst heißt es *verlaufen*, was nichts Neues für uns ist. Auf Umwegen erreichen wir die verlassene Stadt Kayaköy und sind beeindruckt und bedrückt zugleich. Auch hier haben einst Griechen gelebt – damals hieß die Stadt noch Levissi. Kayaköy wird heute gern als *Geisterstadt* bezeichnet, womit Touristen angelockt werden sollen. Über dreitausend Häuserruinen sind in diesem Museumsdorf zu besichtigen, und der Wanderweg nach Ölüdeniz führt mitten hindurch. Die UNESCO hat den Ort als *World Friendship and Peace Village* deklariert. Dem Schriftsteller Louis de Bernières diente Levissi als Vorlage für seinen berühmten Roman ›Traum aus Stein und Federn‹. Ja, es gab eine Zeit, in der in solchen Orten Griechen, Armenier, Aserbaidschaner, Christen, Muslime, Juden und andere friedlich zusammengelebt haben. Es muss schön gewesen sein.

Wir sind allein und gehen gedankenversunken weiter. Der Weg verläuft hoch über dem Meer und schenkt uns immer wieder grandiose Blicke über die unbebaute und von zahllosen Buchten zerklüftete Küste. Nach sechs Stunden und vielen Höhenmetern spüre ich meine Beine stärker, als mir lieb ist. Und dann erscheint plötzlich die Blaue Lagune tief unter uns. Es ist fast zu schön, um wahr zu sein. Das Wasser changiert in Blau- und Türkistönen, ein einzelnes Boot dümpelt in der Bucht, zwei Schwimmer werfen ihre Schatten durchs Wasser bis auf den Lagunengrund, ein strahlend weißer Sand säumt das Ufer und steile Hänge legen sich wie geöffnete Hände um dieses Kleinod. Wie soll man bei diesem Fernblick auf den Boden schauen? Dabei will jeder Schritt richtig gesetzt sein, denn wir haben noch einen steilen Abstieg vor uns.

In Ölüdeniz darf nicht gebaut werden, und so liegen an der Lagune nur wenige Hotels und gastronomische Betriebe, die von oben eher harmlos aussehen. Erst beim Näherkommen lassen Hunderte übereinandergestapelte Strandliegen den Sommertrubel erahnen. Als wir ein Schild mit dem Hinweis *Camping* sehen, schauen wir verwundert in die Einfahrt. Wie kann es an der Blauen Lagune, diesem exklusiven Urlaubsort, einen Campingplatz geben? Schon erblicken wir baugleiche Luxuswohnwagen eng aneinandergereiht. Vermutlich ein Schlupfloch, um die strengen Bauvorschriften zu umgehen. Auf dem Platz wird überall gehämmert, gesägt und gestrichen, Holzbungalows werden auf Vordermann gebracht, Bartresen aufgestellt und Strandliegen geputzt. Hier ist man in den Startlöchern für die neue Saison. Der Campingplatz ist verlockend, genauso wie der Vorsaisonpreis. Campen am schönsten Strand der Türkei? Freie Platzwahl, wie der Mann in der Rezeption uns sagt. Die Bucht ist geschützt, windstill, seicht und warm. Freddy und ich schauen uns an und grinsen.

»Nein.«

»Nein, wir bleiben mit unserer Emmy bei Süheyla«, sage auch ich. Der Rest des Ortes ist ohnehin nicht nach unserem Geschmack. Der Strand außerhalb der Blauen Lagune ist zwar groß, sauber und weitgehend leer, aber hier ist alles, aber auch wirklich alles auf Touristen abgestellt. Es gibt kein normales Wohnhaus, keine Teestube mit alten Männern, keine Frauen in Pumphosen, aber dafür einige Paraglider am Himmel, deren Schirme farbenfroh leuchten. Wir springen in einen Dolmuş nach Fethiye und sind froh, als wir spät am Abend wieder in unserem Garten sind.

»Ist das angenehm hier!«, sagt Freddy und zückt die Kamera, um die Nachbarsfrau in ihrem kleinen Ruderboot vor dem Sonnenuntergang zu fotografieren. Seit einigen Tagen kontrolliert sie in der Abenddämmerung die Netze, die ihre Söhne dort ausgelegt haben. Ihr Mann hat vor einigen Jahren das Familiengrundstück an das Majesty-Hotel verkauft und soll den Verlockungen des plötzlichen Reichtums erlegen sein. Er hat alles durchgebracht. Nun ist ihnen nur ein kleines Haus ohne Land geblieben und der Kampf ums tägliche Überleben.

»Ich sage Süheyla Bescheid, dass wir einige Tage wandern gehen und unsere Emmy ab morgen allein zurücklassen.« Kurz hinter Ölüdeniz beginnt der Lykische Weg, einer der weltweit schönsten Fernwanderwege. Er wurde bereits von Alexander dem Großen genutzt, aber ganz sicher nicht zum Wandern. Von hier aus belauerten seine Truppen die Perser und deren überlegene Seeverbände. Wir sind gespannt, was wir dort zu sehen bekommen.

*

Selten bin ich so unbedarft gereist und gewandert, ohne konkrete Erwartungen, ohne Hintergrundinformationen und ohne Ziel. Es ist wunderbar. Wenn mir jemand gesagt hätte, die Wanderwege an der türkischen Küste führten uns an alten Eichen vorbei, die es in ihrer Pracht locker mit den sogenannten tausendjährigen deutschen Eichen aufnehmen können, hätte ich es kaum geglaubt. Und wenn diese Giganten dann auch noch in Nachbarschaft blühender Granatapfelbäume stehen, ist das Erstaunen umso größer. Verzaubert wandern wir auf Pfaden, die abwechslungsreicher kaum sein könnten, wir rasten in faszinierter Sprachlosigkeit und strahlen um die Wette. Manchmal treffen wir andere Wanderer, einige davon in großer Hatz. Am Einstieg in den Lykischen Weg, den *Likya Yolu,* dessen Beginn prominent mit einem großen Tor-

Teepause mit Kamel vor Tuffpyramiden bei Zelve, Kappadokien.

Nebenstrecke bei Döğer, Provinz Eskişehir.

Junge Besucher in unserer alten Emmy.

Antikes Phrygien ganz nah. Löwenfelsen bei Döğer.

Weideplatz auf antikem Grund bei Büyükyayla.

Begegnung mit Schäfern auf dem Phrygischen Weg, Zentralanatolien.

Wanderschreck mal friedlich. Akbasch, anatolischer Herdenschutzhund.

Rast in Gökbahçe, Zentralanatolien.

Gemütliche Stunde. Überall daheim in der Emmy.

Mohnfelder bei Afyonkarahisar, »Schwarzes Opiumschloss«.

Regentag am Mittelmeer.

Bougainvillea in voller Blüte. Ada Camp, Cunda bei Ayvalık.

Enge Gasse in Cunda.

Lady Beck im Mac-Mobil. Senj, kroatische Adria.

Nach 100 Tagen Reiselust. Sonnige Stunden vor den Tofane, Dolomiten.

Sonntagsfrühstück am Main bei Sommerach.

bogen markiert ist und der in über fünfhundert Kilometern Entfernung in Antalya endet, begegnen wir einem deutschen Paar mit einer Woche Urlaub. *Sie sind gut in der Zeit,* wie sie uns mit einem Blick in ihren Wanderführer mitteilen. Wir befinden uns an einem historischen Ort, liest der männliche Part des eilenden Pärchens vor, hier gibt es einen alten Brunnen zu besichtigen. Leider können wir ihnen nur wenige Informationen abluchsen. Heute wollen sie es bis nach Kabak schaffen, sie müssen zügig weiter, in sechs Tagen hebt ihr Flieger in Antalya ab. Der weibliche Part ruft uns über die Schulter noch zu, dass sie zwischendurch, dort wo der Weg nichts Besonderes bietet, in den Bus steigen.

»Sie wissen jetzt schon, wo der Weg langweilig ist«, sage ich zu Freddy.

»Ist das langweilig«, sagt er mit seinem schönsten Lächeln und setzt sich an den Brunnenrand.

»Es ist seltsam, auf Deutsche zu treffen, die vor Kurzem noch in der Heimat waren, findest du nicht auch? Sie waren knapp vier Stunden in der Luft und sind dann schwuppdiwupp an der Ägäis«, sage ich zu Freddy und löse damit unverhofft ein Statement über Urlaub im Wohnwagen aus. Mein Liebster ist inzwischen davon überzeugt, dass es keine bessere Art des Reisens gibt. Er wird nicht müde, die Vorteile aufzuzählen, und ist richtig verknallt in unsere Emmy.

»Mir gefällt es zu wissen, was zwischen hier und unserem Zuhause liegt«, pflichte ich ihm bei, »die Landschaften, die Menschen, die vielen unterschiedlichen Sprachen, die Vegetation, einfach alles. So fühlt sich die Entfernung irgendwie echter an. Verstehst du, was ich meine?«, frage ich ein wenig außer Atem, weil wir gerade den höchsten Punkt der heutigen Etappe erreicht haben.

»Da! Schau mal!«, rufe ich so laut, dass Freddy sich erschreckt. Eine schmale Bucht am Ende einer Schlucht, tief unter uns, in Türkis und Dunkelblau. Von hier oben sehen wir keinen Strand, keinen Ort, keinen Weg, nur einen bewaldeten und bergigen Küstenstreifen und das weite Meer mit dieser schillernden Bucht. Wir gehen stetig abwärts und verlieren die Bucht immer wieder aus den Augen. Die handgemalten Schilder dreier Pensionen, die in regelmäßigen Abständen an Bäumen hängen, versichern uns, auf dem richtigen Weg nach Faralya zu sein. *Pension Melisa* macht keinerlei weitere Angaben, eine andere Unterkunft wirbt mit *private showers* und erinnert uns daran, dass wir so etwas seit Wochen nicht mehr hatten, auch wenn wir unsere Plätze immer als sehr *privat* empfunden haben. *Wifi and swimming pool* gibt es noch obendrauf. Donnerwetter! Ein drittes Schild sieht wesentlich professioneller aus: *Die Wassermühle* steht dort zu lesen sowie *naturreisen.* Mir geben diese Schildchen den notwendigen Kick, nach sechs Stunden weiterzulaufen, auch wenn von einem Ort noch nichts zu sehen ist. So ähnlich muss es wohl Seeleuten gehen, wenn die ersten Möwen auftauchen und das Land nicht mehr fern sein kann. Und dann plötzlich ein Ortsschild: *Faralya.* Schon stehen wir vor der *Wassermühle*, die sich unter einer üppigen Vegetation versteckt. Traumhaft schön, aber geschlossen. Hierher führt keine Straße, zumindest nicht aus unserer Richtung. Wasser rauscht, aber der Bach ist in dem dichten Wald nicht auszumachen. Meine Oberschenkel brennen. Wo ist die schöne Bucht geblieben? Wo die Pension Melisa? Ich habe Hunger.

»Zweihundert Meter«, sagt Freddy, der ein weiteres Holzschild an einem Baum entdeckt hat. Aber Melisa ist nicht zu Hause. Nachbarn suchen in ihrem Gedächtnis nach englischen Worten. Man wälzt diese Aufgabe gern auf die Jüngsten ab, die Englisch in der Schule lernen. Einen alten Mann im Rollstuhl muss es bei der Dynamitfischerei schwer erwischt haben. An seiner linken Hand hat er noch zwei Finger, die rechte Hand hat er komplett verloren, und auch das linke Auge hat er eingebüßt. Er ist winzig und in sich zusammengesunken, seine Stimme schwach, aber es drängt ihn förmlich, uns irgendwie weiterzuhelfen. Er zeigt ein zahnloses Lächeln, nickt mit dem Kopf und deutet auf eine Teekanne. Die Pension wirkt einfach, die Zimmer haben sicher eine grandiose

Aussicht. Nebenan sind Stelzenbungalows aus Holz im Bau, die mit Blick aufs *Butterfly Valley* werben. So heißt das Tal also!

An der Dolmuşhaltestelle gibt es ein Café, wo wir Tee, Orangensaft und Ayran bestellen. Wir erfahren, dass der Weg zum Strand mindestens eine Stunde hinunter dauert und eineinhalb Stunden wieder hinauf. In drei Stunden fährt der einzige Bus des Tages nach Ölüdeniz. Nach den Getränken und einem Griff in unsere Proviantüte bin ich wieder fit.

»Lass uns runter. Die Schlucht und die Bucht sind der Wahnsinn. Das müssen wir einfach sehen«, sage ich.

Kurz bevor der Abstieg ins Schmetterlingstal beginnt, treffen wir auf einen Einhändigen, der sich ein Bündel frisch geschnittenes Gras wie einen Rucksack auf den Rücken schnallen und sich damit auf sein Moped setzen will. Freddy bietet seine Hilfe an, aber da ist schon alles erledigt und der Einhändige versucht das Gleichgewicht zu halten und Gas zu geben. Über dem Rand der Schlucht liegt an exponierter Stelle eine Terrasse, und wir schauen noch einmal hinunter, bevor wir uns aufmachen. Zunächst geht alles gut. Ein perfekter Weg, steil zwar, aber mit angenehmen Tritten, einer überwältigenden Sicht in die Schlucht und auf die beiden gegenüberliegenden Hochplateaus. Tief unten können wir nun sogar einige Leute im kristallklaren Wasser schwimmen sehen. Dahin wollen wir! Das erste Seil, an dem man sich irgendwie festhalten muss, führt zehn Meter an einer Felskante hinunter. Es macht Spaß. Seit dem letzten Sommer in den Dolomiten sind wir nicht mehr geklettert. Es folgen weitere Passagen, die reichlich Meter bringen. Es wird immer beschwerlicher, aber das ferne Rauschen eines Wasserfalls spornt uns an. Leider werden meine Knie weich, ausgerechnet jetzt, auf halber Strecke. Ich hasse weiche Knie, und es wurmt mich maßlos, dass Freddy dieses Gefühl nicht kennt. Ich versuche es zu beschreiben, es fühlt sich an, als hätte man spannungslose Watte in den Beinen. Bei jedem Schritt mahne ich mich zur Vorsicht und zu Achtsamkeit. Bloß nicht stolpern. Gleichzeitig will ich Kräfte sparen und auch noch Freddy fotografieren, wie er sich an zwei Seilen festhält, um eine Steilwand zu überwinden.

»Da unten liegt ein Schiff. Vielleicht kann es uns zurückbringen«, sage ich, denn heute werde ich hier garantiert nicht wieder hochklettern. Ich bin platt und unten kann man nicht übernachten, es gibt nur ein paar Buden, wie es von hier oben aussieht.

Und dann haben wir die Talsohle erreicht. Eine Engländerin kommt aus den Büschen hervor und wirkt genauso abgehetzt wie wir. Sie war beim Wasserfall und hat nach Schmetterlingen Ausschau gehalten. Ansonsten ist weit und breit niemand unterwegs. Ein Blick zurück. Nur steile Felswände. Wie sind wir da bloß heruntergelangt? Auf dem Schiff sei noch jede Menge Platz, meint die Engländerin.

Klar nimmt er uns mit, sagt der Kapitän. Wir wissen kaum, wohin wir schauen sollen. Schon sitzen wir mit einem kühlen Bier an Deck, fasziniert von dem Wasser, dem Tal und diesem Tag. Wir drücken uns eng aneinander, vollkommen verschwitzt und glücklich. Schon legen wir ab, das Wasser wird mit jedem Meter dunkler, den wir uns aus dem Schmetterlingstal entfernen. Blau – welch schlichtes Wort für diese Pracht!

»Azur!«, sagt Freddy. Nun ist es so weit! Er kann meine Gedanken lesen. Auweia. Worauf habe ich mich da eingelassen?

Erst jetzt kommen wir dazu, die Passagiere zu betrachten. Asiaten sind eindeutig in der Mehrzahl. Die Chinesen sind auch nicht mehr so schlank wie noch zu Maos Zeiten, und den Blaumann haben sie gegen neonfarbene Bikinis und Basketballhosen eingetauscht. Eine sehr schmale Japanerin macht vollkommen ungeniert Selfies. Offenbar ist das jetzt normal. Als wir eine Grotte ansteuern, bin ich beschwipst vom Efes. Freddy und ich posieren vor der Grotte, wie es sich für Verlobte gehört, und lassen uns von einer Hongkong-Chinesin fotografieren. Fast alle sind in derselben ausgelassenen Stimmung wie wir. Nur wenige ziehen das Spielen mit ihrem Tablet vor.

Als Belohnung zum Kuaför

Auf dem Weg zur Werkstatt nehmen wir fünf Anhalter mit. Am Abend hatten die drei jungen Frauen und zwei Männer ihre Zelte nebenan im Garten von Süheylas Bruder aufgebaut, und jetzt stehen sie mit ihren Rucksäcken am Straßenrand und halten den Daumen raus. Die fünf sehen erfrischend anders aus als die Türkinnen und Türken, die wir bisher kennengelernt haben. Unkonventionell, beinah wie Hippies.

»Wir studieren in Istanbul und haben eine Woche Frühlingsferien«, sagt Tuba. Sie trägt kurze Jeans, robustes Schuhwerk und ein buntes Tuch als Stirnband. Die beiden Männer haben lange Haare und Vollbärte. Wir sind hoch erfreut über diese Begegnung und löchern sie mit Fragen.

»Wir warten seit Wochen darauf, mal *anderen* Türken zu begegnen. Im Fernsehen konnte man bei den Demonstrationen am Gezi-Park in Istanbul häufiger alternativ wirkende Frauen und Männer sehen. Unterwegs haben wir bis jetzt noch keine getroffen«, sage ich.

»Nicht mal in Izmir? Das ist doch die liberalste Stadt des Landes«, sagt Tuba verwundert, die neben mir sitzt. Sie spricht hervorragend Englisch.

»Nein, auch dort nicht. Wie reagieren die Leute auf euch?«, will ich wissen.

»Wir müssen uns häufig üble Sprüche anhören, besonders aus den geöffneten Fenstern der Autofahrer, wenn wir trampen. Aber es gibt auch gute Erlebnisse mit netten Leuten, die uns mitnehmen. Von Istanbul bis hierher haben wir nur zwei Tage gebraucht.«

Während unser Bus am Computer hängt, bleiben uns zwei bange Wartestunden, in denen wir spazieren gehen. Mein mulmiges Gefühl verstärkt sich noch, als der Werkstattmeister uns mit dem Testprotokoll entgegenkommt. Seine Miene spricht Bände, und seine Englischkenntnisse stoßen angesichts des Ergebnisses an die Grenzen: zu viele Störungsmeldungen. Wir rufen Cumhur an, der die Hiobsbotschaft am Telefon übersetzt. Eine katastrophale Fehleranalyse. Wenn all das defekt ist, was hier angezeigt wird, dann ist es nicht nur der Dieselpartikelfilter, sondern ein heftiger Motorschaden. Auweia.

»Wo seid ihr überhaupt? Ist das eine gute Werkstatt? Wollen die euch vielleicht übers Ohr hauen, weil ihr nichts versteht?«, fragt uns Cumhur.

»Nein, bestimmt nicht. Hier macht alles einen professionellen Eindruck.«

Im schlimmsten Fall müssen sogar Ersatzteile aus Istanbul bestellt werden. Der Meister diskutiert mit dem zuständigen Techniker, während wir hilflos danebenstehen. Die Kosten für bestimmte Ersatzteile könnten immens werden.

»Wenn es gemacht werden muss, haben wir keine Wahl«, sagt Freddy in seiner ruhigen Art, aber ich merke doch, wie nervös er innerlich ist. Mir ist total übel, in meinem Bauch rumort es. Nicht auszudenken, wenn weitere Kosten entstehen. Schon jetzt fühle ich mich unwohl, wenn ich daran denke, um wie viel kleiner mein Anteil an der Reisekasse ist.

Dem Techniker sind die Daten auf dem Computerausdruck ein Rätsel, sie scheinen keinen Sinn zu machen. Schließlich übersetzt der Meister den Vorschlag des Technikers.

»Wir tauschen den Regler aus, wenn Sie einverstanden sind. Er kostet ungefähr dreißig Euro. Vielleicht liegt das Problem daran und nicht am Filter oder Motor. Die Maschine läuft rund.«

Für zwei Stunden können wir wieder spazieren gehen. Im Stillen grüble ich über einen Plan B nach: Kappadokien und Kurdistan ade, dafür ausgiebiges Wandern auf dem Lykischen Weg. Oder alternativ: Der Bus wird verkauft. Emmy bleibt bei Süheyla und wir kommen im nächsten Jahr mit dem Flugzeug wieder. Ich weiß nicht, was Freddy denkt, aber mir fällt vieles ein, manches davon ist sicher nicht besonders hilfreich. Irgendeine Lösung wird sich finden, und eines steht ohnehin schon fest: Wir machen es uns weiterhin schön. So oder so.

Als wir zurückkommen, ist unser Wagen noch auf Probefahrt. Es dauert weitere dreißig Minuten, bis er schwungvoll auf den Hof gefahren wird und dann ebenso schwungvoll in der Tiefgarage verschwindet, wo vier hochmoderne Bühnen stehen. Ich mag dieses Manöver nicht interpretieren. Ist es gut oder schlecht, dass sie ihn uns nicht sofort wiedergeben? Freddy sagt nichts. Noch einmal wird irgendetwas gemessen, und ich sehe uns den Lykischen Weg auf und ab gehen.

»Everything is okay!« Der Meister kommt mit einem Lächeln auf uns zu und mir fällt ein Stein vom Herzen. Mit knapp fünfzig Euro sind wir aus dem Schneider. Ich rufe Cumhur an und übermittle die gute Nachricht.

»Und jetzt?«, sagt Freddy, als wir mit lautem Hupen und Juchzen aus der Einfahrt fahren.

»Küssen.«

»Und dann?«

»Otokuaför.«

Auf dem Weg zum Doğa Camping sind wir schon häufiger an einem kleinen »Autofrisör« vorbeigefahren.

»Und wieso?«

»Weil der Wagen es verdient hat. Wir loben immer nur unsere Emmy. Alles dreht sich um sie. Emmy hier, Emmy da, kein Wunder, dass der T5 mal zickt. Er braucht dringend mehr Zuwendung, deshalb wird er jetzt schick gemacht. Zur Belohnung für hervorragende Leistungen.«

Der Autofriseur ist ein junger Mann mit ausgesprochen modischer Frisur und perfekter Gesichtsrasur, was wir als gutes Zeichen werten. Er hat einen Minisalon mit einer überdachten Grube, einem kleinen Werkzeugraum, einem Hochdruckreiniger und einigen Kanistern mit Reinigungsmitteln. Er gibt uns einen Termin für morgen Vormittag um neun. Das passt!

Als wir in den Garten fahren, kommt Süheyla uns entgegen und freut sich mit uns. Wir bitten sie um die Rechnung und bekommen von ihr einen Zettel mit der Zahl vierzehn. Vierzehn Nächte – oder etwa nicht?, fragt sie. Die Summe sollen wir selber ausrechnen. Zuerst denken wir an ein Missverständnis, aber nein, wir sollen die Summe aufschreiben.

»Was ist mit der Wäsche? Dem Abendessen nach unserer Ankunft? Den vielen Eiern, Orangen, dem Brot, *gözleme* und anderem mehr?«, frage ich.

Sie schüttelt den Kopf. Gemeinsam rechnen wir und runden großzügig auf. Der Abschied fällt uns nicht leicht. Wir machen Fotos, nehmen uns in den Arm und wünschen alles Gute. Über Ayfer und ihr Facebook-Konto werden wir in Kontakt bleiben, solange die Nachbarin vor Ort ist. Erst mit dem Beginn des Sommers wird Ayfer wieder nach Deutschland zurückreisen. Von Süheyla lasse ich mir Visitenkarten geben, um sie an Wohnmobilreisende weiterzugeben, die wir hoffentlich irgendwann mal treffen werden. 500 Türkische Lira für zwei Wochen Privatstrand mit Familienanschluss am Golf von Fethiye!

Eine Jahreszeit zurück

Mit einem blitzblanken T5, der sogar die Reifen geschwärzt bekommen hat, und einer gewienerten Emmy fahren wir los in Richtung Osten. Bis nach Kappadokien sind es über siebenhundert Kilometer. Wie weit wir am ersten Reisetag kommen werden, wissen wir nicht. So ist es auf dieser Reise oft gewesen: Wir steigen in den Wagen, fahren los und stellen erst dann die Frage nach dem konkreten *Wohin?* Im nächsten Schritt wird der Autoatlas aufgeschlagen, eine passende Route gesucht, und dann nehmen wir uns vor, bei der nächsten Etappe besser vorbereitet zu sein. Wir sind seit vierundfünfzig Tagen unterwegs und befinden uns am südlichsten Punkt unserer Reise. Vielleicht ist die Zeit gekommen, schneller zu fahren als gewohnt: Ich falte die große Übersichtskarte auseinander, die inzwischen einige Risse hat, und breite sie auf der Ablage aus. Wir sind beide überzeugt davon, den allerallerschönsten Küstenabschnitt gesehen, gespürt und genossen zu haben, es ist gut, ins Landesinnere und in Richtung Osten zu fahren. Bald windet sich die Straße bis auf 1300 Höhenmeter hinauf. Regen setzt ein, die Sicht ist schlecht und die Landschaft weitgehend in Grau getunkt. Ich trage keine Strümpfe, was mich maßlos ärgert. Der gestrige Wüstenwind hat Gedanken an kühles Wetter absurd erscheinen lassen. Die Nationalstraße ist gut ausgebaut, aber auf einigen gebirgigen Abschnitten nur zweispurig und kurvig. Dort staut sich der Verkehr und mancher LKW wird von wagemutigen Fahrern überholt. Plötzlich ist eine Schafherde auf der Straße und zwei Frauen und fünf Männer laufen aufgeregt hin und her. Ein Schäferhund rennt auf die Gegenfahrbahn und treibt die Schafe zusammen, während ein entgegenkommender LKW kaum vom Gas geht und vorbeirauscht.

»Das sind bestimmt Nomaden. Schau mal, da vorn, auf dem Transporter ist ihr Hausstand untergebracht. Sie sind auf dem Weg zu den Sommerweiden«, sage ich und erinnere mich an ähnliche Bilder mit wesentlich mehr Schafen und Menschen in Zentraliran. Hier oben ist die Vegetation ähnlich weit wie drei Wochen zuvor in Cunda. Die Pappeln zeigen zartes Grün, Apfel- und Pflaumenbäume sind noch kahl, und der Weißdorn beginnt zu blühen. Es ist kühl und ungemütlich. Hoffentlich haben wir keinen Fehler gemacht, jetzt schon nach Kappadokien aufzubrechen.

Auf einer Hochebene bei Küçükcü reihen sich zahllose Gewächshäuser aneinander. Die Gemüsebauern spannen Plastikplanen über Metallgestänge und bereiten das Einpflanzen und Aussäen vor. Es wird noch Wochen dauern, bis hier Erdbeeren und später Zwiebeln, Tomaten und anderes geerntet werden. Antalya, eine der wärmsten Städte der Türkei, liegt tausend Höhenmeter tiefer und rund hundert Kilometer entfernt. Die Touristenmetropole wird in der Hochsaison sicher unersättlich sein und einen Großteil ihrer Nahrungsprodukte von hier oben beziehen.

Vom schönen Teil Antalyas sehen wir kaum etwas, nichts von der Altstadt und vom Hafen. Immerhin scheint die Sonne und es ist warm, doch der Verkehr verlangt starke Nerven. Als es weiter in Richtung Alanya geht, zeigt sich die Türkei von einer ausgesprochen befremdlichen Seite. Bei Belek sehen wir Bettenburgen, die mit ihren Zwiebeltürmchen und Fantasiegebilden an Disneyland erinnern. Richtung Kumköy wird es noch schlimmer. Hierher fliegen also die Millionen Touristen, buchen all inclusive in Sternehotels und können den Daheimgeblieben sagen, sie seien in der Türkei gewesen. Nun ja, Tourismus ist eine Industrie mit entsprechenden Randerscheinungen.

»Freddy! Der Atlas ist zu Ende!«, rufe ich entsetzt auf und blättere hektisch die Seite 755 vor und zurück. Unser treuer Begleiter reicht nur bis Serik, das zwischen Antalya und Alanya liegt. Hier ist für unseren Autoatlas Europa zu Ende.

»Toll, dass wir es schon so weit geschafft haben«, kommentiert Freddy meinen Schrecken. Nun muss uns die eingerissene Faltkarte aus dem Reiseführer dienen. Als wir die Küstenstraße verlassen und in Richtung Norden fahren, wird die Umgebung wieder *echter*, wie ich es gern nenne. Obst- und Gemüsestände reihen sich am Straßenrand aneinander, und wir kaufen unsere ersten türkischen Bananen. Sie sind so teuer, dass ich mit dem Verkäufer eine Diskussion beginne, schmecken aber köstlich.

Noch weit vor Konya kommen uns innerhalb von einer halben Stunde dreiundzwanzig Touristenbusse entgegen – nach dem sechsten habe ich angefangen zu zählen. Was ist hier los? Diese große Menge an Reisenden wird sich bestimmt nicht Konya und seine tanzenden Derwische angeschaut haben!

»Ich befürchte, sie kommen aus Kappadokien, unserem Reiseziel. Da wird heftig was los sein.«

Abgesehen von den Bussen und zahllosen LKWs, die Baumaterialien für den allgegenwärtigen Straßenbau transportieren, gibt es kaum Verkehr. »Es sind wenige Wohnwagen unterwegs«, sagt Freddy unvermittelt. Ich lache laut los, denn Wohnwagen erwarten wir schon lange nicht mehr. Bisher haben wir auf unserer gesamten Tour keinen einzigen im Straßenverkehr gesehen. Es ist zwei Uhr, als wir Akseki im Dauerregen erreichen.

»Lass uns hier zu Mittag essen. Ich habe Hunger und wir brauchen eine Pause«, sagt Freddy. Bei dem kühlen Wetter verlangt es uns nach einer warmen Mahlzeit. Aus den Augenwinkeln entdecke ich einen Hinweis für Wanderer, *Kervan-Yolları*, das muss ein Fernwanderweg von Antalya nach Konya sein, was eine erstaunliche Route durch die Berge von immerhin dreihundert Kilometern ist. *Kervan* muss ich bei Gelegenheit im Wörterbuch nachschauen, klingt verdächtig nach Karawane. Eine alte Allee säumt die steil ansteigende Hauptstraße. Freddy schaltet runter und gibt Gas. Ich kann nur hoffen, dass wir den Berg hinauf- und auch wieder hinunterkommen. Die Straße wird enger, eine Baustelle erschwert die Durchfahrt, doch gleich darauf sind wir im Stadtzentrum und sehen im Vorbeifahren ein einfaches Lokal, in dem einige Gäste sitzen. Alle schauen auf, ein wenig Abwechslung scheint hier willkommen zu sein.

Nach kurzer Rast geht es weiter. Im Auto schalten wir die Heizung an und in mir gärt der Gedanke, bis nach Kappadokien durchzufahren, ins Land der Feenkamine, ins Tal der Zipfelmützen und wohin auch immer in jener einzigartigen Region. Ich schiele auf die Uhr, auf den Tacho, die Landkarte und rechne im Stillen. Freddy hat nie etwas einzuwenden gegen lange Strecken, aber vor uns liegen noch vierhundert Kilometer durch die anatolische Hochebene bei Regenwetter. Am Straßenrand werden *bal, süzme, ari sütü* und *polen* angeboten. Honig und ausgelassenen Joghurt kennen wir inzwischen, aber dann hilft auch das Wörterbuch nicht weiter. Ab halb vier nimmt die Zahl der entgegenkommenden Reisebusse merklich ab.

»Die Fahrer schaffen es sonst nicht mehr, die Touristen vor dem Abendessen in ihren Hotels am Mittelmeer abzuliefern«, kombiniere ich laut und bin mir inzwischen sicher, dass sie allesamt aus Kappadokien kommen.

»Hast du es so touristisch erwartet?«, fragt Freddy.

»Ich weiß nicht. Es gibt dort unglaublich viel zu sehen, aber wenn wir wandern, dann haben wir mit den Bustouristen sicher nicht viel zu tun.«

»Wie lange wollen wir heute noch fahren?«

»Wie lange kannst du noch? Wollen wir tauschen? Soll ich mal ans Steuer?«

»Alles ist gut, und solange du neben mir sitzt, kann ich bis ans Ende der Welt fahren«, raspelt Freddy Süßholz, und ich schiebe ihm ein Stückchen Schokolade in den Mund und gieße heißen Tee ein. Eine gute Versorgung ist das A und O für einen entspannten Fahrer.

Es folgt eine endlose Ebene, platt wie die norddeutsche Tiefebene, aber auf tausend Höhenmetern gelegen und ausgesprochen kahl. Ab und zu sehen wir eine Schafherde, einfachste Behausungen, Zeltlager, sonnenverbrannte Kinder am Straßenrand, Hundemeuten und wieder Schafherden.

»Wenn wir heiraten, dann möchte ich einen Ehevertrag«, sage ich plötzlich und für Freddy gänzlich unerwartet.

»Was soll in diesen Vertrag?«

»Du baust dir keine Dachkammer aus.«

Er lacht laut los und ringt um Worte. »Aber meine Süße, wie kommst du denn darauf?«

»Ich denke an deine gescheiterte Ehe. Du hast die letzten Ehejahre in deiner Dachkammer verbracht. So hast du es mir zumindest erzählt. Das Risiko möchte ich nicht eingehen.«

»Das war doch etwas ganz anderes.«

Keiner von uns hat es je für möglich gehalten, gänzlich ohne Privatsphäre leben zu können, wochenlang auf engstem Raum mit dem Partner. Mir war es bisher immer wichtig gewesen, meine *Freiheit* zu bewahren, Marke Seemannsbraut, der Mann am besten an einem anderen Ort, Fernbeziehung, bloß nicht zusammenziehen, bloß nicht zu eng.

»Wir haben noch nicht eines der schönen Hörbücher eingelegt, und ich habe auch kein Bedürfnis nach Musik. Nicht zu fassen«, sagt Freddy, der zu Hause Hunderte von CDs im Regal stehen hat und regelmäßig Konzerte besucht.

»Tja, das muss wohl Liebe sein.«

Wer sich Konya als verschlafenes anatolisches Städtchen voller Derwische vorstellt, der wird bei der Durchreise schnell eines Besseren belehrt. Breite Boulevards, brandneue Radwege, gesäumt von Alleen aus jungen Bäumen, alles tipptopp und für die Zukunft gebaut. Gewerbegebiete wollen nicht enden. Was ist nur los? Luxuslimousinen überholen uns. Wachstum, Wachstum, Wachstum. Hier wird richtig Geld gemacht. Wir sind mitten in Anatolien, und es sieht aus, als sei hier der Wirtschaftsboom wie eine Bombe explodiert. Irgendwo in der Altstadt wird es auch einen Basar und tanzende Derwische geben, aber hier draußen ist ausschließlich Wirtschaftswunder angesagt.

»Möchtest du dir Konya näher anschauen?«, fragt Freddy.

»Nein, lass uns weiterfahren. Ich habe absolut keine Lust, einen Übernachtungsplatz zu suchen und dann im kalten Regen durch die Stadt zu spazieren. Es fühlt sich grad an wie Hamburg Ende Februar.«

Einhundertfünfzig Kilometer entfernt, in Aksaray, betreibt Mercedes das LKW-Werk Benz Turk. Auch hier hat die Industrialisierung voll zugeschlagen. Wenn man bedenkt, dass aus solchen Regionen früher die sogenannten Gastarbeiter nach Deutschland kamen, weil es hier keine Beschäftigung gab, dann ist diese Dynamik umso erstaunlicher. Zumindest auf den ersten Blick ist hier nichts abgelegen oder unterentwickelt.

Seit über einer Stunde hängen wir an der Stoßstange eines Reisebusses. Er fährt konstant neunzig, die Straße ist zumeist vierspurig und wir überholen, wenn er überholt. Manchmal steht das Wasser auf der Straße und spritzt bis über die Windschutzscheibe. Schließlich drängen sich andere Fahrzeuge zwischen uns. Nun ist ein LKW unser Zugpferd. Seltsam, welche Verbindung man zu seinem Vordermann aufbaut. Wir kennen »unseren« Bus und bald auch »unseren« LKW genau, Farbe, Beschriftung, Nummernschild. Als die Straße wegen Bauarbeiten nur noch zweispurig ist und die Fahrbahnen durch orangefarbene Hütchen voneinander getrennt sind, wird das Fahren immer anstrengender. Inzwischen dämmert es, aber Freddy will nichts von einer Pause oder gar einer Übernachtung in der Pampa hören.

»Sollen wir bis Göreme durchfahren?«, fragt er zaghaft, weil er nicht damit rechnet, dass ich plötzlich zu einem Langstreckenfan geworden bin. Zwischen Aksaray und Nevşehir gibt es eine Karawanserei, wo wir sicher bleiben könnten, aber der Regen macht die Vorstellung von einem Abend außerhalb einer Ortschaft recht ungemütlich.

»Lass es uns versuchen«, sage ich.

In Nevşehir zeigt sich zunächst ein ähnliches Bild wie in den anderen Städten, zehngeschossige Neubauten, breite Straßen, Ampelkreuzungen und Kreisverkehre. Moderne türkische Städte wundern mich schon lange nicht mehr, nur könnte ich sie niemals voneinander unterscheiden. Hotels und Touristikunternehmen preisen Ballonfahrten über den verwunschenen Tälern von Göreme an. Falsche Tuffsteingebilde sollen Gäste in Restaurants und auf Tankstellen locken. Disneyland auf Türkisch.

Nach zwölf Stunden Autofahrt und 783 Kilometern sehen wir plötzlich die ersten echten Tuffsteine. Uçhisar liegt vor uns: unwirklich. Wenige Kilometer später Göreme: noch unwirklicher. Asiaten bummeln durch den Ort, der wie die Kulisse für einen Märchenfilm wirkt. Ausgehöhlte Felsen, aus denen die Lichter von Hotels und Restaurants leuchten. Wir suchen einen Stellplatz und wissen nicht, welcher der drei Campingplätze geeignet ist für unser Gespann. Mitten im Ort ist es eng. Ein Bus kommt von vorn, irgendwie passen wir dran vorbei. Wir sind müde, jetzt bloß nicht rangieren oder gar rückwärtsfahren müssen. Wir lassen zwei Campingplatzhinweise links liegen, weil der eine zu einem winzigen Platz zwischen Felsen führt, der andere eine steile Auffahrt hinauf. Es ist dort sicher schön, aber heute bitte keine Überraschungen mehr. Freddy spricht seit geraumer Zeit nicht mehr, aber er lächelt. Wie er trotz der schlechten Sicht und gefühlten einhundert Hinweisen auf touristische Aktivitäten, Höhlenhotels und Restaurants auch noch das dritte Campingplatzschild entdeckt, bleibt sein Geheimnis. Hinterm Ort geht es links ab über eine Sandpiste und irgendwo leuchtet ein Schild: *Aqua Park*. Nicht gerade das, was wir suchen, aber wir wollen nur noch stehen, ohne jede Komplikation. Felsen werfen Schatten, ein Tor wird geöffnet, es ist kaum etwas zu erkennen. Es regnet immer noch, aber ich steige aus. Soll Freddy erst einmal durchatmen. Unter der Campingplatzbeleuchtung taucht eine vollkommen verschmutzte Emmy auf, und auch der T5 ist bis unters Dach schlammbeschmiert, was ihm etwas Verwegenes gibt, er sieht fast wie ein Geländewagen aus. »Wohin?«, frage ich Freddy durch die geschlossene Scheibe, und er zuckt die Schultern. Wo wird morgen früh die Sonne zuerst hinscheinen? Gibt es eine befahrene Straße in der Nähe? Wo sind die Toiletten?

»Nimm den Schirm!«, sagt Freddy.

Schade um den Besuch beim Otokuaför, denke ich noch und folge einem Mitarbeiter ins Hauptgebäude zum Einchecken. Ob wir hier ein warmes Essen bekommen? Die Sprachkenntnisse des älteren Mannes reichen aus, um uns gefüllte Pfannkuchen in einer halben Stunde anzubieten. Wunderbar! Ich suche einen Platz für uns und weise Freddy ein. Mein Liebster beginnt zu rangieren, aber dann merke ich, dass es an dieser Stelle keine Steckdosen gibt.

»Nein, lieber hier!«, rufe ich und mache Zeichen, die er in seinem jetzigen Zustand nicht versteht, und so koppeln wir sofort ab. Ich versuche ihm den Regenschirm zu halten, was leider misslingt. Das Wasser prasselt auf seinen Hals und läuft in den Pulli hinein. Er sagt kein Wort. Unser Kabel reicht nicht bis zur Steckdose.

»Ich frage den Chef nach einer Verlängerungsschnur«, sage ich.

»Ja, gut, und halte den Regenschirm beim nächsten Mal bitte so, dass ich trocken bleibe.«

Ich muss lachen, denn selten habe ich ein »Bitte« derart scharf von ihm gehört. Meinetwegen könnte er ruhig mal losbrüllen. Ob ich das noch erlebe?

»Autsch!«, schreie ich auf, als ich wenig später einen Stromschlag an der Wohnwagentür bekomme. »Ich habe einen gewischt gekriegt.«

Freddy reagiert nicht darauf, was mich ärgert. Aber wer zwölf Stunden bei Dauerregen quer durch Anatolien gefahren ist, darf auch mal muffeln. Außerdem bekomme ich regelmäßig einen Stromschlag, allerdings bisher nie von unserer Emmy und auch nie bei Regen und in Gummistiefeln. Ich hasse dieses Gefühl: total aufgeladen, unter Spannung stehend, richtig fies.

»Autsch, schon wieder«, heule ich los. Dieses Mal ist es einer der Griffe am Wohnwagen, an dem ich einen Fleischerhaken für die Mülltüte befestigen will. »Ich fasse nichts mehr an!«

Wenig später ist Freddy dran, als er die Tür berührt.

»Hier stimmt was nicht. Ich ziehe den Stecker«, sagt er. Mir ist kalt. Ich möchte in den Wagen, möchte die Heizung anstellen, das Licht einschalten, essen und schlafen.

»Schätze, es handelt sich um Kriechstrom«, sagt er.

»Was ist das denn?«, will ich wissen. Meine Nerven liegen blank, alles ist nass und verdreckt, mir tut der Rücken weh.

»Nun kümmere dich bitte um die Drehstützen. Ich erledige alles Weitere!«, sagt Freddy. Oha! Da ist einer richtig fertig. Der Stromstoß muss ihm den Rest gegeben haben. Nun ja, ich trage seine Regenjacke, weil ich meine im Dunkeln nicht finden konnte, und seine Stirnlampe, weil ich meine verlegt habe. Freddy steht im dünnen Pulli im Regen. Ich spüre seine Anspannung in der Wortwahl: *Ich erledige alles Weitere.* Das ist überhaupt nicht seine Art. Der Ärmste. Flugs finde ich meine eigene Regenjacke und Stirnlampe und gebe ihm seine Sachen zurück. Ich frage ihn auch nicht, wo die Kurbel für die Drehstützen ist.

»Der Wagen steht nicht mehr unter Strom«, sagt Freddy, als er sieht, wie zaghaft ich mich der ersten Drehstütze nähere. »Das geliehene Kabel ist nicht in Ordnung. Morgen ziehen wir um. Heute muss es ohne Lampe gehen.«

»Kein Problem.«

Und dann kommt eine junge Frau vorbei, eine Türkin aus Freiburg, die mit dem Sohn des Chefs verlobt ist und wissen will, ob wir noch was brauchen. »Seit knapp zwei Jahren lebe und arbeite ich hier. Soll ich euch eine kurze Einführung geben, was es hier zu sehen und zu unternehmen gibt?«, fragt sie, und wir schütteln den Kopf. Lieber morgen, ab zehn Uhr, wenn sie wieder da ist.

Nach dem Essen schlage ich einen Spaziergang vor. Es hat mittlerweile aufgehört zu regnen.

»Wirklich?«, fragt Freddy.

»Klar, Beine vertreten.« Der Chef zeigt uns eine Abkürzung nach Göreme, aber nach wenigen Metern merken wir, dass es die *Tagsüber-Abkürzung* sein muss. Mittlerweile ist es halb zehn, stockdunkel und extrem rutschig vom Dauerregen.

»Lass uns umdrehen«, schlägt Freddy vor, aber die Tuffsteinkegel, das Licht des Ortes und die unwirkliche Atmosphäre reizen viel zu sehr. Die Taschenlampe muss reichen. Zwischen haushohen kegelförmigen Gebilden und auf Hügeln, die unter unseren Schritten hohl klingen, kichern und albern wir herum, übermüdet und überwältigt vom Anblick Uçhisars in einigen Kilometern Entfernung mit seinem prägnanten Hügel, der wie eine Burg in einer Fantasiewelt steht. Und dann sind wir plötzlich auf einer Straße und nach wenigen Schritten mitten in Göreme. Drei Asiaten sitzen auf der überdachten Terrasse eines chinesischen Restaurants, und der Supermarkt führt kein Bier. Einige Läden weiter haben wir mehr Glück. Dort gibt es sogar Wein, aber zwei Efes reichen uns. Durch die Straßen strömt Regenwasser. Zurück in unserer Emmy kramen wir die Wintersachen wieder hervor. Es hat dreizehn Grad.

Abheben

Frühmorgens werden wir von einem Geräusch geweckt, das wir weder orten noch erkennen können. Es wird lauter und gleicht einem starken Wind, der aber weder am Wohnwagen rüttelt noch sonst zu spüren ist. Ich stehe auf und sehe nach.

»Freddy, komm schnell raus. Hier ist vielleicht was los!«

Wir sind umzingelt von Heißluftballons in allen Farben, manche richten sich auf, Gebläse laufen auf Hochtouren, Kleinbusse bringen Touristen im Minutentakt zu den Körben. Wir ziehen uns etwas Warmes über. Es ist neun Grad kalt. Freddy und ich stehen inmitten des Trubels, umarmen uns und können nicht fassen, was hier passiert. Mit unserem Fotoapparat steigen wir auf die Rutsche des Aqua Parks. Zum ersten Mal sehen wir die sagenumwobene Landschaft Kappadokiens bei Tageslicht. Eine Reiterstaffel der Polizei galoppiert vorbei. Es ist vor sechs Uhr, die Sonne ist noch nicht aufgegangen und die ersten Gäste steigen in die Körbe. In manche passen über zwanzig Personen. Wir wissen kaum, wohin wir schauen sollen, und laufen schließlich einfach drauflos. Bald ist vom Campingplatz nichts mehr zu sehen, wir gelangen in ein Labyrinth aus Hügeln, Türmen und Höhlen. An Aussichtspunkten versuchen wir uns zu orientieren und sehen Ballone durch ein enges Tal schweben. Dorthin rennen wir durch Senken, enge Schluchten und wieder hinauf auf kugelrunde Felsen. Manche Ballone bewegen sich nur wenige Meter über dem Boden hinweg, den Bäumen und Feldern zwischen den Tuffsteingebilden zum Greifen nah. Es werden immer mehr, bald schweben fünfzig, sechzig, später mehr als achtzig über uns hinweg. Wir hören die

Gäste sprechen, lachen und rufen. Manche fotografieren uns, zwei Winzlinge im Wunderland. Ein schwaches Lüftchen treibt sie gemächlich davon. Wir strahlen uns an und lachen. Wo sind wir nun schon wieder gelandet? Wo ist unsere Emmy? Wo der Weg? Warum haben wir nicht besser aufgepasst? Es kann nicht weit sein.

Und bald liegen wir wieder in unserem Bett und kuscheln uns warm. Im Laufe des Vormittags sehen wir nicht nur Cross-Motorräder, Reiter und Mountainbiker vorbeisausen, sondern auch einige andere Innovationen der Tourismusindustrie, wie geführte Touren auf Quads und Jeep Safaris.

Gegen Mittag ist es sonnig und warm, und wir gehen in ein Tal mit Tuffsteinformationen, die nur eine Interpretation zulassen: überdimensionale Penisse, die in den Himmel zeigen, manche von ihnen sind mindestens zwanzig Meter hoch. Das Tal der Phalli ist eine Sackgasse, und nach einem ausgiebigen Fotostopp kehren wir um. Unverhofft stehen wir vor der El Nazar Kirche mit ihren tausend Jahre alten Wandmalereien vom »Einzug Jesu in Jerusalem« in der Deckenwölbung. Das Christentum hat in Kappadokien über viele Jahrhunderte eine tragende Rolle gespielt, und auf unserem Besuchsprogramm steht selbstverständlich auch das Freiluftmuseum von Göreme mit seinen vielen Kirchen und Klöstern. Aber dort ist der internationale Besucherandrang groß, und wir sparen es uns für einen anderen Tag auf. Heute wandeln wir lieber durch ein einsames Tal, das bald enger und stiller wird. Kein Mensch weit und breit. Wir hören nur das Plätschern eines Baches und das Zwitschern von Vögeln und spüren die Magie Kappadokiens, wo das Land von tief eingeschnittenen Tälern durchzogen ist, die von oben kaum auszumachen sind. Aus der Ferne erkennt man nur unfruchtbare Ebenen, doch hier unten gibt es Leben, Verstecke im Tuffstein, Höhlenwohnungen, winzige Felder, die auch jetzt noch bewirtschaftet werden, Zwiebeln, Kartoffeln, Weintrauben und Äpfel wachsen hier. Verwunschene Wege durch schmale Tunnel, weißes Gestein, frisches Grün und ein strahlend blauer Himmel. Wir befinden uns in einer Parallelwelt. Manchmal führt ein Weg ins Nichts und endet an einer Felswand mit Höhlen. Wir hangeln uns an Seilen voran, berauscht von diesem kleinen Paradies, abgeschirmt von allem und jedem. Riesige Felsabbrüche künden von der Weichheit des Tuffs und der Gefahr, in der hier Menschen gelebt haben. Ein Baum zeigt frische Wunden eines Abbruchs. War es gestern oder gar heute? Hier gibt es keine Markierungen, man geht zwanzig bis fünfzig Meter unter den Talkanten hinweg, und wir hoffen, auch ohne Führer wieder hinauszufinden. Selten war ich so berührt von einer unbekannten Landschaft.

*

Am nächsten Morgen werden wir erneut von ohrenbetäubendem Getöse geweckt. Der Himmel ist verhangen und grau. Mir ist kalt. Trotzdem lassen wir uns hinauslocken, um Fotos zu machen. Zu gern würde ich die bunten Ballone vor einem klaren Himmel einfangen, aber daraus wird heute nichts. Viele Ballone brechen ihren Start sogar ab und packen wieder ein. Es fehlt an Wind. Und mir fehlt es an Antrieb. Ich bin ohne jegliche Euphorie. Freddy bereitet Joghurt mit zuckersüßen Bananen aus Alanya. Dazu gibt es Walnüsse und Honig, der bei diesen Temperaturen nicht mehr fließen mag. Das Frühstück soll mich aufheitern und tatsächlich steigt meine Stimmung, als wir uns auf dem Display die letzten Fotos anschauen.

»Deine Haare sind wunderschön, und dick bist du überhaupt nicht, eher zu dünn!«, sagt Freddy zu einem Foto, das mich im Profil vor einem Ballon zeigt. Er weiß, dass ich ein wenig verzweifelt bin, weil meine Haare mindestens vier Zentimeter gewachsen sind und ich dringend neue Strähnen brauche. Sie sehen furchtbar aus, doch seine Worte heitern mich auf. Wenn es doch nur zehn Grad wärmer wäre. Mir ist kalt, meine Finger sind steif.

»Ich habe damit gerechnet, dass du hier ein Stimmungstief

erlebst«, sagt Freddy und überrascht mich damit. Solche Aussagen sind sonst überhaupt nicht seine Art. Wie kommt er nur darauf?

»Und deshalb dachte ich schon gestern: Wir brauchen eine Alternative.«

»Und die wäre?«

»Wir fahren ans Meer, in die Wärme.«

»Aber das liegt doch überhaupt nicht auf unserer Route. Der nächste Ort am Meer ist Antalya. Da will ich bestimmt nicht hin.«

»Moment, mein Schatz, ganz ruhig bleiben. Ich rede nicht von der türkischen Südküste, sondern von Ayvalık.«

»Ach!? Das ist doch ewig weit weg.«

»Liegt aber auf dem Weg.«

»Ich verstehe überhaupt nichts mehr«, sage ich irritiert und verkrieche mich unter die warme Decke. Meine Hände wollen einfach nicht warm werden. Ich müsste duschen und meine Haare waschen, aber nasse Haare und ein kalter Kopf würden meine Stimmung gänzlich in den Keller treiben. Freddy beginnt aufzuräumen und findet vier Orangen von Süheyla, eine davon leider verschimmelt. Im Nu freue ich mich auf den Geschmack. Ayvalık? Eine schöne Stadt, aber weit davor liegt der Phrygische Weg, den wir fest eingeplant haben. Ich sollte mich zusammenreißen und einfach nur darauf warten, dass die Sonne durchkommt. So wie gestern. Die Talwanderung war ein Hochgenuss, auch wenn der Heimweg über Uçhisar gegen Abend lang und kalt war. Und wenn es kühl bleibt? Ich ziehe mir die Decke über den Kopf. Fünf Uhr dreißig ist einfach nicht meine Aufstehzeit. Die Müdigkeit macht mich fertig. Ich will Wärme und Schlaf, sonst nichts. Kappadokien ist traumhaft schön, aber kalt. Zurück nach Ayvalık? Quatsch! Freddy will weiter Richtung Osten, und deshalb sollte das unser nächstes Ziel sein. Unser übernächstes. Jetzt erst mal schlafen.

*

Nach dem zweiten Frühstück sehe ich Sabire, die Deutschtürkin, an der Rezeption sitzen.

»Wie lebt es sich hier? Wann kommt der Sommer?«, frage ich die junge Frau.

»Hier ist es immer schön, auch im Winter, wenn alles unter Schnee liegt. Dann ist das Ballonfahren noch beeindruckender«, sagt sie, und ich muss sie ziemlich verdutzt anschauen.

»Habe ich euch nicht erzählt, dass ich Ballonfahrerin bin? Ich arbeite als Pilotin.«

In meinen Augen hat Sabire vor höchstens einer Woche das Teenagerdasein hinter sich gelassen, eine junge Frau, die ein wenig herumjobbt, bevor sie ihr Studium beginnt. Pilotin? So kann es kommen, wenn man auf Vorurteile hereinfällt.

»Vor fünf Jahren war ich in den Sommerferien zum ersten Mal hier, um meine Großeltern in Ürgüp zu besuchen. Das Programm sah auch eine Ballonfahrt vor, und ich war hin und weg. In Deutschland stand ich vor dem Fachabi und musste mich mit meiner beruflichen Zukunft befassen. Um ein Haar wäre ich Bankkauffrau geworden«, sagt Sabire und muss selbst über den Gedanken lachen. Diesen Wirbelwind kann man sich wirklich nicht in einem Büro vorstellen. »Stattdessen habe ich bei einer Ballonagentur in Göreme ein Praktikum gemacht. Tja, und dann war es um mich geschehen. Aufgrund meiner Sprachkenntnisse habe ich viele Vorteile. Mein Chef sagte damals schon: Sabire, du zählst für drei Personen, du kannst Türkisch, Deutsch und Englisch, du kannst zupacken und bist gut in Theorie. Damals konnte man in der Türkei noch keine Ausbildung zum Piloten machen. Nach dem Abi habe ich es in Deutschland versucht, was eine verdammt teure Angelegenheit ist. Doch dann hat 2011 in Ürgüp eine Ballonschule eröffnet. Ich konnte bei meinen Großeltern wohnen und fünfzehn Monate später hatte ich meinen gewerblichen Ballonpilotenschein in der Tasche. Wir fahren im Sommer und im Winter, das ganze Jahr«, sagt Sabire und strahlt über das ganze Gesicht. In einem Logbuch wird jeder Flug eingetragen, Sicherheit ist oberstes Gebot, denn es gab auch schon Unfälle. Die maximale Anzahl der Ballone ist inzwischen auf hundertfünfzig reduziert worden.

»Was sagen die Passagiere, wenn ihre Pilotin eine junge Frau ist?«, möchte ich gern wissen.

»Erst mal nichts, aber am Ende der Fahrt möchten viele etwas mehr über mich wissen. Dann sage ich immer: Als ich anfing, war ich mit achtzehn Jahren die Jüngste, jetzt bin ich einundzwanzig und immer noch die jüngste Frau unter hundertachtzig Heißluftballonfahrern. Wir sind zehn Frauen. Mein Beruf macht mich glücklich, der einzige Nachteil ist das frühe Aufstehen. Um Viertel vor vier klingelt mein Wecker, um halb fünf ist Treffen am Abflugplatz. Bis jetzt bin ich mindestens fünfhundert Mal geflogen, und es macht immer Spaß. Jeden Tag entdecke ich etwas Neues, besonders im Winter, wenn Schnee liegt. Es ist wie in einem lautlosen Traum. Die Abwechslung gefällt mir, und von meinem Gehalt kann ich gut leben. Etwas Besseres konnte mir nicht passieren. Irgendwann möchte ich auch bei uns über den Kaiserstuhl fliegen. Dort bin ich aufgewachsen, Freiburg ist meine Heimatstadt.«

Flucht aus Göreme

Wir haben genug von überbordenden Freizeitaktivitäten mit Nebengeräuschen. Gebläse und knatternde Motoren rauben mir den letzten Nerv. Deshalb ziehen wir um, koppeln unsere Emmy an und fahren ins zehn Kilometer entfernte Avanos, um Susanne Oberheu zu treffen. Sie lebt seit zweiundzwanzig Jahren hier, in den letzten Jahren auch die meiste Zeit des Winters. Durch Reisemagazine und Vorträge, die im Internet veröffentlicht sind, war ich auf sie aufmerksam geworden. Kurzerhand hatte ich sie angeschrieben, und nun haben wir eine Verabredung mit der Kappadokien-Kennerin. Während ich immer verzagter ihr Haus auf dem Stadthügel von Avanos suche und nicht entdecke, weil – wie sich später herausstellt – es eher eine Höhle als ein normales Wohnhaus ist, wartet Freddy unten am Ufer des Kızılırmak. Der »Rote Fluss« ist der längste Strom des Landes. Aus Richtung Osten kommend speist er einige Stauseen und biegt schließlich nach Norden ab, um nach 1300 Kilometern ins Schwarze Meer zu münden. Ein winziger Greis zeigt mir schließlich die Klingel zu Susannes Wohnung. Die Deutsche ist gerade beschäftigt, aber sie sagt mir, wo wir in Avanos campieren und uns später zu einem gemeinsamen Essen treffen können.

Freddy ist derweil in eine Teehausrunde aufgenommen worden und sitzt mit vier alten Männern beisammen, die in Deutschland am Fließband oder in Belgien im Bergwerk geschuftet haben. Ein ehemaliger Bergmann ist kaum größer als eins sechzig, sein Gesicht von tiefen Falten zerfurcht. Kappadokien war in seiner Jugendzeit bitterarm, in manchen Orten blieben damals nur Frauen, Kinder und Alte zurück. Der Mann greift in seine Jackentasche und reicht uns eine Handvoll Rosinen aus dem eigenen Garten. Die Männer sitzen in ihren dunklen Blazern vor dem Teehaus und lassen sich von der Frühlingssonne wärmen. Jemand reicht mir eine Tasse Tee und wir verweilen, bis es Zeit für unsere Verabredung wird. Freddy strahlt eine große Zufriedenheit aus.

Susanne treffen wir in einem Restaurant mit dem eigenwilligen Namen *Şanso Panso*, einem geschichtsträchtigen Ort, wie wir sogleich erfahren.

»Hier sind früher die Hippies eingekehrt. Die einen, um ihr letztes Bier vor dem Trip nach Afghanistan und Indien zu trinken, und die anderen, um sich nach Typhus und Ruhr, die sie sich dort eingefangen hatten, aufpäppeln zu lassen«, sagt Susanne, als wir uns zuprosten. Ibrahim, der Wirt von damals, ist noch da, und auch einige der alten Bilder, nostalgische Zeichnungen, die von Aufbruch und Abenteuer einer rebellischen Generation künden. Avanos war schon damals liberaler und weltoffener als das Umland, Göreme war touristisch kaum erschlossen, die Bewohner noch größtenteils Bauern. Man lebte in Höhlenwohnungen, die inzwischen zu Sternehotels umgebaut worden sind. Aus den armen Dörflern sind wohlhabende Geschäftsleute geworden. Avanos hat von diesem Boom nur wenig profitiert und ist eine weitgehend normale Töpferstadt geblieben.

Ibrahim tischt uns einen köstlichen Eintopf auf und macht eine Flasche seines selbstgekelterten Weins auf. Wir lassen es uns schmecken, während Susanne uns mit Geheimtipps versorgt. Seit vielen Jahren führt sie Wandergruppen durch das Land, zeigt ihnen entlegene Täler, unterirdische Städte, wunderschöne Kirchen, kurz: eine Region mit vielfältiger Historie.

»Als ich in den Achtzigerjahren zum ersten Mal hierherkam, waren viele Männer meines Alters im Gefängnis gefoltert worden. Überall in dieser Stadt begegnete man traumatisierten Menschen. Schon damals gab es viele Töpfereien mit Künstlern aus dem In-

und Ausland. Der Parkplatz dort drüben stand voller Pferdewagen, alles war noch sehr rückständig«, erzählt Susanne.

»In Avanos ist man schon lange an Fremde gewöhnt, noch bevor der Massentourismus in den Neunzigerjahren Kappadokien radikal veränderte. Seitdem kommen die Besucher mit Bussen vom Mittelmeer und sind Teil des sogenannten Drei- oder auch Fünf-Tage-Tourismus. Und endlich reisen auch türkische Touristen hierher. Sie sind ein Segen für Avanos und die Töpfer. Sie mögen die Stadt und das Handwerk. Wohlhabende Großstädter decken sich hier mit Vasen für ihre Lofts in Istanbul und Ankara ein.«

*

Wir ziehen unsere Emmy zum *Ada Camp*, wo bis auf unseren Wohnwagen nur ein winziges Zelt aufgebaut ist. Der Kızılırmak rauscht nur wenige Meter entfernt von unserem Platz vorbei. Wir stehen auf einer Wiese unter Pappeln, ein schlichter Campingplatz mit Swimmingpool, einem Waschhaus und allem, was man braucht. Selbst für Internetzugang ist gesorgt. Morgens gibt es keine Gebläse und kein zischendes Feuer von startenden Ballons, sondern allenfalls konkurrierende Muezzins. Zumindest klingt es so, wenn zeitversetzt aus verschiedenen Richtungen der Gebetsruf erklingt.

Und dann kommt endlich die Sonne hervor. Sie bahnt sich einen Weg zwischen den Stämmen der Pappeln hindurch und scheint durch das große Fenster aufs Bett. Mit ihr steigt die Temperatur von vierzehn auf zwanzig Grad. Freddys Latte Macchiato wird mit seinen drei Schichten allen Ansprüchen an Optik und einen perfekten Schaum gerecht. Er schmeckt köstlich.

Die Zeit ist reif für eine ausgiebige Körperpflege. Wir fahren sämtliches Zubehör an Rasierern, Haarschneidern, Feilen und Pflegeprodukten auf. Am Ende der Prozedur ist unsere Emmy von Wildrosenölduft ausgefüllt. Nun sind wir bereit für einen Tag in Kappadokien.

Auf dem Markt füllen wir unsere Vorräte auf. Es ist eine vollkommen andere Atmosphäre und ein anderes Angebot als auf den Märkten der Westküste. Die rauere Natur zeigt sich nicht nur an den wesentlich kleineren Kräuterbunden. Hier überwiegen Möhren, Kartoffeln, Kohl und Spinat, vieles davon wird von weit her geliefert worden sein. Knoblauch wird in beeindruckenden Mengen offeriert. Die Bäuerinnen tragen Kopftücher und bunte Pluderhosen und wirken zurückhaltender als ihre Geschlechtsgenossinnen an der Küste. Hier finden sich auch keine Stände mit falschen Gucci- und Prada-Sandalen für zehn Euro, keine T-Shirts mit provokanten englischen Aufdrucken und kaum Massenproduktionen an Handtaschen und modisch zerfetzten Jeans. Niemand spricht uns an, außer wenn wir Interesse bekunden. Es wirkt irgendwie nordisch, fast so, als seien wir unserer kühlen Heimat ein Stück näher gekommen. Ich mag dieses Gefühl nicht, aber vielleicht täuscht es mich auch und meine Stimmung wird vom erneut verhangenen Himmel beeinträchtigt. Auf dem Markt mit über fünfzig Ständen zählen wir nur vier Touristen, und dabei sind wir keine zehn Kilometer vom Epizentrum des kappadokischen Tourismus entfernt, wo täglich Tausende durchgeschleust werden.

Beim Ausparken kommt der Parkwächter angelaufen, um uns zu erzählen, dass er früher in Bottrop in der Landesliga als Rechtsaußen gespielt hat. Sein Deutsch ist hervorragend. Wir plaudern eine Weile, zeigen ihm ein Strafmandat aus der Innenstadt, das wir gestern kassiert haben und das er sogleich zerreißt. Freddy stellt den Motor ab, und wir bekommen eine weitere deutsch-türkische Migrationsgeschichte erzählt.

*

Zwei Tage später fahren wir nach Zelve, um eine der vielen landschaftlichen Sehenswürdigkeiten Kappadokiens zu bestaunen, und erregen mit unserem Hamburger Nummernschild ein gewisses Aufsehen bei deutschen Touristen. Als sie mit ihren Fotoapparaten aus einem Reisebus steigen, wollen sie kaum glauben, dass wir den weiten Weg mit eigenem Fahrzeug bewältigt haben. Zwei Ehepaare aus Ostfriesland gehören zu einer Fünf-Tage-Bustour von der Küste bei Alanya und gesellen sich zu uns.

»Was haben Sie in Kappadokien schon gesehen?«, fragt Freddy sie nach einer Weile, aber keiner von ihnen kann Auskunft geben, keiner kennt auch nur einen einzigen Ortsnamen. Sie wissen nicht, wie ihr Hotel heißt und warum es mitten in der Türkei so viele Kirchen gibt. Es ist so, wie Susanne uns sagte: Die meisten Bustouristen erfahren nichts über Land und Leute oder sie wollen auch nichts erfahren.

Als wir sämtliche Gruppenreisenden längst abgeschüttelt und einen Hügel in dieser bizarren Landschaft erklommen haben, werden unsere Augen vom weißen Tuffstein geblendet und finden Erholung im frischen Grün eines Weintraubengartens zwischen Feentürmen. An den tiefhängenden Wolkenformationen in Dunkelgrau können wir uns kaum sattsehen. Mir bleibt fast das Herz stehen, als Freddy nah an der Felskante in eine zwanzig oder dreißig Meter tiefe Schlucht hinabschaut. In gewisser Weise befinden wir uns auf dem Dach einer Höhle, die an einen Dom erinnert. Wie lebte es sich zwischen diesen unwirklichen Gebilden, den steil aufragenden Wänden und weichen Hügeln, die manchmal wie Baiser mit Sahnehäubchen erscheinen, Hütchen reiht sich an Hütchen. Am Abend färbt sich die Sahne rosé, violett, rostrot oder auch in einer eigenwilligen kappadokischen Farbmischung. Im *Tal der Rosen* haben himmlische Gärtner den Tuff in Blüten verwandelt.

Als wir dem Parkplatz und den Touristengruppen wieder näher kommen, die bei einem kurzen Fotostopp eine winzige Polizeistation in einem ausgehöhlten Tuffsteinfelsen ablichten, brennt mir etwas auf der Seele.

»Liebster, ich möchte einen dritten Punkt in unseren Ehevertrag aufgenommen haben. Niemals eine Gruppenreise!«

Ganz tief unten

Die Landschaft wird immer flacher und erinnert an Szenen aus amerikanischen Western, wo verwegene Reiter durch die Steppe galoppieren. Als plötzlich der fast viertausend Meter hohe Vulkan Erciyes unter einem klaren Himmel auftaucht, bleibt uns die Spucke weg. Weiß gekrönt, mächtig, allein, einschüchternd. Aus speienden Vulkanen entstanden einst die bizarren Tufflandschaften Kappadokiens. Feiner Steinstaub türmte sich auf und wurde von schwerem Magma bedeckt, das vor Millionen Jahren eine riesige Platte bildete. Regenwasser schnitt schließlich kleine Bäche in den Stein. Dort, wo hartes Gestein obenauf lag, schützte es den Tuff. So formten sich Kegel und die phallusartigen Felsen mit ihren typischen Kronen, Hauben und Deckeln. So zumindest behaupten es die Wissenschaftler. Es können aber auch Götter, Feen und Magier gewesen sein, die in Kappadokien ihrer Fantasie freien Lauf ließen.

Unser Ziel heißt Maziköy und ist ein Tipp von Suanne Oberheu. Unter dem Dorf liegt eine Stadt, die bisher nicht allgemein zugänglich ist. In den berühmten unterirdischen Städten Kappadokiens – wie etwa in Derinkuyu – werden täglich Hunderte durch beleuchtete Gänge geführt, in denen man aufrecht gehen und stehen kann. In Maziköy sollen wir nach Ihsan fragen, hat Susanne uns gesagt.

Maziköy erinnert ein wenig an eine halbverlassene Westernstadt mit einem großen Felsen in der Ortsmitte. Ein Teehaus, ein Lädchen, eine Moschee und ein staubiger Parkplatz prägen das Bild. Wäsche flattert auf dem Dach eines schmucklosen Hauses, und ein lahmer Hund trottet über die Straße. Nennenswerten Verkehr gibt es hier nicht. Wir halten Ausschau nach jemandem, der uns weiterhelfen kann.

Während Freddy und ich im Lädchen nach Ihsan fragen, tauchen dort sechs Wanderer mit schweren Rucksäcken auf. Im Nu sind wir in Gesellschaft von drei Frauen und drei Männern aus Russland, die mit robustem Schuhwerk, langen Wanderhosen, Kopfbedeckungen und Stirnlampen passend ausgerüstet sind für den Besuch einer unterirdischen Stadt der besonderen Art.

Ihsan spricht Englisch so schnell, als habe er es auf den Straßen der Bronx von Migranten aus aller Welt gelernt. Es ist gespickt mit sympathischen Fehlern, wie sie jemand macht, der eine fachliche Materie erklären muss, obwohl er viel lieber drauflosplaudern möchte. Doch es ist wichtig, den Besuchern vorab zu erzählen, dass niemand genau weiß, wie tief diese Stadt in den Untergrund hinabreicht. So ist es bei den meisten dieser Städte, selbst bei den länger erforschten und erschlossenen. Fast alle sind erst im letzten Jahrhundert wiederentdeckt worden, manche reichen über fünfzig Meter tief in den Boden, mit unzähligen Stockwerken und Hunderten von Räumen, mit Bewässerungs- und Lüftungssystemen. Wann und warum die Menschen sich so weit in die Erde eingruben, ist heute ein Rätsel. In Kappadokien trafen in den letzten zweieinhalbtausend Jahren unzählige Völker und Invasoren aufeinander, und zu allen Zeiten und an allen Orten wurde gekämpft: Perser, Römer, Araber und Mongolen, sie alle verfolgten hier ihre Interessen. Das Fachliche lässt Ihsan beiseite, sobald wir kein Tageslicht mehr sehen und die Räume kleiner und feuchter werden. Anstatt uns mit wissenschaftlichen Erkenntnissen zu beschallen, schickt der kleine und drahtige Mann von ungefähr vierzig Jahren uns lieber in ein dunkles Loch hinunter. Der Unterschied zwischen einer offiziellen und einer inoffiziellen unterirdischen Stadtführung liegt in den Sicherheitsvorkehrungen und der Beleuchtung, wie wir erfahren. Hier gibt es nichts dergleichen.

»Wer traut sich, diesen Kamin hinaufzuklettern?«, fragt Ihsan und deutet auf ein Loch in der Decke. Das lässt sich der junge Ilja nicht zwei Mal fragen und verschwindet im Nichts. Als Ihsan ihn ruft, bleibt es ruhig. Wie weit wir inzwischen unter der Erde sind und in welcher Etage dieses Labyrinths wir uns befinden, wissen wir nicht mehr. Plötzlich stößt Ilja aus einer anderen Richtung zu uns, und Ihsan ist begeistert. Dies muss der Moment sein, an dem er sich einiges mit uns vornimmt. Es geht rauf und runter, mit kleinen Hinweisen auf große Löcher im Boden, in die man hineinstürzen könnte, würden die Stirnlampen sie nicht ausleuchten. Bis zum Ende des letzten Jahrhunderts waren einige der oberen Abschnitte noch bewohnt.

»Hier ist eine Kirche«, sagt unser Führer, nachdem wir wieder tiefer unter der Erde sind. Der rechteckige Raum misst mehrere Meter und ist deutlich höher als andere. »Eine Apsis, ein Kreuz, die Dreifaltigkeit. Die Kirche stammt möglicherweise aus dem zweiten Jahrhundert. Es waren einige Forscher aus Istanbul hier, aber das meiste ist noch unerschlossen. Bald wird die Stadt wohl offiziell freigegeben, wegen der besonderen Sehenswürdigkeiten und dem guten Zustand. Man glaubt, hier könnten einige Tausend Menschen gelebt haben.«

Die Russen übersetzen sich gegenseitig. Freddy und ich flüstern angesichts des Unvorstellbaren. Durch einen Artikel von Susanne kennen wir bereits einige Theorien, aber es ist deutlich beeindruckender, selber vor Ort zu sein und dabei mit Beklemmungen zu kämpfen. Wer hat sich hier vor wem versteckt? Wer hat sich gegen wen verteidigt? Wie stark muss der Glaube gewesen sein, um tief unter der Erde eine Kirche aus dem Tuff zu schlagen?

Ihsan erklärt uns das damalige Sicherheitssystem, wonach Steinscheiben von ein bis zwei Metern Durchmesser vor die Türen gerollt wurden, um Eindringlinge abzuhalten. Durch winzige Löcher konnte man sich verständigen oder auch heißes Öl auf die Feinde gießen. Jeder noch so kleine Lichtschein verriet die

Gegner. In extrem gebückter Haltung, die Männer bewegen sich im Entengang, erreichen wir weitere *Sehenswürdigkeiten* der unterirdischen Stadt. Die Russen sind genauso perplex wie wir. Sie kommen aus Moskau und sind für zwei Wochen im Land. Seit über einer Woche wandern sie durch Kappadokien, schlagen ihre Zelte in abgelegenen Tälern auf und orientieren sich anhand alter russischer Militärkarten.

Plötzlich geht es auf allen vieren weiter.

»Wisst ihr, wie man auf dem Bauch liegend am besten vorwärtskommt?«, fragt die kleine Nadja mich und Freddy auf die Schnelle und macht es kurz noch im Stehen vor. Einen Arm weit nach vorn strecken und sich mit dem anderen seitlich auf Hüfthöhe vorwärtsschieben. Jetzt bloß keine Panik, keine Platzangst und keinen Herzinfarkt bekommen. Ich habe Mitleid mit den beiden kräftigen Russen, denn wir müssen durch winzige Tunnel, in denen Nadjas Tipps Gold wert sind. Man kann kaum den Kopf anheben, so niedrig ist es.

»Susanne war noch nie hier«, sagt Ihsan am Ende eines Kriechtunnels zu mir, was mich wohl anspornen soll. Nur wenige Fremde habe er bislang hierher geführt, alles viel zu eng und zu schwierig. Herzlichen Dank! Als wir einen Schacht hinunterklettern müssen, in den Ihsan provisorische Holzkeile geschlagen hat, um die Absturzgefahr zu verringern, träume ich von einer Gruppenreise mit netten Fotostopps und sauberen Hotels am Abend. Warum müssen wir als abenteuerliche Individualtouristen ständig in entlegene Täler und Höhlen kraxeln und kriechen? Reicht es nicht, einen Wohnwagen im Schlepptau zu haben, der jederzeit vor Altersschwäche auseinanderfallen kann? Ich kann vor lauter Staub im Mund kaum noch schlucken, aber jetzt heißt es, sich hinunterzuhangeln. Zehn Zentimeter längere Beine wären von Vorteil, aber dann fühle ich von unten eine Hand an meinem Fuß, die mich zu einem Holzkeil führt. Ilja hilft mir. Ich muss raus hier, aber ich sage nichts. Bloß keine Panik. Ich schwöre mir, in Zukunft auf jegliche Art von Abenteuer zu verzichten und mich eher unsportlich zu geben.

Nachdem wir uns vor dem Teehaus von Ihsan verabschiedet haben und sechs staubige Russen es sich irgendwie im T5 bequem machen, kann ich nur noch ganz tief durchatmen. Wir sind Helden! Freddy kutschiert uns ins fünfzig Kilometer entfernte Avanos, wo wir unsere Mitfahrer an einer Bushaltestelle absetzen. Für sie geht es weiter nach Istanbul und dann zurück nach Moskau. Wir freuen uns auf Emmy.

Ford Granada und Reisewellen

Musa Erdoğan ist der Chef vom Ada Camping in Avanos. Am Abend, wenn wir von unseren Touren zurückkommen und er am Pool unter Weinreben sitzt, fragt er immer nach unseren Erlebnissen. Es ist noch kein Badewetter, aber Musa hält sich mit einer Daunenweste warm. Gestapelte Plastikstühle und Dutzende Tische warten auf den Sommer, wenn hier Hochzeiten mit bis zu dreihundert Gästen gefeiert werden.

»Mit Camping allein kann man doch kein Geld mehr verdienen«, sagt Musa in fließendem Deutsch und wir schauen auf unsere Emmy, drei Großraumwohnmobile aus Deutschland, die sich zu einer Wagenburg zusammengerottet haben, eine türkische Kleinfamilie mit Zelt und die winzige Behausung von William, einem Kanadier, der von morgens bis abends wandert, um dann hundemüde in seinen Schlafsack zu kriechen oder ein Bier mit uns zu trinken. Musa ist über siebzig und scheint sich an uns gewöhnt zu haben. Nur selten bleiben Touristen länger als vier oder fünf Tage hier, nur wir haben in seinen Augen alle Zeit der Welt, wie er uns eines Abends anvertraut. Bemerkenswert findet er, dass wir einen ganzen Tag lang auf dem Platz bleiben und dabei immer beschäftigt sind.

»Gut, dass du den Wohnwagen gewaschen hast. Sieht viel besser aus«, sagt er zu mir. Warum man aus dem fernen Kanada nach Kappadokien kommt, um hier in einem winzigen Zelt bei Regen und Kälte zu übernachten, noch dazu, wenn man nicht mehr ganz jung ist, bleibt ihm ein Rätsel.

»Wir haben William schon eine zusätzliche Unterlage und Plane gegeben. Er ist sehr genügsam«, sage ich.

»Soll er machen, wie er möchte. Mir wäre es zu ungemütlich. Ein richtiges Bett muss doch sein. Touristen sind irgendwie anders. Ich habe in meinem ganzen Leben zum Beispiel noch nie Geschirr abgewaschen«, sagt er mit einem Augenzwinkern zu Freddy. »Ich habe genau gesehen, wie du abgetrocknet hast. Und weißt du was, gestern hat der Türke aus Ankara sogar Frühstück gemacht. Hier in der Küche hat er Eier gebraten, während seine Frau noch schlief. Die Männer in Ankara und Istanbul sind nicht mehr normal.«

Musa lacht und schüttelt den Kopf über diese neumodischen Sitten. Er möchte gern etwas über unsere Balkanroute hören, während ich ihn mit Fragen nach seinen Deutschlanderfahrungen löchere. Er gehört zur ersten Gastarbeiter-Generation. Seine drei Kinder sind 1968, 1972 und 1975 in Deutschland geboren und dort in den Kindergarten und die Schule gegangen.

»Als unser Jüngster zehn Jahre alt war, sind wir zurück in die Türkei. Er arbeitet jetzt auf dem Flughafen von Nevşehir und hilft mir im Sommer auf dem Campingplatz«, sagt Musa und schwelgt in Erinnerungen. »Die schönsten Jahre in Deutschland waren die frühen Siebziger. Da waren die Deutschen richtig nett. *Guten Morgen, wie geht's?,* haben sie immer gefragt. Alle waren so, die Nachbarn, die Verkäuferinnen bei Eduscho, Bilka, beim Kaufhof und bei C&A. Ach, das war eine wunderbare Zeit. Dann kam die Ölkrise und meine Firma ging pleite. War aber nicht so schlimm für mich, weil ich bei den Stadtwerken Wuppertal Arbeit bekam. Kennt ihr die Schwebebahn? Da habe ich gearbeitet. *Langsam arbeiten, Musa!,* haben die Kollegen immer gesagt, sogar der Meister und der Vorarbeiter. *Langsam, Musa, wir haben Zeit.* Die haben morgens schon Wicküler getrunken. Kennt ihr Wicküler Pilsener?«

Das ist mein Stichwort. Ich laufe rasch zur Emmy rüber, hole uns drei Efes aus der Vorratskiste, und wir stoßen mit Musa an.

»Mein erster Wagen war ein 17M, ein Ford. Tolles Auto. Den

habe ich gekauft, sobald ich meinen Führerschein in der Tasche hatte. Zwanzig Tage später bin ich zum ersten Mal mit Frau und Kind in die Türkei gefahren. Der Autoput war schlimm, in Jugoslawien und Bulgarien war ich vollkommen fertig, aber eigentlich konnte ich schon in Österreich nicht mehr. Ich hatte ja keine Fahrpraxis und meine Frau hatte Angst. Die Leute sind gerast wie die Verrückten. Alle wollten in den Sommerferien schnell nach Hause. Sechs Tage haben wir bis nach Avanos gebraucht. Ich war hundemüde und habe zwei Tage lang nur geschlafen. Schlimm«, sagt Musa und hat die damalige Fahrt genau vor Augen. Das Auto war vollgeladen mit allem, was die Verwandten in Kappadokien brauchten. Hier gab es außer Lebensmitteln kaum etwas zu kaufen, und die Armut war groß. Auf der Rückfahrt war der Wagen noch voller: Bulgur, Kichererbsen, Rosinen, Nüsse und sonstige Zutaten, die es in Deutschland nicht gab oder die in der Heimat viel billiger waren.

»In Deutschland haben wir fast alles bei Aldi eingekauft. Die Vorräte aus Kappadokien hielten lange. Wir haben billig gelebt und alles gespart. Später habe ich einen Ford Granada gekauft.«

Ich muss schmunzeln, weil ich mir Musa bestens in solch einem Wagen vorstellen kann. Noch heute hat er einen kräftigen Schnurrbart. Damals war er sicher schwarz und seine dunklen Augen funkelnd. Musa ist groß und charmant.

»In Gold?«, will ich wissen.

»Nein, rot mit schwarzem Dach, Viertürer, Baujahr 74, Sechszylinder, 90 PS.«

»Super Kiste«, sage ich.

»Einmal haben wir die Strecke in drei Tagen geschafft. *Langsam, Musa!*, hat meine Frau immer gesagt. Unterwegs haben wir höchstens mal eine Stunde Pause gemacht. Wir sind alle zwei Jahre nach Hause gefahren. Als der Politiker aus Bayern, der Dicke, wie hieß der noch? Strauß! Als der auftauchte, wurde es schlechter für uns Türken. Da gab es plötzlich nur noch ein knappes *Morgen!*, wenn ich bei Eduscho meinen Kaffee trank. Die Deutschen wurden immer unfreundlicher. Schade war das. Bei meiner Arbeit war aber immer alles in Ordnung, meine Kollegen waren alle nett, da gab es keine Probleme. Trotzdem wollte ich irgendwann zurück nach Kappadokien. Meine Eltern wurden alt, die langen Heimreisen waren abenteuerlich und anstrengend, überall gab es Betrüger und Halunken«, sagt Musa und schimpft über den berüchtigten Balkan. Man sagte *volltanken,* erzählt er uns, reichte das Verlangte in harten Devisen rüber, aber der Tank war nur halbvoll. Zurück haben fast alle Türken Zigaretten geschmuggelt, und damit sie in Bulgarien und Jugoslawien nicht gefilzt wurden, deponierten manche Whiskeyflaschen an gewissen Stellen im Auto. Das *beruhigte* die Beamten.

»Irgendwann hielt ich das Heimweh nicht mehr aus. Immer Ausländer sein ist nicht schön. Damals gab es Geld von den Deutschen, wenn man freiwillig ging.«

»Kopfgeld ... äh, Rückkehrprämie«, sage ich spontan und erinnere mich an die Diskussionen, die das damals in meinem Studiengang der Interkulturellen Pädagogik auslöste. Das sogenannte Rückkehrhilfegesetz sicherte den Antragstellern im Jahr 1984 einen finanziellen Zuschuss. Musa ließ sich außerdem seine Rentenansprüche auszahlen.

»Das war eine schöne Stange Geld«, sagt er und hat noch heute, dreißig Jahre danach, alle Zahlen parat.

»Meine Frau und ich haben immer nur gearbeitet und gespart. Nie haben wir uns etwas gegönnt. Dieses Grundstück haben wir für viel Geld gekauft, mit zusätzlichem Kredit natürlich«, sagt er und zeigt in die Runde. »Dreitausend Quadratmeter, wir haben Getreide und Gemüse angebaut und uns selber versorgt. Dann kam die Idee mit dem Campingplatz, weil plötzlich immer mehr Touristen aus ganz Europa nach Kappadokien reisten. Sie wollten campen, es gab ja kaum Hotels. Die wussten nicht, wohin mit ihren Autos und Zelten. Wir haben den Pool gebaut, zwei Toiletten, zwei Duschen und einen kleinen Kiosk. Das war der Anfang. Ihr könnt euch nicht vorstellen, was hier los war. 1990 war das beste Jahr. Innerhalb von zwei Monaten haben wir so viel Geld verdient, dass wir alle Schulden abbezahlen konnten. Der Platz reichte nicht aus für die vielen ausländischen Gäste, vor allem aus Frankreich und Italien reisten sie an. Der Pool war eine Attraktion. Im Sommer ist es hier unglaublich heiß. Tag und Nacht haben wir gearbeitet, die ganze Familie. Mein Kollege Max von der Wuppertaler Schwebebahn kam auch hierher. Und zu Weihnachten und Neujahr haben die ehemaligen Kollegen Karten geschrieben.«

Routenplanung

»Vielleicht sollten wir uns mit unserer weiteren Reiseroute befassen«, sagt Freddy mit Bedacht, ganz so, als könne das Thema die gute Stimmung trüben. »Ich habe mir heute früh einige Notizen zu unserer verbleibenden Zeit und möglichen Zielen gemacht. Wir haben noch sechs Wochen«, sagt er und zeigt auf eine Tabelle mit vielen Zahlen. Auf den zweiten Blick sehe ich die restlichen Maitage aufgelistet und fast den gesamten Juni. Daneben hat er Platz für Eintragungen gelassen und ich erkenne die Rubriken *Kappadokien und der Osten, Phrygischer Weg, Istanbul, Rückreise mit Zwischenstopps.*

»Lass uns von hinten beginnen. Wie viel Zeit sollen wir für die Rückfahrt einplanen?«, fragt er, und ich habe sofort ein mulmiges Gefühl in der Magengegend. Diese Reise soll ewig weitergehen. Allerdings klingt *sechs Wochen* gar nicht so schlecht. Ich dachte, es wären weniger. Unser Bergfest – wie es so schön heißt – haben wir unbemerkt verstreichen lassen.

»Acht bis zehn Tage, ohne dass wir lange in anderen Ländern bleiben, oder möchtest du das gern?«, frage ich.

»Nein, mir geht es inzwischen so wie dir, ich möchte nicht mehr viel Neues aufnehmen. Es wird einfach zu viel und zu oberflächlich.«

»Nach Rumänien und Kroatien reisen wir irgendwann mal extra. Aber was ist mit Istanbul?«

Wir diskutieren eine Weile und spüren, wie wenig Lust wir momentan auf eine Metropole haben, und sei sie noch so faszinierend. Wir beide mögen Großstädte, und wenn ich an Teheran,

Saigon, Durban oder New York denke, dann war es immer ein besonderes Abenteuer, sich dort zurechtzufinden und die Städte zu *begreifen.* Aber nicht jetzt. Mir steht der Sinn nach Landschaften, nach Wandern, nach Meer und üppigen Gemüsemärkten in kleinen Küstenstädten.

»Dann lass uns auf Istanbul verzichten, Mut zur Lücke!«, sagt Freddy und grinst. So einfach lässt sich ein fest eingeplantes Ziel streichen und Zeit gewinnen. Ich breite die Landkarte auf dem Bett aus. Draußen ist es inzwischen wieder kühl geworden. Man kann dem Thermometer beim Fallen zusehen. Kurz vor dem einstelligen Bereich schaue ich weg und schließe die Tür. In unserer Emmy reicht eine Kerze, um die Tagestemperatur von zwanzig Grad eine Weile zu halten. Wir machen alle Lampen an und leuchten die Karte aus, die von Tag zu Tag mehr ausfranst. Ein Phänomen des Reisens: Egal wie sehr man sich darum bemüht, eine Landkarte ordentlich zu falten, irgendwann reißt sie doch ein. Die Geografie gibt unseren Plänen eine eindeutige Richtung vor: Wenn wir Istanbul meiden, dann bleibt uns nur der Rückweg über die Dardanellen. Das Marmarameer soll zwischen Istanbul und Çanakkale mit Sitesis zugepflastert sein. Nichts für uns! Da reisen wir lieber durchs Landesinnere und zurück an die vertraute Ägäis.

»In Ayvalık und Cunda könnten wir Mitbringsel einkaufen und ganz viel Fisch essen«, sage ich.

»Ich hab's mir schon gedacht, dass du mit diesem Vorschlag kommst. Wie lange planst du für die Wanderungen auf dem Phrygischen Weg ein?«

»Mindestens eine Woche.«

»Nicht länger? Dann haben wir noch richtig viel Zeit. Möchtest du vielleicht auch eine Ballonfahrt machen?«, fragt Freddy. Er hat gemerkt, wie neugierig Sabire mich gemacht hat, aber der Preis von 130 bis 180 Euro pro Person schreckt mich ab.

»Nach der Hochzeit, mein Liebster.«

Zwei Tage später koppeln wir unseren Wohnwagen an und verabschieden uns schweren Herzens aus Kappadokien. Wir lassen den bizarren Tuffstein hinter uns, vermeintliche Abkürzungen führen uns an Salz- und Stauseen vorbei und durch Orte, die auf unserer Karte partout nicht zu finden sind. Wir durchqueren eine saftig grüne Landschaft, gesprenkelt mit roten Mohnblumen, lila Lupinen und weiß-gelber Kamille. Die Frühling ist eingezogen und mit ihm die schönste Jahreszeit inmitten der anatolischen Hochebene. Auf einem Feld bei Kırşehir beobachten wir Störche auf Futtersuche. Hier scheinen die Landschaft und der Himmel mit seinen Wattewolken unendlich zu sein. Auf einer Panoramaaufnahme zeigt sich nichts weiter als ein graues Seidenband auf grünem Samt vor einem blau-weißen Hintergrund und zwölf schwarz-weiße Vögel, kein Mensch, kein Auto, kein Sendemast. Wir kommen ab von der direkten Route und landen wieder auf der großen Fernstraße, wo mehrspurige Fahrbahnen, Überlandleitungen, Windkrafträder, Agrarfabriken, Hühnerfarmen und Schwerlasttransporter daran erinnern, dass auch im fernen Anatolien fast jeder Winkel erschlossen ist.

Antike und Neuzeit

Etwa vierzig Kilometer südwestlich von Eskişehir kann ich die Route endlich wieder auf unserem Autoatlas verfolgen. Unser Ziel heißt Yazılıkaya, was nichts anderes bedeutet als *beschriebener Fels* und von daher als Ortsname nicht einzigartig ist in der Türkei. Aber von den diversen gleichlautenden Dörfern lassen wir uns schon lange nicht mehr irritieren. Die herausragende Sehenswürdigkeit hier ist *Midas Şehri*, die Stadt des Midas. Kurz vor unserer Abreise habe ich in einer Reisebuchhandlung den Wanderführer ›Phrygian Way‹ entdeckt und war nach kurzem Blättern begeistert von den Karten und der Beschreibung des mehrere Hundert Kilometer langen Weges inmitten des antiken und rätselhaften Phrygiens. Gordion, die einstige Hauptstadt, kennt man vom gordischen Knoten, und auch über den legendären König Midas ist manch Geschichtsinteressierter schon gestolpert. Der Wanderführer verspricht tiefste Provinz fernab touristischer Pfade, zauberhafte Landschaften und antike Sehenswürdigkeiten am Wegesrand. Kurzerhand habe ich den Autor des Buches, Hüseyin Sari, angeschrieben. Der promovierte Physiker weilt zwar seit geraumer Zeit in Japan, aber wozu gibt es das Internet. Hüseyin hat als Stellplatz für unsere Emmy den Parkplatz vor dem Café in Yazılıkaya empfohlen.

Der Himmel zeigt ein klares Abendrot, als wir beschließen, unser Ziel erreicht zu haben. Es gibt zwar keinen Hinweis auf ein Café, aber wir entdecken den einzigen Parkplatz des Ortes. In einem verschlossenen Gebäude gibt es sogar Toiletten. Ach, wird sich schon alles finden. Wir parken unter einer Baumreihe und legen uns erschöpft aufs Bett. Irgendwann fährt ein Auto vorbei, ein Bauer ruft nach seinen Kühen und irgendwo kläfft ein Hund. Das war's.

»Schön hier«, sagt Freddy und grinst. Dieses Grinsen sagt mir: Du wolltest nach Phrygien, jetzt sind wir in Phrygien. Und meinetwegen können wir auch noch fünfhundert Kilometer weiterfahren an einen unbekannten Ort, auf den du durch irgendetwas aufmerksam geworden bist.

»Schau mal, das muss das Midas-Monument sein«, sage ich, doch es ist beinahe dunkel und die große, verzierte Felswand lässt sich nur erahnen.

»Die Fassade ist laut unserem Führer siebzehn Meter hoch und sechzehn Meter breit, und es soll sich um ein Heiligtum der Erd- und Muttergöttin Kybele handeln, die hier den Namen Mida trägt. Andere Forscher sagen, es sei das Midas-Grab, die nächsten behaupten etwas anderes. Aber uns ist das ja auch nicht so wichtig, oder?«

Freddy nickt zustimmend. Für Laien in Sachen Altertumsforschung ist es immer wieder eine Herausforderung, sich dreitausend Jahre zurückzuversetzen, und dabei versuchen sich in aller Welt Reisende und Touristen an dieser Vorstellungsakrobatik. Die bemerkenswerte Stätte in Yazılıkaya hat sich offenbar noch nicht herumgesprochen, oder sie liegt zu weit entfernt von einer bequemen Route, denn bis auf diesen Parkplatz, der bei geschickten Rangierkünsten maximal drei Reisebussen Platz bietet, deutet nichts auf Besucherströme hin.

»Spaziergang?«, fragt Freddy, kurz bevor ich einschlafe.

»Klar.« Es kann schließlich nicht schaden, sich ein wenig zu orientieren.

Das türkische Pendant zum norddeutschen *Kuhdorf* kennen wir zwar nicht, aber Yazılıkaya hat frappierende Ähnlichkeit, wenn auch ohne reetgedeckte Bauernhäuser. Wir sehen und treffen keine Menschenseele in den drei bis vier Gassen des Ortes, nur in wenigen Fenstern brennt Licht, und es riecht durchdringend nach gehörnten Vierbeinern. Bereits um neun ruht der Ort unter einem beeindruckenden Sternenhimmel. Gäbe es die Felsfassade nicht, würde wohl kaum ein Fremder hierherkommen. Zumindest muss mal ein britisches Filmteam durch den Ort gestreift sein, um die Mysterien rund um König Midas aufzuspüren, eine Dokumentation haben wir auf BBC gesehen. Für ausgiebige Erkundungen unsererseits ist es heute aber zu spät und zu dunkel. Unter dem Kläffen unsichtbarer Hunde verziehen wir uns ins eigene Heim.

*

»Guten Morgen, Liebste, ich schau mal, ob ich jemanden antreffe und fragen kann, ob wir hier überhaupt richtig stehen. Vielleicht gibt es auch einen Toilettenschlüssel«, sagt Freddy, als ich meine Augen öffne. Es ist erst sieben Uhr, aber die Sonne scheint bereits warm in den Wohnwagen hinein. Es dauert nicht lange, und Freddy kommt mit einem Tablett Tee, warmen Brotfladen und Schafskäse zurück.

»Das hat mir die Nachbarin gegeben. Die Verständigung war leider schwierig. Als ich Hüseyins Namen nannte, half das nicht weiter, und ob es sich um das gesuchte Café handelt, war nicht herauszufinden. Aber hier ist ein Schlüssel für die Toiletten. Wir können hier stehenbleiben und sollen wieder abschließen«, sagt Freddy.

Wenig später kommt ein Besucher und stellt sich als Bürgermeister des Ortes vor. Er spricht ein wenig Deutsch und lädt uns ein, bei ihm im Garten zu parken. Selbstverständlich habe er auch Elektrizität für uns.

Nach dem Frühstück machen wir uns auf den Weg zu den Sehenswürdigkeiten. Wir sind allein auf dem fast zweitausend Quadratmeter messenden Plateau, der Akropolis. Es gibt keine Markierungen und keine Hinweisschilder, und wir tauchen staunend ein in diese wunderbare Welt, die einst von Phrygern belebt war.

Die geometrischen Muster auf der Midas-Felsfassade leuchten im Morgenlicht. Tiefe Furchen im Tuffstein lassen uralte Straßen erkennen. Hier soll reger Handel nach Gordion und darüber hinaus betrieben worden sein. Die Wurzeln der Phrygier liegen vermutlich in Thrakien, der Heimat unserer rasenden bulgarischen Stadtführerin.

»Sieht aus wie Kappadokien für Arme«, sagt Freddy angesichts der Spurrillen und lässt mich losprusten. Auch hier gibt es Höhlen im Tuffstein und märchenhafte Feenkamine in Nachbarschaft zu sanft geschwungenen Felsen, die von Fabelwesen geformt sein könnten. Freddy weiß, wie sehr ich seinen trockenen Humor liebe und wie ich mich freue, wenn er über seinen Schatten springt und statt wohlformulierter Worte einen Spruch *raushaut.* Selten habe ich mich so reich gefühlt wie im *Kappadokien für Arme.* Wir haben Felsengräber, Zisternen und Kultstätten ganz für uns allein. Ich blättere im Wanderführer, vergleiche Fotos und studiere die Informationen. Zweifellos: Freddy sitzt gerade auf der unteren Schwelle eines Stufenaltars mit seltenen Zwillingssymbolen, der womöglich noch vor der Besiedlung durch die Phrygier hier aufgestellt worden ist. Stundenlang streifen wir umher. Über König Midas kursieren haarsträubende Geschichten: Was er angefasst haben soll, wurde angeblich zu Gold. Leider auch seine eigene Tochter und jegliche Nahrungsmittel, die er verzehren wollte. Außerdem soll er Eselsohren gehabt haben, die er unter einer roten Zipfelmütze verbarg. Diese Kopfbedeckung trugen nicht nur die Heiligen Drei Könige, sondern sie erfreut sich bis heute bei den Schlümpfen großer Beliebtheit und wird phrygische Mütze genannt. Ich schwöre!

An der Rückseite des Plateaus treffen wir auf einen Mann in seinen Dreißigern, der einige Ziegen mit sich führt. Er trägt eine graue Hose und ein hellblaues Oberhemd, ist frisch frisiert und rasiert, was eher an einen Lehrer oder Beamten denken lässt als an einen Ziegenhirten. Beim Näherkommen grüßt er freundlich und spricht uns auf Englisch an. Wir erfahren, dass er gern Fußball spielt und wissen möchte, ob wir Hakan Çalhanoğlu vom Hamburger Sportverein kennen. Ich kann nur jedem Reisenden raten, sich die Bundesligaspieler des zu bereisenden Landes genauestens einzuprägen – es kann Wunder wirken, insbesondere im Vorfeld einer Fußball-WM. Was ich theoretisch weiß und praktisch schon überaus erfolgreich im Iran praktizierte, habe ich vor dieser Reise versäumt und muss leider passen. Meine derzeitigen Kenntnisse reichen nicht über den deutschen Nationalspieler mit türkischen Wurzeln, Mesut Özil, hinaus. Glücklicherweise ist Freddy besser im Bilde, und die beiden Männer tauschen sich über den Spielmacher des HSV aus. Freddy ist ein Schatz, der mich immer wieder überrascht, denn für Fußball interessiert er sich kaum mehr als ich.

»I am the Imam of this village«, sagt der vermeintliche Ziegenhirte und Fußballfan nach einer Weile. Er lädt uns ein, in das Infozentrum der Midas-Stätte zu kommen, wo bereits der Bürgermeister, zwei weitere Männer und eine Frau sitzen und rauchen. Auch der Imam greift zur Zigarette, sodass der Raum im Nu vernebelt ist. Wir trinken Tee und erfahren, dass regelmäßig Touristen und Schulklassen zu Besichtigungen nach Yazılıkaya kommen. Heute erwarte man einen Bus mit Studenten aus Eskişehir.

»Bitte tragen Sie sich doch ins Gästebuch ein«, sagt der Bürgermeister und bittet uns in den Nebenraum, der offensichtlich sein Büro ist. Atatürk zeigt sich hier mit streng zurückgekämmten grauen Strähnen und ernstem Blick, das Kinn leicht nach unten geneigt – eine seiner Lieblingsposen, wie wir mittlerweile wissen.

Später machen wir einen Abstecher zur Dorfmoschee, wo der Imam den Vorhof fegt, um das bescheidene Gotteshaus für das Freitagsgebet vorzubereiten. Die Moschee ist keine fünfzig Quadratmeter groß, die Spitze des Minaretts mit einer professionellen Teleskopleiter problemlos zu erklimmen. Den Eingangsbereich schmückt eine schwungvolle Koransure in kalligrafischer Handschrift. Ein Schreibfehler im arabischen Original ist korrigiert worden, und der Imam registriert mein Interesse.

»Ja, das habe ich ausgebessert, als ich nach Yazılıkaya kam. Im Studium habe ich Arabisch gelernt«, sagt er und freut sich, dass ich das Wort Allah entziffern kann. Seit Atatürk Ende der Zwanzigerjahre das türkische Alphabet anstelle der arabischen Schreibweise im Lande eingeführt hat, beherrsche kaum noch jemand die alte Schriftsprache, erklärt er uns. Heute werde nach dem Gebet für die Opfer der Überschwemmungen in Bosnien-Herzegowina gesammelt, wo Hilfe dringend notwendig sei, sagt er, als ich ein Hinweisschild zu entziffern versuche. Freddy und ich haben nur flüchtig etwas von den heftigen Regenfällen in Serbien und Bosnien mitbekommen. Das ist auch eine Nebenwirkung des Reisens: Ahnungslosigkeit, Unwissenheit und eine Portion Gleichgültigkeit. Nachrichten verlieren ihre Bedeutung oder erreichen uns nicht einmal mehr.

Als der erste Gottesdienstteilnehmer eintrifft, verabschieden wir uns. In der nächsten Gasse stoßen wir auf den Bürgermeister in seinem Passat und haben inzwischen den Eindruck, er sei der einzige motorisierte Einwohner des Ortes und fahre regelmäßig die Gassen ab. Bis auf den Schulbus, der heute früh direkt neben dem Parkplatz hielt, um die Tochter unserer Nachbarin einzusammeln, und einen Traktor haben wir noch keine weiteren Fahrzeuge gesehen.

»Leider gibt es nur noch zwei Kinder. Die Jungen sind im Ausland, an der Küste oder in den großen Städten. Manche sind vor Jahrzehnten nach Deutschland gegangen und nie wiedergekommen. Überall gibt es leer stehende Häuser. Hier leben nur noch sechzig Einwohner, überwiegend Alte«, sagt er und lädt uns abermals ein, in seinem Garten zu campieren.

Wie gut, dass wir ausreichend Vorräte haben, denn weit und breit gibt es kein Geschäft. Gelegentlich kommen mobile Händler in den Ort, wird uns gesagt. Die nächstgelegene Stadt ist fünfzig Kilometer entfernt.

*

Es ist früher Nachmittag, als wir uns zu einer Wanderung entschließen. Laut Wanderkarte müssten wir es auf dem markierten Weg innerhalb von zwei Stunden ins acht Kilometer entfernte Ağlarca schaffen. Dort gibt es vielleicht einen Bus, der uns zurückbringen kann. Die Wegbeschreibung müssen wir mehrmals lesen und finden am Ende des Dorfes die ersten Markierungen. Manchmal dienen Brunnen oder markante Bäume der Orientierung, gelegentlich finden sich rot-weiße Streifen an Felsen oder auf Steinen. Wacholder gedeiht hier zu Bäumen und ist mit seinem widerspenstigen Grün an dieses Klima angepasst. Kein Laut, kein Mensch, kein Tier und oft auch kein Weg. Und dann sind sie plötzlich ganz nah: zwei Hunde, die mir aus dem Wanderführer zumindest theoretisch vertraut sind. Zweifellos, das sind sie! Die erste Begegnung kommt schneller als befürchtet. Akbasch, eine anatolische Rasse, gegen die sich ein deutscher Schäferhund geradezu niedlich ausnimmt. Sie sind riesig, haben eine Farbe zwischen Beige und Grau, eine dunkle Schnauze und tragen gigantische Stachelhalsbänder. Keine hundert Meter entfernt sehe ich eine Schafherde in einer Senke grasen. Wo ist der Schäfer? »Nicht anschauen«, sage ich leise und versuche mich verzweifelt an die Worte von Hüseyin Sari in seinem Buch zu erinnern. Er riet dringend zu Elektroschockern und betonte die Notwendigkeit von ausreichend Batterien. Warum begreife ich erst jetzt, was diese Sätze zu bedeuten haben? Akbasch, auch Kangal genannt, sind ausgezeichnete Beschützer ihrer Herde und keine Hirtenhunde. Sie brauchen keine Befehle vom Schäfer, sondern handeln selbstständig im Sinne ihrer Herde. Na prima! Wie mag ihre Entscheidung angesichts zweier trotteliger Wanderer aus Deutschland ausfallen?

»Wir machen es so, wie es in dem Buch steht«, sagt Freddy, dem ich die entsprechenden Passagen kürzlich vorgelesen habe: kein Blickkontakt zu den Hunden und möglichst großen Abstand zur Herde halten. Das Dumme ist nur, dass wir keine Ausweichmöglichkeit sehen, denn am Wegrand türmt sich eine Felswand mit irgendeinem antiken Grab oder einer Kultstätte, was ich unter anderen Umständen sicher interessant finden würde. Zur Linken gedeiht undurchdringlicher Wacholder. Warum frage ich mich ausgerechnet jetzt, ob er wohl Beeren trägt, die geeignet sind für die Herstellung von Gin. Verdammt, ich muss mich zusammenreißen. Freddy und ich drehen uns wortlos und in Zeitlupentempo um, als hätten wir einen Synchronwanderkurs absolviert, wir gehen bedächtig zurück, ganz fest an das Gute im Hund glaubend. Die Monster folgen uns mit undefinierbaren Lauten, die möglicherweise das Vorspiel zu einem Knurren bedeuten. Sie scheinen es sinnvoll zu finden, uns zu folgen. Akbasch sind ausgesprochen clevere und treue Tiere, wie ich irgendwo gelesen habe. Treu ihrer Herde gegenüber. Sie schließen sich zusammen und greifen sogar Wölfe an. Ich hasse mein gutes Gedächtnis. Mucksmäuschenstill und mit wohldosiertem Tempo gehen und lauschen wir. Bloß nicht umdrehen. Meine Horrorvorstellungen überschlagen sich, wir werden zerfleischt oder, noch schlimmer, Freddy wird zerfleischt und ich muss hilflos zuschauen. Ganz ruhig! »Sind sie weg?«, frage ich nach einer gefühlten Ewigkeit kaum hörbar.

»Weiß nicht, lass uns weitergehen«, antwortet Freddy und seine Hand umschlingt meine so fest, dass es einen Blutstau gibt.

Nach einer Weile riskieren wir einen Blick, die Ohren gespitzt, die Herde im Blick. Endlich entdecken wir einen Schäfer und winken. Sofort pfeift er die Hunde zurück und sie gehorchen glücklicherweise ihrem Herrn. Und dann sehen wir zwei weitere Schäfer, die uns zuwinken. Mutig marschieren wir drauflos. Die beiden kommen uns entgegen, während der andere Kommandos ruft. Und schwuppdiwupp sind wir zunächst unseren gesamten türkischen Wortschatz los und kurz darauf einen Großteil der süßen Köstlichkeiten aus Kayseri, die wir im Rucksack verstaut haben. Wir schauen in lächelnde und kauende Gesichter, unser *Turkish Delight* scheint zu munden. In meinen Augen sehen die drei Schäfer aus wie Turkmenen oder gar Mongolen. Tja, was man theoretisch weiß – die Türkei ist ein Vielvölkerstaat –, wird uns immer wieder aufs Neue gezeigt. Der ältere Schäfer und die beiden jungen Männer wundern sich über unser Vorhaben, ohne ersichtlichen Grund durch die Gegend zu marschieren. Gegenseitig begutachten wir unsere Kleidung und Ausrüstung. Mein Stock vom Bauernmarkt in Fethiye findet Anklang, ebenso unsere bequemen Rucksäcke. Die Schäfer haben kleine Bündel auf ihre Rücken geschnürt, ihre Tarnkleidung stammt aus Armeebeständen. Die Hunde hingegen tragen eher ein Tarnkleid für verschneite Wintertage oder um sich unbemerkt unter die Herde zu mischen. Besonders die vier halbwüchsigen Nachkommen und ein ausgewachsener Akbasch sind erstaunlich hell. Das Zackenhalsband des Großen ist rostig und sein Hals rötlich eingefärbt, was ihm eine äußerst verwegene Note verleiht. Nur nicht hinschauen.

Wir machen Fotos, lachen gemeinsam über die Ergebnisse auf dem Display und verabschieden uns. Ein Tal weiter beginnt ein ähnliches Spiel, diesmal mit einem Kuhhirten, der seine Aufgabe mit nur einem Akbasch erledigt, aber dafür freut er sich umso mehr über ein wenig Abwechslung. Langsam fragen wir uns, wie wir in zwei Stunden Ağlarca erreichen sollen, wenn wir weiter auf einsame Männer treffen, die begeistert sind von unseren Süßigkeiten und in einen Redefluss verfallen, dem wir kaum etwas entnehmen können. Es ist ein Jammer. Wenn wir doch nur Türkisch könnten. Bei unserem zweiten Stopp lernen wir die Schmuseseite der Hunde kennen, denn der sonnenverbrannte Hirte hält in der einen Hand eine Pistazien-Nougatrolle, was beinah wie eine Trophäe wirkt, und mit der anderen Hand krault er seinen Hund. Für ein Foto umarmt er ihn sogar.

Der nächste Schäfer wird erst spät auf uns aufmerksam, da er lautstark telefoniert. Er begrüßt uns, als wisse er bereits Bescheid über uns, denn er wundert sich nicht im Geringsten über unseren Pralinenkasten, der langsam zur Neige geht.

Irgendwann sehen wir einige Häuser und eine Straße. Menschliche Regungen sind jedoch nicht auszumachen. Ağlarca ist eindeutig nicht der Nabel der Welt, das Ortszentrum besteht aus einem Haus mit einer Holzbank. Wir genehmigen uns ein Brot und schauen in den trüben Himmel. Nicht viel los hier. Doch dann kommen nach und nach ein junger Mann aus einem gegenüberliegenden Gebäude, eine ältere Frau aus dem Haus, an dessen Wand wir lehnen, und zwei Männer mittleren Alters mit einem Auto angefahren. Wenig später erfreut uns der junge Mann mit hervorragenden Englischkenntnissen, verschwindet kurz und serviert unserer Versammlung kräftigen Mokka. Es ist das erste Mal, dass uns Kaffee anstelle von Tee angeboten wird. Unsere vorerst letzten Pralinen finden Abnehmer, und wir erfahren einiges über das Dorf und die Bewohner. Die älteren Männer sind Brüder, einer von ihnen ist sogar der Bürgermeister, was er durch Zurschaustellung seines Pistolenhalfters unterstreicht. Der andere freut sich über Freddys fehlenden Haarwuchs, da es ihm genauso geht. Er ist der erste kahlköpfige Türke, den wir treffen. Begeistert tätschelt er Freddys Kopf, was der ihm sogleich nachmacht. Als es plötzlich zu regnen beginnt, lädt uns der junge Mann zu sich nach Hause ein. »Meine Mutter wird sich über Besuch freuen, sie geht selten raus und kennt hier auch fast niemanden.«

Wir sind überrascht, aber dann erfahren wir, wer unsere Gastgeber in dem bescheidenen Haus sind: syrische Flüchtlinge. Ehsans Mutter spricht ebenso gut Englisch wie er, in Damaskus hat sie als Lehrerin gearbeitet. Ich schaue mich ein wenig um, wobei mir alles seltsam vertraut erscheint, denn dieses Zuhause ähnelt unzähligen anderen Flüchtlingsunterkünften, die ich in verschiedenen Ländern gesehen habe. Die Koffer auf dem Schrank, die spärliche Möblierung, der Computer als Kontakt zur Außenwelt, Fotos aus besseren Zeiten.

»Wir sind die Einzigen mit Internet in Ağlarca. Wenn die Verbindung steht, sprechen wir mit unserem Vater«, sagt Ehsan.

»Er ist allein in Damaskus zurückgeblieben. Ich bin mit unseren vier Söhnen, unserer Tochter und ihrer Großmutter in die Türkei geflüchtet«, sagt die Mutter. Schon kommt ein junges Mädchen aus dem Nebenraum und grüßt uns mit einem scheuen Lächeln. Zwei jüngere Brüder sind mit einem Computerspiel beschäftigt. Ehsan ist der Zweitälteste. Wir schätzen ihn auf Anfang zwanzig. Der andere Bruder ist in Afyon, wo er Arbeit sucht.

»Wir sind Tscherkessen. Wissen Sie, was das bedeutet?«, fragt uns die Mutter. Ich habe nur eine vage Ahnung von einer Volksgruppe aus Kaukasien, die verschiedene Länder des Mittleren Ostens bevölkert.

»Unsere Vorfahren lebten seit über hundertfünfzig Jahren in Syrien, seit wir Tscherkessen vom russischen Zaren vertrieben wurden. Sehr viele sind auch umgebracht worden. Früher war Sotchi, wo unlängst die Olympischen Spiele stattfanden, unsere Hauptstadt. In Syrien waren wir bis vor Kurzem etwa hunderttausend, aber in der Türkei gibt es fast zwei Millionen Tscherkessen. In Istanbul haben wir zufällig einige von ihnen kennengelernt. Sie erzählten uns von den Dörfern rund um Afyon und dass es hier leer stehende Häuser von Tscherkessen gibt. Deshalb sind wir gekommen. Entschuldigen Sie bitte die primitive Unterkunft«, sagt die Frau, und ich kann mir ausmalen, um wie viel besser ihr Leben in Syrien gewesen sein muss.

»Bei den Golanhöhen haben wir ein Haus gehabt und acht Holsteiner Kühe. Beim ersten Bombenangriff kamen fünf von ihnen ums Leben. Wir hatten eine Käserei und haben eine tscherkessische Spezialität vermarktet.«

Ehsan und seine Mutter sprudeln vor Mitteilsamkeit. Sie können genauso wenig begreifen, was in ihrer Heimat geschieht, wie wir Außenstehende. Man hat doch immer friedlich zusammengelebt, es ging ihnen gut. Keiner hat mit dem Ausbruch dieser unvorstellbaren Gewalt gerechnet. Ehsans Mutter hat Tränen in den Augen. Seine Schwester gießt uns Tee ein und bietet Kekse an. Die Familie langweilt sich hier, die Kinder gehen nicht zur

Schule, niemand kann Englisch, Arabisch ohnehin nicht. Und die türkische Sprache ist so kompliziert, so fremdartig und nicht geeignet, sie sich selbst beizubringen. Einzig Ehsan kann sich nach einem Jahr in der Türkei verständigen. Vom türkischen Staat gibt es keine Programme und keine Unterstützung, aber immerhin einen gesicherten Aufenthaltsstatus und ein Leben ohne Bomben und Schießereien, wofür sie sehr dankbar sind. Im Nebenzimmer liegt die kranke Großmutter im Bett, auf dem Nachttisch stehen unzählige Medikamente.

»Keiner versteht uns, in Syrien hatten wir ein gutes Leben«, sagt Ehsans Mutter. Mit den Zipfeln ihres hellen Schleiers wischt sie sich die Tränen weg. Ich halte ihre Hand und versuche etwas Tröstendes zu sagen. Ehsan fotografiert, wie wir gemeinsam bei einer Tasse Tee auf dem Sofa sitzen. Über das Internet werden wir in Kontakt bleiben. Noch lange winken sie uns hinterher, während wir schweigend und in Gedanken versunken Richtung Yazılıkaya gehen. Der Regen will nicht aufhören, und wir sind froh, als wir endlich wieder in unserem gemütlichen Wohnwagen sitzen. Welch ein Luxus.

Wandern mit Hindernissen

In den nächsten Tagen lernen wir viele Kilometer des Phrygischen Weges kennen. Beinah ehrfürchtig wandern wir auf antiken Wegen mit Spurrillen, die längst vergangene Zeiten sichtbar und – durch unsere Sohlen – spürbar machen. Die rot-weißen Wegmarkierungen des *Frig Yolu*, wie der Weg auf Türkisch heißt, sind bestens platziert, und wenn wir uns trotzdem verlaufen, dann liegt es an unserer Unaufmerksamkeit. Oft stellen wir uns vor, wie die Markierer mit Farbeimern unterwegs waren, um eine geschichtsträchtige Region erlebbar zu machen und vielleicht den wenigen Einwohnern eine Einnahmequelle durch Besucher zu ermöglichen. Auf manchen Abschnitten fühlen wir uns wie in der Lüneburger Heide, um wenig später durch eine bizarre Welt aus Tuffgestein und Felsdenkmälern zu wandern. Wir gehen über Blumenwiesen und an rauschenden Bächen entlang und freuen uns, wenn wir keine Schafe sehen und folglich auch keine *treuen* Herdenhunde. Eines unserer Ziele ist Gökbahçe.

»Gök heißt bestimmt Huhn, also Hühnergarten oder Hühnerhof«, mutmaße ich nach einer mehrstündigen Wanderung. Demnächst müsste der Ort laut unserer Wanderkarte auftauchen, meine Beine sind bereits müde.

»Gök kommt bestimmt von gackern. Hühner gackern«, albere ich herum.

Als wir Gökbahçe schließlich erreichen, ist es kein Hühnerhof, sondern ein Kuhdorf. Die Hinterlassenschaften der gehörnten Vierbeiner quellen förmlich aus den Ställen heraus und verbreiten heftigen Gestank. Im Ort gibt es ein Lädchen, das allerdings geschlossen ist. Wir setzen uns auf die dazugehörige Terrasse und warten. Vielleicht kommt ja irgendwann jemand. Freddy blättert in unserem *Kauderwelsch* und findet Erstaunliches heraus.

»Gök heißt Himmel. Wir sind demnach im Himmelsgarten. Bescheiden sind sie bei der Namensgebung nicht gewesen. Im Buch steht auch, was Gewitter heißt. Hoffentlich müssen wir das Wort nie gebrauchen: Gök gürültülü fırtına«, sagt Freddy.

»Du machst einen Scherz!«

»Nein, schau doch selbst. Kein Wunder, dass die syrische Flüchtlingsfrau das Türkischlernen aufgegeben hat.«

Schlicht hingegen ist ein türkisches Wort, das wir in den kleinen Dörfern hier immer wieder hören und uns längst eingeprägt haben: *yok*. Es bedeutet *nicht, nichts* und *keine*. Es gibt *yok* Geschäfte, *yok* Pensionen, *yok köy odası*, was nichts anderes heißt, als dass wir nirgends bleiben können, obwohl wir mit Gemeindehäusern gerechnet haben, in denen Wanderer übernachten dürfen. Als das Lädchen in Gökbahçe tatsächlich von einem älteren Ehepaar geöffnet wird, stärken wir uns mit Tee, deponieren dort unser Gepäck und gehen unter allgegenwärtigem Hundegebell zu einer Sehenswürdigkeit am Ortsausgang. Darin vermuten die Ladenbesitzer den Grund unseres Kommens, und wir nicken rasch, um sie nicht zu enttäuschen. Sie können sich absolut nicht vorstellen, dass wir aus Freude und vollkommen freiwillig zu Fuß gehen. Als wir ihre Frage nach einem Auto mit Ja beantworten, ist das Unverständnis umso größer, und wir spüren eine gewisse Skepsis. Vielleicht halten sie uns für Landstreicher.

Die antike Sehenswürdigkeit befindet sich an einem Bachlauf, und es erfordert einige Kletterkünste, um das Monument zu erreichen. Hier wurde vor Tausenden von Jahren eine Altarnische aus einer Felswand geschlagen. Dieser idyllische Ort könnte der Schauplatz für eine Heile-Welt-Geschichte sein, lieblich und makellos, ein Himmelsgarten oder besser ein Kuhhimmelsgarten, denn schon treibt ein Mann seine Kühe über eine Holzbrücke.

Wir winken ihm zu, und er erwidert unseren Gruß. Ob die Einwohner noch Notiz von den antiken Schätzen nehmen?

Beim Rundgang durchs Dorf kommen wir an der verlassenen Schule vorbei, Fenster und Türen verrammelt, ein Atatürk-Monument auf dem Hof, grasende Kühe neben Spielgeräten. Wir gesellen uns zu einer Gruppe von Frauen und Männern, die auf Bänken an einer sonnenwarmen Wand lehnen und Tee trinken. Eine junge Frau im Jogginganzug macht mit ihrem Handy Fotos von dieser Begegnung, und so zücke auch ich unsere Kamera. Die älteren Frauen tragen ihre Kopftücher auf eigenwillige Art gebunden, streng über der Stirn, wie eine Mütze, die Enden um den Hals gewickelt und mit schillernden Pailletten am Saum, dazu die obligatorischen Pumphosen unter weiten Hemden.

Der Spaziergang führt an verlassenen Häusern mit Holzbalkonen, hölzernen Treppen, Lauben und Veranden vorbei. Manch eine Mauer ist eingestürzt. Zurück im Lädchen, wissen wir noch immer nicht, wie es weitergeht. Hier können wir ganz offensichtlich nicht bleiben, doch der Rückweg zur Emmy ist weit, unsere Beine sind müde, und irgendwann würden wir auch gern etwas Warmes essen. Einen öffentlichen Nahverkehr nach Yazılıkaya gibt es nicht. Yok!

»Lass es uns per Anhalter zurück zur Emmy versuchen«, sagt Freddy, und so gehen wir zurück zur Schotterpiste und werden tatsächlich mitgenommen. An den folgenden Tagen machen wir es ähnlich und erzielen eine hundertprozentige Trefferquote. Es ist immer das Gleiche: Nach einer mehr oder weniger langen Geduldsprobe am späten Nachmittag, die wir auf einer Straße wandernd und mit gespitzten Ohren verbringen, hören wir ein Fahrzeug nahen. Wenn es in unsere Richtung fährt, halten wir den Daumen raus und haben prompt unsere Mitfahrgelegenheit. Fahrzeuge, die in der anderen Richtung unterwegs sind, halten ohne unser Dazutun und die Fahrer fragen nach dem Woher und Wohin. Wir lernen hilfsbereite Menschen kennen und bedauern zutiefst, in Kayseri nicht mehr Süßigkeiten gekauft zu haben, um unser Dankeschön zu bekräftigen. Jeden Abend werden wir bei unserer Emmy abgesetzt, wo wir uns dem Kochen und Schlemmen widmen, wenn wir nicht zu müde sind.

Mehrfach ziehen wir innerhalb der Wanderzone des Phrygischen Weges um, wobei unser Gespann Schotterpisten überwinden muss und beeindruckende Schräglagen meistert. Einmal bricht sogar die Kleiderschranktür heraus. Nach einer provisorischen Reparatur achten wir darauf, sie vor Antritt jeder Fahrt mit Isolierband zu sichern.

Als Emmy einem Pferdefuhrwerk in die Quere kommt, sind wir hellauf begeistert. Wer sagt es denn: Es gibt doch noch alte Bauern ohne amerikanische New-Holland-Traktoren und XXL-Landmaschinen. Emmy macht sich wirklich gut vor dem Pferdewagen, und ich habe schöne Fotomotive. Ein wenig naive Nostalgie muss sein.

Unsere letzte Wanderung endet mit einem Beinah-Herzstillstand angesichts von fünf Akbasch-Hunden, die unverblümtes Interesse an uns zeigen. Plötzlich stehen sie da, erst zwei, dann drei und schließlich fünf Hunde, die uns den Weg versperren und zweifellos auf das bewährte Prinzip des Rudelangriffs setzen. Der dazugehörige Schäfer ist nicht zu entdecken, die Landschaft unübersichtlich und unsere Angst riesig. Wir haben einen langen Wandertag in den Knochen und sind noch wenige Kilometer von unserem Ziel entfernt. Es gibt kein Ausweichen, keinen Bogen, den wir schlagen können, sondern nur das bewährte Zurück. Wenn sich doch nur der Schäfer zeigen würde. Wir drehen uns um, mein Herz klopft bis zum Hals, Freddys Stimme zittert, was ich bisher nur selten bei ihm erlebt habe und niemals angesichts einer äußeren Gefahr. So hat er in unserer größten Krisenzeit vor knapp einem Jahr gesprochen.

»Was machen wir jetzt?«, frage ich, und meine Stimme klingt weinerlich. Ich habe schweißnasse Hände und fühle mich wie auf den letzten Kilometern eines Marathonlaufs: Es darf einfach nichts mehr schiefgehen, aber es geht alles schief. Wir geben auf, gehen zurück. Ich erschrecke mich fast zu Tode, als ich auf dem Boden etwas Graugrünes sehe. Reflexartig springe ich zur Seite und zittere. Mir laufen Tränen über die Wangen. Es ist nur ein Seil, aber ich kann den Anblick und meine Fantasien nicht mehr verkraften. Ermattet setze ich mich hin. In der Ferne flattert ein Drachen im Wind.

»Meine Süße, was ist los mit dir?«

Angesichts dicker Füße, großer Hunde, knurrender Mägen, endloser Regentage und türkischer Sprachlosigkeit haben Freddy und ich uns während der Reise auf eine neue Art kennengelernt. Jetzt breite ich zusätzlich die ermattete Angsthäsin vor ihm aus und jammere zusammenhangloses Zeug. Ich habe ihm schon viel von mir gezeigt, nicht nur meine Ängste vor imaginären osteuropäischen Verbrechern in der Nacht und anatolischen Herdenhunden, sondern nun auch noch vor einem Stück Seil.

»Mir ist auch nicht wohl, wenn ein Rudel Hunde uns den Weg versperrt. Ich fühle mich hilflos und habe Angst um dich«, sagt Freddy und nimmt meine Hand. Mein Liebster erscheint mir zunehmend als effektiver und äußerst gesprächiger Retter. Schon geht es mir besser, wie bereits einige Minuten nach Erreichen der Ziellinie, und ganz allmählich erscheint die Welt in einem erträglicheren Licht. Die Qualen werden weniger, die Hunde kümmern sich um ihre Schafe und nicht mehr um zwei Irre im Weidegebiet.

»Ich will nach Hause«, sage ich mit halb erstickter Stimme und runtergezogenen Mundwinkeln.

»Nach Hamburg?«

»Quatsch, zu unserer Emmy.«

Als wir ein Auto hören, müssen wir nicht einmal den Daumen raushalten. Der Wagen stoppt direkt neben uns.

»Können wir Sie mitnehmen?«, fragt ein junger Mann auf Englisch durch das geöffnete Rückfenster. Er sitzt neben einem kleinen Mädchen, die einen Papierdrachen im Arm hält. Von den Vordersitzen grüßt uns ein älteres Paar. Sie kommen von einem beliebten Aussichtspunkt und haben gesehen, wie hilflos wir angesichts der Hunde waren. Auch sie haben vergeblich Ausschau nach dem Schäfer gehalten. Als wir ihnen erzählen, wie nah wir unserem Ziel beim Hidden Valley waren und wie viele Kilometer nun vor uns liegen, beruhigen sie uns.

»Keine Sorge, wir bringen Sie zu Ihrem Wagen.«

Welcher Engel hat uns nun schon wieder beschützt?

Zurück ans Meer

»Wollen wir morgen weiterfahren? Ans Meer, nach Cunda ins Ada Camp?«, fragt Freddy, als über uns der Sternenhimmel funkelt und ich die Nachwirkungen meiner Angstattacke noch immer spüre. Im Dunkeln ist die Welt eine andere. Zum Pinkeln werde ich heute garantiert nicht nach draußen gehen, Intimsphäre hin oder her. Und die Tür bleibt auch verschlossen.

»Sehr gern.«

Am nächsten Morgen gönnen wir uns ein langes Frühstück und fahren wenig später an Schlafmohnfeldern entlang in Richtung Westen. Ein Meer aus weißen Mohnblüten wiegt sich im Wind, die Pflanzen voller Knospen, die Kapseln prall gefüllt. Afyonkarahisar ist nicht weit entfernt, *afyon* bedeutet Opium, *Schwarzes Opiumschloss* lautet der Name der Stadt und sagt einiges über die Bedeutung dieser Droge in historischen Zeiten. Große Karawansereien erinnern an die besondere Lage als einstiger Knotenpunkt im Zentrum Anatoliens. Heute gehören die Schlafmohnfelder zu den größten Anbauflächen für pharmazeutisches Opium weltweit. Missbrauch soll in der Türkei mit drakonischen Strafen verhindert werden.

Um die Stadt Kütahya machen wir keinen Bogen, sondern fahren mitten hinein, Hunger und Neugier sind stärker als der Wunsch nach Kilometermachen. Einen Kreisverkehr mit pittoresker Brunnenanlage, die insbesondere Kindern gefallen dürfte, nutzen wir zur Orientierung, umfahren ihn mehrmals und biegen in die belebteste Allee ein. Hier fühlen wir uns auf Anhieb wohl, es ist quirlig, grün und voller Menschen. Wenn wir unser Gespann loswerden, können wir durch die Gassen der Altstadt bummeln und essen. Wenn! Der Verkehr ist dicht, wir bringen ihn zum Stocken, allerorten Parkverbote und enge Seitenstraßen. Als wir von einem imposanten Großraumgelenkbus überholt werden, der laut hupt, obwohl wir ihm nicht im Wege stehen, denken wir an einen Verstoß. Aber dann öffnet der Fahrer die Tür und zeigt ein breites Grinsen: »Sacht mal, was habt ihr beide eigentlich vor?«, fragt er im allerschönsten Alltagsdeutsch.

»Moin! Erst mal parken und dann bummeln«, sagt Freddy und lehnt sich lässig aus dem geöffneten Fenster.

»Dann fahrt mir mal hinterher, nach ein paar Hundert Metern biegt ihr links in eine Seitenstraße, dort gibt es einen Parkplatz, der groß genug für euch ist. Ich gebe euch ein Zeichen, wenn ihr abbiegen müsst.«

Mit lautem Gehupe verabschieden wir uns voneinander und wenig später rangiert Freddy auf einem Hinterhof zwischen Abbruchhäusern und Neubauten. Auf geht's zur Stippvisite, doch als wir vor einer Moschee aus dem 14. Jahrhundert stehen, verzichten wir auf eine Besichtigung. Zu jung! Wir sind an Tausende Jahre alte Monumente und Höhlenkirchen aus der Frühzeit des Christentums gewöhnt. Aber die angeschlossenen Toiletten und Waschräume kommen genau richtig. Bei den Männern ist Trubel, denn das Mittagsgebet oder auch nur eine Mittagspause stehen an.

Wir bummeln durch eine hübsche Fußgängerzone und schlagen uns die Bäuche voll. Ich kann nicht erklären, warum, aber die Stadt fühlt sich seltsam vertraut an und gibt mir ein Gefühl von Oldenburg. Eigentlich ein verrückter Vergleich, denn diese moderne Stadt von über zweihunderttausend Einwohnern ist doch so ganz anders als die norddeutsche Studentenstadt, in der ich mich jahrelang wohlgefühlt habe. Bei manchen Städten springt der Funke sofort über, bei anderen nie. Es muss an den Menschen liegen, an dem gemischten Publikum von jung bis alt, lässig bis superschick, traditionell bis modern. In jedem Fall tut es gut, wieder unter vielen Menschen zu sein.

*

Mit der Abenddämmerung erreichen wir Cunda. Es ist warm, die Sonne taucht hinter Lesbos ins Meer und von oben sehen wir Sonnenschirme, Strandliegen, parkende Autos und sogar zwei Wohnmobile im Ada Camp stehen. So kennen wir *unseren* Campingplatz noch nicht. Ediz und seine Frau begrüßen uns sichtlich überrascht. Mit uns hatten sie frühestens im nächsten Jahr gerechnet, wie sie sagen. Ich komme aus dem Staunen über die Veränderungen nicht mehr heraus. Die Bougainvillea steht in voller Blüte und krönt den Eingang zu den Waschräumen, der Wein ist zu einer dichten Laube gewachsen, Trennwände sind aufgeschoben, die Terrasse wirkt doppelt so groß, Kissen liegen auf den Bänken, Muschellampen hängen über den Tischen, alles grünt und blüht, im Hintergrund die glitzernde Ägäis. Gäste sitzen bei Cocktails und Fisch am Wasser, und der Badesteg hat frische Planken bekommen. Sommer!

Ein Istanbuler Geschäftsmann zieht uns ins Gespräch, der über unsere Reiseroute nur staunen kann. Nie im Leben würde er auf die Idee kommen, zentralanatolische Dörfer zu besuchen. Es scheint, als erzählten wir ihm etwas über ein fremdes Land. Nach Cunda fahre er zum Ausspannen, der Ruhe und des angenehmen Ambientes wegen und der netten Gäste. Wir schauen auf die Karte und die Preisliste. Hier ist deutlich *aufgerüstet* worden. Die Hochsaison naht, das Naturschutzgebiet hat seinen Preis.

Wir stellen uns an denselben Platz, grüßen die Mitarbeiter und sitzen bis spät in die Nacht auf dem Badesteg, ohne zu frieren. Das Wasser lädt zum Baden ein.

Vertraute Fremde

Für uns beginnt eine neue Phase der Reisens. An einem vertrauten Ort sein und die Wärme genießen. Im steten Wechsel faulenzen wir, räumen auf, nutzen das Internet, schwimmen, liegen auf dem Steg und trinken am Nachmittag schon ein Glas Wein. Am Abend gibt es Spaghetti mit den letzten getrockneten und überaus aromatischen Tomaten der Melonenhinternbäuerin aus Ayvalık. Höchste Zeit, ihr einen Besuch auf dem Donnerstagsmarkt, dem *Perşembe Pazar*, abzustatten.

Vor Sonnenuntergang taucht ein Schweizer Ehepaar mit Wohnmobil auf und stellt sich neben uns.

»Wir sind nur auf der Durchreise«, sagen sie, als wir ins Gespräch kommen. Die Frau zückt eine Liste mit Reisezielen.

»Und was ist mit Ayvalık? Es steht nicht auf dem Zettel«, sage ich, weil als nächstes Ziel das antike Bergama eingetragen ist.

»Gibt es dort etwas zu sehen?«

»Und ob! Morgen ist Basar, dann ist die Stadt voller Händler und Besucher. Das solltet ihr unbedingt erleben. Wir nehmen euch gerne mit.«

Christel mag sich offenbar nicht so schnell von ihrer Liste trennen und bittet um Bedenkzeit bis morgen. Auf die Frage, wann genau wir fahren möchten, können wir ohnehin nicht antworten. Wir haben schon ewig nicht mehr auf die Uhr geschaut.

»Nach dem Frühstück«, sagt Freddy schließlich, weil wir irgendetwas erwidern müssen. Seltsam, aber die Erwartung einer Antwort überfordert uns beinah. Puh, wir sind wirklich ganz weit weg.

*

Doch am nächsten Tag herrscht Dauerregen, auf dem Campingplatz ist niemand zu sehen, Christel und Peter haben sich im Wohnmobil verschanzt, die Auflagen der Strandliegen sind eingesammelt, die Muschellampen tanzen im Wind. Im Wohnwagen ist es gemütlich, wie immer. Das Meer schlägt ans Ufer, Schaumkronen schmücken die Wellen. Irgendwann kommt die Sonne wieder raus und das Wasser leuchtet in Grüntönen. Lesbos wird förmlich angestrahlt und ist klarer denn je zu sehen. Es ist wieder unser Platz, erste Reihe, beinah allein. Morgen ist der 1. Juni. Und auch am 2. Juni schauen wir aufs trübe Meer. Und ich dachte immer, im Süden beginne der Sommer im Mai. So kann man sich täuschen. Hatten die Klimaforscher nicht mehr Regen angesagt? Hier schüttet es wie aus Kübeln, meine Gummistiefel sind im Dauereinsatz.

»Wird es dir nicht langweilig hier?«, frage ich Freddy.

»Überhaupt nicht. Wie steht es mit dir?«

»Nein, ich mag diesen Ort, und wenn wir eines Tages in Cunda wohnen, haben wir sicher auch eine Bougainvillea vor dem Haus.«

»Und ich werde ein kleines Restaurant eröffnen, und wenn keine Gäste kommen, dann verwöhne ich dich mit aphrodisierenden Mahlzeiten.«

»Bis ich kugelrund bin. Ich habe schon wieder neue Fettpolster. Diese Reise ist wahrlich keine Schlankheitskur. Selbst du hast etwas angesetzt. Richtig ungewohnt, dass man nicht gleich die Knochen fühlt. Und manchmal machst du sogar einen Mittagsschlaf. Verkehrte Welt.«

Und dann fachsimpeln wir bei Fischsuppe, gefüllten Zucchiniblüten und gedünsteten Artischocken in Zitronensud über das Reisen. Unser Lieblingsthema ist mal wieder die Frage nach den Vor- und Nachteilen eines Wohnmobils gegenüber einem Wohnwagen.

»Alle Wohnmobilisten, die wir bisher getroffen haben, waren neidisch darauf, dass wir einfach mit unserem Auto losfahren können und das Schlafzimmer an Ort und Stelle lassen. Kein Aufräumen, kein Einräumen, keine Parkplatzprobleme«, beginnt Freddy sein Plädoyer für das Reisen mit dem Wohnwagen. Mir kommt unser Gespann noch immer überdimensioniert vor, auch wenn Emmy winzig aussieht, was sie in Wirklichkeit nicht ist, und wir *nur* einen Transporter und keinen ausgebauten VW-Bus fahren.

Regen, Regen, Regen. Eine Hamburger Kleinfamilie ist vor den Wassermassen aus Griechenland geflüchtet und hoffte auf besseres Wetter in der Türkei. Das kann zum Härtetest für die Harmonie werden, zumal die junge Mutter just in dem Moment die Waschmaschine angestellt hat, als es nach Besserung aussah. Nun hängt die Wäsche unter den Vordächern der Holzbungalows und will partout nicht trocknen. Unser Vorratsfach ist gut gefüllt. Mal wieder alles bestens, bis auf *yok* Sonnenschein.

Als ein Eriba Puck, gezogen von einem Fiat mit italienischem Kennzeichen, auf den Platz fährt, bekomme ich Herzklopfen. So ähnlich sah unser Traumwohnwagen aus, wenngleich dieser Wagen keine Bugküche hat und die Sitzecke zum Schlafen umgebaut werden muss, wie mein Pseudokennerblick sofort registriert. Das ältere Paar nimmt routiniert einen Stellplatz ein, jeder Handgriff sitzt. Es sind wahre Profis, nicht solche eigensinnigen Freestyle-Amateure wie wir. Der Mann ist erstaunlich groß, und der Wohnwagen winzig. Ich steige in meine Gummistiefel und begrüße die neuen Nachbarn.

»Wir haben auf dieser Reise bisher noch keinen einzigen anderen Wohnwagen gesehen«, sagt die Frau mit dem schönsten aller Akzente in englischer Sprache. »Nobody is travelling with caravan«, betont sie mit einem herrlich gerollten R. Ich könnte ihr stundenlang zuhören. Ihr Eriba ist Baujahr 1999, ein Jungspund sozusagen, den sie aus den Niederlanden haben. Über eBay haben sie ihn vor einigen Jahren für 5000 Euro ersteigert und es noch keine Sekunde bereut.

»Sie ist meine Eribella, so nenne ich den Wagen«, sagt die Frau.

Wir kommen ins Plaudern, schauen uns alte Fotos an, die ihr Mann auf sein Tablet gespeichert hat. »His toy«, sagt sie augenzwinkernd. Seit Jahrzehnten bereisen sie ganz Europa. Für Hotels hatten sie nie etwas übrig, auch wenn sie es sich bestimmt hätten leisten können. Nein, es musste Campen sein, das Leben unter quasi freiem Himmel, unkonventionell und spontan.

Unverblümt fragt sie mich, wie Freddy und ich uns diese Reise über mehrere Monate leisten können. Und genauso unverblümt stelle ich eine Frage, die mir unter den Nägeln brennt.

»Was denken Italiener, wenn sie durch unansehnliche und ungepflegte Orte in Anatolien fahren?«

Sie lacht schallend los und drückt meine Hände.

»Wissen Sie, mein Mann und ich freuen uns immer wieder, wenn wir zurück nach Hause kommen. Wir leben in einer mittelalterlichen Stadt in Umbrien. Ach, man kann nicht alles haben. Bei uns sind die Orte sicher viel schöner, aber hier gibt es andere Sehenswürdigkeiten und die Weite des Landes, die Freundlichkeit der Menschen und das unkomplizierte und günstige Reisen.«

Auch ein Effekt des Reisens: Es werden einem die Augen für die Schönheit der Heimat geöffnet.

*

»Liebster, zu Hause haben sie dreißig Grad! Hier sind es gerade mal siebzehn und es regnet seit Tagen. Alle anderen Gäste sind schon abgehauen«, sage ich in einem möglichst neutralen Ton.

»Willst du nach Hause?«

»Was? Nein! Ich mein ja nur, das ist schließlich eine neue Erfahrung. Wir frieren uns den Hintern ab und beim Rex steigt heute Abend sicher eine Strandparty.«

»Du willst also doch nach Hause.«

»Nein, aber ich möchte nicht mehr frieren.«

»Dann lass uns weiterfahren, bis es irgendwo warm genug ist. Aus Phrygien sind wir abgehauen, weil wir keine Hunde mehr wollten. Jetzt fahren wir weiter, weil es regnet und du frierst. Finde ich vollkommen okay. Lass uns morgen aufbrechen.«

Am nächsten Nachmittag geht es bei Dauerregen in Richtung Norden. Als ich beim nächsten Tankstopp Dieselmenge und Kilometerstand ins Logbuch eintrage, wird es offenkundig: Wir haben die Zehntausend-Kilometer-Marke hinter uns gebracht!

»Zehntausend Kilometer ohne Probleme. Besser geht's nicht. Ich würde gern noch weitere zehntausend Kilometer zurücklegen. Der Gedanke ans Ende der Reise gefällt mir nicht. Wir sollten uns eine richtig schöne Rückfahrt machen. Wie viel Zeit haben wir eigentlich noch?«

»Wenn wir auf den letzten Drücker in Hamburg ankommen, dann sind es noch gut zwei Wochen«, sagt Freddy, der einen größeren Bezug zum Kalender hat.

Auf der Schiffspassage über die Meerenge der Dardanellen sitzen wir an Deck und trinken Tee. Freddy räuspert sich und kramt in seiner Tasche: »Liebste, für dich, ein Geschenk. Nachträglich zu unserer Verlobung«, sagt er und muss grinsen. Seit Wochen machen wir uns über unsere neuen Titel, *Verlobte* und *Verlobter,* lustig. Es kommt uns so vor, als würden wir ein verstaubtes Relikt aus der Vergangenheit hervorholen, das viel zu lange unbeachtet und beinah vergessen im Historienkeller weilte und mit unserem Leben bisher nichts zu tun hatte. Ja, wir sind verlobt. Auch ich muss grinsen.

Zum Vorschein kommt ein Ring. Wie hat er das nun wieder angestellt? Ich fasse es nicht. Den Ring mit dunkelroten Steinen hatte ich mir neben vielen anderen Dingen in einem kleinen Geschäft angeschaut, wo ich Bastelmaterialien kaufte. Ich kann mich nicht daran erinnern, dass er nach unserem Einkaufsbummel noch einmal allein in der Stadt war. Freddy ist ein Schatz. Und dass er mit der Übergabe bis jetzt gewartet hat! Was kann ich da noch sagen?

In Gelibolu suchen wir nach einem Schlafplatz und kurven durch die Stadt und an den Hafen. In der Nähe eines Jahrmarktes fragen uns die Schausteller, ob wir ihnen unsere Emmy verkaufen. Es ist das erste Mal, dass Türken Interesse an unserem Oldie zeigen. Das fahrende Volk weiß den alten Tabbert zu schätzen. Bald stehen wir auf einem Hügel mit weitem Blick über das Meer. Bevor es dunkel wird, spielt ein angetrunkener Straßenmusiker auf seiner Klarinette ein Lied für uns, und Freddy schenkt ihm unsere letzten Türkischen Lira.

»No whiskey!«, sagt er, und wir glauben ihm kein Wort.

Es ist unsere vorerst letzte Nacht in der Türkei. Wir schmiegen uns eng aneinander. Diese Reise hat uns zusammengeschweißt, fast hundert Tage und Nächte.

Heißer Norden

Noch am Vormittag erreichen wir die bulgarische Grenze. Wir fahren im Schritttempo über das weitläufige Gelände, kyrillische Buchstaben, verwirrende Hinweise auf Türkisch, Englisch und Deutsch überfordern uns. Auf einem der vielen Schilder kann ich das Wort Desinfektion entziffern, und wenig später passieren wir eine Sprühanlage und werden zur Kasse gebeten. 5,87 Bulgarische Lev Desinfektionsgebühr. Wir prusten los, und der junge Mann hinterm Schalter stimmt ein. Eine interessante Art, Geld zu verdienen. In einem Stoffbeutel finden wir unsere übriggebliebenen Lev und zahlen.

Je weiter wir in den Norden kommen, desto wärmer wird es. Kaum vorstellbar, dass wir vorgestern unter dicken grauen Regenwolken gefroren haben. Mit offenen Fenstern fahren wir in die Sonne. Und plötzlich tauchen sie auf! Die Deutschen oder zumindest viele Fahrzeuge mit deutschem Kennzeichen. Die Reisewelle nach Anatolien setzt ein. Nicht wenige Rentner scheinen unter ihnen zu sein, und wir stellen uns vor, dass sie auf dem Weg zu ihren Sitesi-Wohnungen sind. Auch wenn unsere Beobachtungen sicher nicht repräsentativ sind, so ziehen wir rasch ein vorläufiges Fazit: Achtzig Prozent aller Deutschen fahren schwarze BMWs mit ländlichen und uns unbekannten Kennzeichen. Man sieht die seltsamsten Buchstabenkombinationen, und ich zücke den Autoatlas, der fast alle Fragen des täglichen Reiselebens beantwortet. BZA-Bad Bergzabern, HOT-Hohenstein-Ernstthal. Wir machen sofort ein Ratespiel daraus, das Freddy mit 10:8 gewinnt. Beim Entfernungsschätzen gewinne ich international, wenn auch nur knapp, und verliere haushoch national. Freddy stellt aber auch fiese Fragen: Lissabon – Moskau? Ich schätze 4200 Kilometer, aber die Antwort lautet 4657. Ich kontere mit Istanbul – Glasgow, was Freddy bis auf fünfzig Kilometer richtig schätzt. 3634! Woher weiß er das? Dieses schmachvolle Ergebnis habe ich nicht erwartet, denn schließlich bin ich die Vielgereiste von uns beiden. Tja, so kann man sich täuschen. Die weitere Beobachtung der Straßenlage ergibt, dass viel zu viele dicke Kisten unterwegs sind, allerdings auch solche mit bulgarischen Kennzeichen, was mich aufgrund meiner Affinität zu ›Aktenzeichen XY‹ zu geheimen Fantasien anregt. Ich bin eben auch nur eine spießige und vorurteilsbelastete Balkananfängerin.

Bulgarien ist seit unserem letzten Besuch in einen Farbkasten getunkt worden. Grün schimmert es in allen Nuancen bis zum Horizont, gesprenkelt von leuchtend rotem Mohn, Teppichen aus Lavendel mit einem dekorativen Rand aus gelbem Ginster. Das Land ist sanft und lieblich. Ein schöner Sommertag.

»Da steht es: СОФИЯ. Das ist unsere Richtung. Ich erinnere mich an die aufgespießte Tomate in der Mitte. Das heißt Sofia«, sage ich.

Wir hängen uns an einen rumänischen Transporter mit orangefarbener Plane und dem Schriftzug »Gebrüder Weiss«. Die üblichen Verdächtigen sind allesamt wieder auf den Straßen, allen voran Willi Betz.

»Sollen wir einfach weiterfahren?«, fragt Freddy, ich nicke, und so stehen wir irgendwann an der serbischen Grenze, wo wir beim Tanken prompt übers Ohr gehauen werden. Um neun Uhr abends verlassen wir die Autobahn bei Lozovik und fahren an denselben Häusern vorbei, die im März grau und trostlos wirkten. Jetzt sind sie von üppigem Grün verdeckt, vor den Gartenzäunen sitzen Männer und Frauen in der tiefstehenden Abendsonne, trinken Pivo und rauchen. Kaum jemand trägt mehr Kleidung als nötig, viele Männer präsentieren ihre Bäuche. Es ist in gewisser Weise ein ländliches und unaufgeräumtes Idyll. Wie erwartet sind Cica und

Herbert nicht zu Hause, aber das Gartentor ist unverschlossen. Die zarten Kirschblüten haben sich mittlerweile zu festen Früchten entwickelt. Es ist ruhig, kein Auto, kein Traktor, kein Mensch. Der Blick zum Horizont ist unverbaut, in der Ferne kläffen Hunde. Hier schläft es sich bestens. Im Morgengrauen krähen Hähne, Eins-a-Dorfgeräusche. Nach dem Aufstehen platzieren wir zehn Euro und einen Brief auf der Terrasse.

*

»Wohin fahren wir?«, frage ich nach dem ersten Kaffee.

»Wärme und Meer lautet doch der Plan, wenn ich mich richtig erinnere. Davon hatten wir wirklich nicht genug. Lass uns an die kroatische Küste fahren.«

»Schau mal aufs Thermometer, wir haben schon siebenundzwanzig Grad, meine Lieblingstemperatur. Übrigens müssen wir unsere Uhr um eine Stunde zurückstellen. Es ist erst halb neun. Bist du startklar?«

Manche Tage verlaufen anders als geplant und vor allem anders als gewünscht. Der sonnige Morgen taucht das ärmliche Lozovik in ein mildes Licht. Wir müssen uns umgewöhnen: Es gibt keine Moscheen und keine blechernen Lautsprecher mit ferngesteuerten Gebetsrufen, sondern Kirchen und Glockengeläut. Selbst jetzt in der Früh sieht man leichtbekleidete Biertrinker mit glimmenden Zigaretten. An der Hauptstraße wird ein Spanferkel über den Grill gehängt. Ich muss lachen, weil ich versuche, dies alles mit den Augen eines gläubigen Moslems zu sehen, der zum ersten Mal in ein christliches Land kommt, vielleicht jemand aus dem ärmlichen Kappadokien der Siebzigerjahre auf dem Weg nach Deutschland. Ein Fazit wird dieser imaginäre Beobachter sicher rasch ziehen: Alkohol ist allgegenwärtig, menschliche Körper werden eher gezeigt als verdeckt und ganze (und unreine) Schweine (inklusive Kopf und Ringelschwanz) werden nicht nur an exponierten Orten ausgestellt, sondern dort auch noch verspeist.

»Worüber lachst du?«

»Ach, ich schau mich nur um und lasse meine Gedanken spielen.«

Ein Bauer hat eine Milchkanne an seinem Fahrrad hängen. Das habe ich auch schon ewig nicht mehr gesehen.

An der kroatisch-serbischen Grenze ist die LKW-Schlange über fünf Kilometer lang, und wir bedauern Fernfahrer, die vor ihren Brummis sitzen und miteinander die Zeit totschlagen. Wir wollen in den Norden Kroatiens an die Adria, wo es zuhauf rote Dreiecke gibt. Uns würde ein schlichtes Plätzchen am Meer reichen. Als wir an einer Autobahn-Mautstation mit der Gebühr konfrontiert werden, nehmen wir die nächste Ausfahrt. Die spinnen, die Kroaten! Doch im Gegensatz zur Türkei sind Landstraßen hier tatsächlich ländliche Straßen, wie wir schnell merken. Auch an der Beschilderung wird gespart. Schweigend sitzen wir nebeneinander und hoffen, dem Meer näher zu kommen. Als wir durch Sisak fahren, das sich mit hübscher Altstadt und neuzeitlichem Gewerbepark präsentiert und ansonsten Ortsfremde durch seltsame Straßenführung verwirrt, findet Freddy kurz seine Stimme wieder.

»Halte bitte mal bei dem Polizeiwagen und frag, wie wir hier wieder rauskommen«, sagt er, und ich mach's wie gewünscht. Nach kurzer Konversation hat das Polizistenduo eine Idee. Im Stillen danke ich der modernen Weltordnung für die englische Sprache. Die Polizistin beherrscht sie ausgesprochen gut.

»Wir sollen ihnen folgen«, gebe ich Freddy Bescheid. Wenn er nicht spricht, dann sage ich auch nicht mehr als nötig. Als Alleinunterhalterin brauche ich eine bessere Stimmung. Im nächsten Ort steigt die Polizistin aus und erklärt mir detailliert, wie es weitergeht. Doch unser Abkürzungs- und Landstraßenversuch will nicht funktionieren, und wir landen in einem Wald, der offenbar von derselben Überschwemmung betroffen war, für die der Imam von Yazılıkaya kürzlich Spenden sammelte. Die Forstwege sind ausgespült und müssen zeitweise als Flussläufe gedient haben, sodass wir kräftig durchgeschüttelt werden. Bald überqueren wir eine Holzbrücke, die unter einem Wohnmobil sicher einstürzen würde. Mir macht es trotzdem Spaß, wenngleich ich diese Freude leider allein genießen muss. Freddy erstarrt zunehmend zur Salzsäule. Schließlich meistert unser Gespann einen erheblichen Anstieg auf Schotter, setzt dabei zwar hinten kurz auf, aber meiner Meinung nach ist das nicht der Rede wert. Als uns ein Fahrzeug entgegenkommt, wissen wir zumindest, dass diese Straße an irgendein Ziel führen muss. Hier leben Wildschweine und Rotwild sicher wie im Paradies, und Trüffel und Steinpilze müssen prächtig gedeihen. Meine Gedanken an Wildbret werden jäh beendet, als ich mit einem Signalton und einer Tanknadel konfrontiert werde, die hart nach links ausschlägt. Freddy sagt trotzdem nichts. Mein Fahrstil gefällt ihm nicht, wie ich an gewissen Handbewegungen und seinen zusammengebissenen Kiefern erkenne. Nun gut, mein Abkürzungsvorschlag hat nichts gebracht, aber muss er deshalb auf stur schalten? Der Fahrweg wird leider noch enger, und da wir nun niemandem mehr begegnen, verstärkt sich das Gefühl, im Niemands- oder Märchenland gelandet zu sein. Würde mich nicht wundern, wenn wir Hänsel und Gretel begegneten.

»Ich muss gleich kotzen«, sagt er, als ich eine enge Kurve schnittig nehme. Solch einen Kraftausdruck habe ich noch nie von ihm gehört. Sein Zustand muss wirklich ernst sein.

»Du fährst zu schnell!«

Meine Güte, er klingt beinah aggressiv. Ist auch mal interessant. Wenn er eine Frau wäre und ich ein Macho, dann würde ich denken (und wohl auch sagen), *die hat wohl ihre Tage.* Als wir endlich so etwas wie eine größere Straße erreichen und dann sogar noch ein Dorf, findet sich jemand, der sich hier auskennt und super Englisch (mit mir) spricht. Freddy bleibt bei seinem Schweigegelübde. Der Ärmste muss total fertig sein. Inzwischen ist es unglaublich heiß, sobald wir stehen, steigt das Thermometer auf über dreißig Grad. Essen will er auch nicht, wie sein starrer Blick signalisiert. Als ich den Weg zur Tankstelle in etwa dreißig Kilometer Entfernung anhand unserer Karte rekonstruiere, höre ich plötzlich seine Stimme.

»Kann ich weiterfahren!«

Okay, soll er doch. Ich sage nichts. Die Zeit hat mich reifen lassen, und ich habe gelernt, dass keine Antwort manchmal die bessere Reaktion ist. Noch vor wenigen Jahren wäre ich ausgerastet. Was soll's? Die Nadel steht nun definitiv auf null, von einer Ortschaft ist nichts zu sehen, dafür gibt es aber einen Fluss, der sich durch ein liebliches Tal schlängelt. Richtig schön hier. Ich stelle mir vor, wie Winnetou plötzlich um die Ecke kommt. Ihm kann es doch wohl auch mal passieren, sich zu verreiten. Zu seinem angestammten Revier bei den Plitvicer Seen ist es nicht weit. Sofort habe ich die unverkennbare Winnetou-Melodie im Ohr und denke an den ›Schatz im Silbersee‹. Ach, ist das traumhaft hier, Hochsommerfeeling im Wald und auf der Wiese.

Und dann endlich der ersehnte Zapfhahn. Bei der Gelegenheit frage ich den Tankwart, welches Bier besser schmeckt, Karlovačko oder Ožujsko, wobei ich beides nicht mal annähernd aussprechen kann, und er weder Englisch noch Deutsch versteht. Sein Kühlschrank in der aufgeheizten Tankstelle ist bestens gefüllt und Zeichensprache führt ans Ziel. Ich erstehe eine Flasche Karlovačko, was erstaunlicherweise einer Menge von zwei Litern entspricht. Freddy grinst. Immerhin. Und dann halten wir an einem Supermarkt und kaufen Flips unserer Hausmarke, die hier *Curly* heißen. Eine gesunde Ernährung sieht anders aus, aber manchmal muss man Prioritäten setzen. Nachdem wir noch einige Brötchen vertilgt haben, geht es uns deutlich besser. Freddy legt seinen Arm um mich und gibt mir einen scheuen Kuss auf die Wange. *Verzeih, meine Liebste.* Aber sicher, denn Unterzuckerung ist ein weithin unterschätztes Phänomen, für das ich viel Verständnis zeige.

Ab Karlovac geht es auf einer *richtigen* Straße ans Mittelmeer. Manches erinnert an eine Zeitreise. Hier gibt es noch kleinteilige

Wiesen, auf denen Heugarben getrocknet werden. In den Dörfern stehen Holzkirchen und am Wegesrand geschnitzte Heiligenfiguren sowie farbenfrohe Marien- und Jesusstatuen. Die Zeiten des Sozialismus unter Tito sind lange vorbei, und manch katholisches Glaubenssymbol war sicher vorübergehend anderswo aufbewahrt worden. Angesichts dieser Landschaft wundert es nicht, dass sich ab den Sechzigerjahren – zu Zeiten des Eisernen Vorhangs – alljährlich Zigtausende Teutonen auf den Weg nach Jugoslawien machten. Hier lässt eine Art (kostengünstiges) Spiegelbild von *Bella Italia* grüßen. Die Abfahrt nach Senj an der Adria ist atemberaubend, innerhalb weniger Kilometer geht es von siebenhundert Höhenmetern in engen Serpentinen hinunter ans Meer. Wenn wir nicht so fertig wären, könnte es ein irrer Spaß sein. Doch wir sitzen nunmehr seit knapp zwölf Stunden im Auto und haben sechshundertfünfzig Kilometer zurückgelegt. Schweigend genieße ich die traumhafte Aussicht und Freddys Fahrkünste. In den engen Kurven muss er manchmal in den ersten Gang schalten. Durch die geöffneten Fenster weht warmer Wind herein, es riecht nach Wald und Meer, eine herrliche Mischung. Wir wissen nicht, was uns in Senj erwartet, aber wir wollen ohnehin nur noch eins: endlich ankommen! Zwischen zwei Supermärkten hindurch sind wir auch schon an der Promenade.

»Links!«, rufe ich, weil ich im letzten Moment ein Campingplatzschild entdecke. Der Weg führt zwischen dem Meer und der Fernstraße entlang. Der Platz muss winzig sein.

»Bleib lieber hier stehen. Ich schau mal, ob er für Gespanne geeignet ist«, sage ich zu Freddy und steige aus. Der Campingplatz ist von einem Hafengebäude verdeckt, aber dann stehe ich auch schon vor der Rezeption. Auweia, so kann ein Platz also auch aussehen. Zwei Reihen dichtgedrängter Wohnmobile, eine am Meer, eine an der Felswand unterhalb der Hauptstraße. Es gibt noch einen einzigen freien Stellplatz, wird mir gesagt. Nach kurzer Besichtigung und keinen weiteren Fragen – etwas Besseres gibt es heute ohnehin nicht mehr – sage ich zu. Das Meer lockt zum Hineinspringen, alles andere ist jetzt nebensächlich. Ich hinterlege meinen Pass und laufe zurück zu meinem Liebsten.

»Alles paletti!«

Ohne ein Wort und fast ohne einen Blick auf die seltsame Szenerie aus Großraumwohnmobilen aller europäischen Länder fahren wir im Schritttempo unter den erstaunten Blicken der Pensionäre und einiger Kleinfamilien in Kleincampern bis zur Minilücke und zirkeln uns dort ein. Zwanzig Minuten später schwimmen wir in den Sonnenuntergang hinein und saufen unter Küssen beinah ab.

*

Um ein Haar verschlafen wir das große Umziehen, weil die zweite Reihe im Schatten liegt und hier um sieben Uhr noch angenehme Schlummertemperaturen herrschen. Halbwach schauen wir aus dem Fenster und sehen Wohnmobile aus der ersten Reihe abreisen und Wagen aus unserer Reihe vorrücken. Freddy streckt sich kurz und springt dann ins Meer. Die kahlen Hügelketten der vorgelagerten Inseln Krk und Prvić leuchten in der Morgensonne, das glasklare Wasser glitzert und mein Liebster schwimmt viel zu weit hinaus.

Auf dem Weg zur Toilette grüße ich ein Ehepaar aus Cloppenburg, wie es sich für Menschen aus dem Oldenburgischen gehört.

»Moin!« Nicht mehr und nicht weniger. »Mooien!«, lautet die zweistimmige Antwort des brutzelbraunen Rentnerpaares. Auf dem Rückweg erfahre ich von ihnen, dass wir uns auf einem Durchreiseplatz befinden und kaum jemand länger bleibt als ein oder zwei Nächte. Aha, deswegen die knapp bemessenen Sanitäranlagen. Und ich dachte schon, es läge an den Luxuswohnmobilen, die ihr Vollbad dabeihaben. Bevor ich mehr über die Reiseroute des Paares, einschließlich vielsagender Details aus Albanien (bettelnde Kinder an der Fensterscheibe) und Montenegro (billiger und guter Wein) erfahre, muss ich mich sputen, denn gleich sind alle Erste-Reihe-Plätze weg.

»Liebster, wir haben noch nicht darüber gesprochen, aber hast du heute schon Lust weiterzufahren?«, frage ich Freddy nach seinem Bad, denn immerhin gibt es auf diesem spartanischen Spezialplatz genau das, was wir suchten: Wärme, um nicht zu sagen Hitze, und Meer.

»Keine Lust zum Fahren. Lass uns hierbleiben«, sagt er. Ich schaue mir die nahezu vegetationsfreie Zone an, im Winter würde man dieses Areal vermutlich nicht mal als Campingplatz erkennen. Jetzt dient es gut vierzig Fahrzeugen als Parkplatz am Meer.

Flugs stehen wir neben Mac aus dem Vereinigten Königreich, dessen unverfälschten Zungenschlag aus Newcastle wir bereits gestern Abend aufgeschnappt haben. Er trägt kurze Hosen und sonst nichts, ist sonnenverbrannt mit weißen Unterarmzonen und Hautfalten, die aufgrund seiner bevorzugten Sitzposition in einem Komfortgartenstuhl von den Strahlen nicht erreicht werden. Er begrüßt uns wortreich, als könne jeder auf der Welt sein Nordenglisch verstehen. Mac raucht Elektrozigarette, was ihn umso cooler macht. Diesem Herrn ist es schnurzpiepe, was andere über ihn denken. Mac fährt ein Großraum-Hobby-Wohnmobil und hat einen süßen Westie namens Becky – wahlweise Lady Beck – in seiner Gesellschaft.

»You can't beatgermanengineering, you can't«, singt Mac ein hohes Lied auf die deutsche Ingenieurskunst, nachdem wir unsere Fahrzeuge schweißtreibend umplatziert haben, dabei nah an seinem deutschen Hobby stehen und dem Gefährt anerkennende Blicke schenken. Wieso ist Mac dermaßen sonnenverbrannt, wo sein Hobby nicht nur über eine ausladende Markise, sondern über alle Arten von Schnickschnack für ein angenehmes Leben unter größter Hitze verfügt? Mir brutzelt der Verstand weg. Es muss mindestens fünfunddreißig Grad heiß sein, dabei ist es nicht mal halb zehn. Schatten! Bitte!

»Yes, you're right«, sage ich schließlich und zeige auf unseren Tabbert und das wunderschöne Blechemblem aus Bad Kissingen, was Mac ein kleines Grinsen entlockt. Unterschiedlicher können

Fahrzeuge kaum sein: Gogomobil gegen Jaguar, Heißluftballon gegen Airbus, Emmy gegen Mac-Mobil, drei Meter fünfzig gegen acht Meter fünfzig. Unsere Kleine würde vielleicht sogar in seine Garage passen, wenn dort nicht schon ein Motorroller verstaut wäre. Sein Wohnmobil ist eine Spezialanfertigung nach persönlichen Wünschen, sagt Mac und gießt uns Mineralwasser mit Eiswürfeln ein. Wow! Zisch! Sein Kühlschrank läuft, *You can't beat German engineering.* Die vergitterten Fenster in Herzchenform sind demnach auch das Resultat persönlicher Wünsche. Schmiedeeisernes Handwerk vom Feinsten. Sein Kingsize-Bett und die ausladende Rundsitzecke am anderen Ende des *Salons* könnte er getrost der Queen persönlich als Urlaubsresidenz anbieten.

»I wasvictimofagasattackinItaly, theotheryear«, gibt Mac uns zu verstehen, wobei ich meine Ohren spitzen muss, als ginge es um Altgriechisch. Punkt und Komma kennt er kaum, Pausen zwischen den einzelnen Wörtern ohnehin nicht. Sein Slang ist absolut beeindruckend, und ich bin happy, wenn ich halbwegs mitkomme. Also waren mein Englisch-Leistungskurs und die vielen Reisen in englischsprachige Länder nicht umsonst. Seit Kriminelle Gas in Macs Fahrzeug sprühten, die Tür aufbrachen, und Lady Beck und er erst Stunden später unter heftigen Kopfschmerzen aufwachten, sind sein Alarmsystem und die Aircondition wesentlich ausgefeilter, glaube ich zu verstehen. Den Safe konnten die Verbrecher nicht knacken. Wegen der vielen Schlösser, Vorlegehebel und Alarmanlagen nimmt sein Aufbruch mit dem Motorroller und Lady Beck zum Supermarkt geraume Zeit in Anspruch. Im Hobby laufen die Ventilatoren auf Volldampf, wie wir durch die Herzchengitter erkennen können. Camper sind ein seltsames Volk.

Wenig später zweifeln wir an der Macht unseres eigenen Kühlschranks gegen die Hitze. Es tut sich absolut nichts.

»Kein Wunder, die Gasflasche ist leer, da hätten wir lange warten können, bis es kühl wird«, sagt Freddy nach eingehender Prüfung und zündender Idee.

»Na endlich, ist doch unglaublich, wie lange die Fünf-Kilo-Flasche reichte. Hast du eine Ahnung, welcher Tag heute ist? Der 8. Juni? Dann sind es fast drei Monate, trotz der vielen Gourmetkocherei und dem Einheizen im März und April.«

Der Flaschentausch entwickelt sich zu einem feierlichen Akt. Seltsam, wie viel Bedeutung wir dem Umstand einer geleerten Gasflasche beimessen. Ich bemühe sogar den Kalender und meine Rechenkünste: Fünf Kilo Gas im Wert von neun Euro reichten demnach fünfundachtzig Tage.

»Es ist übrigens Pfingsten«, sage ich mit der Brille auf der Nase und Blick in den Kalender.

»So spät im Jahr?«

»Ostern war auch spät, Pfingsten ist immer fünfzig Tage danach, hat alles mit dem Mond zu tun. Übrigens erleben wir am Freitag den vierten Vollmond unserer R…«, will ich sagen, aber Freddy unterdrückt die beiden letzten Worte mit einem Kuss.

»Du bist einfach meine schlaue Lehrerin«, sagt er, als unsere Münder wieder freiliegen und ich Schweißperlen auf seiner Stirn entdecke. Das kommt bei ihm sonst allenfalls nach einem Halbmarathon vor. Nichtschwitzende Menschen sind ein beeindruckendes Phänomen. Ich gehöre nicht dazu, mir laufen die Perlen den Rücken hinunter, und ich trage nun eher zu wenig als zu viel Kleidung. Angesichts des Meeres in knapp drei Metern Entfernung, kann man hier getrost auf Bikini around the clock setzen. Wir wollten es warm, wir haben es heiß.

Als der Kühlschrank Stunden später erst einen Hauch von Kühle verströmt, gehe ich zu den Cloppenburgern. Ihr Luxuswohnmobil ist nur geringfügig kleiner als Macs und technische Auskünfte würde ich bei der Hitze gern in meiner Muttersprache erfragen. Seit einer Wohnmobilmesse im letzten Jahr kenne ich mich ein wenig mit den Preisen aus. Dieses Großraumfahrzeug müsste mindestens achtzigtausend Euro kosten. Luxus pur.

»Unser Kühlschrank packt es auch nicht mehr. Ab siebenundzwanzig Grad im Schatten quält er sich«, gibt der goldbroilerfarbene Pensionär freimütig zu. Ich muss meine Begeisterung über diese Aussage im Zaum halten. Hihihi, achtzigtausend und der Kühlschrank ist nicht besser als unserer!

»Auf Gas?«, frage ich in Campermanier.

»Ja, auf Gas, wir haben hier keinen Strom genommen, das Geld sparen wir uns. Bei dem Badewetter sind wir ohnehin fast nur draußen und schauen kaum fern. Die paar Stunden schafft unsere Solaranlage locker«, sagt er. Und dann beginnt die beliebte Unterhaltung über das Woher und Wohin. Dabei mache ich kräftig Werbung für Kappadokien und schnappe Nützliches aus der Welt des Wohnmobilreisens auf. Man kann ja nie wissen, wofür man das mal braucht. So erfahre ich, wo man sich die Autobahn-Vignette sparen kann, wann man besser nicht über den Brenner fährt und wie halbwegs gekühlter Wein aus Montenegro schmeckt.

Als ich zurück zur Emmy komme, bastelt Freddy mit Mac an einer Außenleiste, die sich vor einigen Wochen gelöst hat. Mac hat selbstverständlich einen Großraumwerkzeugkasten inklusive Bohrmaschine und allem Pipapo. Am Ende ist unser Nachbar überzeugt davon, dass zumindest die neue Schraube an unserer Emmy noch einige Jahrzehnte halten wird.

*

»So, jetzt weiß ich, woher ich die Stadt kenne. Hier spielt ›Die rote Zora‹«, sagt Freddy bei einem Spaziergang durch Senj, und ich denke mal wieder an einen seiner speziellen Witze. Doch als Familienvater kennt er sich aus. Die Burg von Senj ist unverkennbar die Burg aus dem Film, wie er sagt. Im Hafen dümpeln Boote auf einem Wasser, das in dieser Farbe bei uns aus der Leitung kommt. Eine Megabadewanne mit den Schatten der Boote tief unten auf dem Meeresgrund. Wie sehr ich dieses Bild doch liebe. Mein Sinnbild für den Süden, für Seite 64 im Diercke-Atlas. Darauf war ich früher ganz neidisch. In meiner Heimatstadt Bremerhaven und im

Wattenmeer ist solch klares Wasser nie zu sehen. An solchen Orten wollte ich leben.

In Senj gibt es trotz der großen Supermärkte noch einige kleine Läden. Die Eiscreme kann locker mit italienischer Ware konkurrieren, und in den Cafés und kleinen Bars wird neben Slibowitz auch Kaffee getrunken. Fast alle rauchen, ein Bild aus längst vergangenen Zeiten. Es gibt enge Gassen, kleine Plätze, Höfe und Kirchen. Ein Idyll hinter alten Mauern. Etwas außerhalb stehen graue Einheitswohnblöcke aus sozialistischer Zeit mit Traumausblick. Hier ist kaum was los, die meisten Wohnungen scheinen unbewohnt. Uns fehlen das *Merhaba* und die *türkische Atmosphäre*, wie wir beide überdeutlich spüren, ohne genau sagen zu können, was das überhaupt ist, die *türkische Atmosphäre.*

Mittelmeer ade

Als der Campingplatz sich nach Pfingsten von jungen Familien lichtet, möchte auch ich gern weiterreisen, weil ich die Hitze kaum noch ertragen kann. Selbst die Einheimischen stöhnen, wenngleich einige noch immer in der prallen Sonne liegen und längst die Farbe servierbereiter Pfingstochsen angenommen haben. Immer wieder flüchten wir zwischen unsere Emmy und das Mac-Mobil, weil sich dort ein wenig Schatten findet. Nach drei Tagen auf dem Präsentierteller an der Fußgängerpromenade reicht es uns. Ich möchte angenehmere Temperaturen und ein wenig Grün.

»Liebste, ich mache dir einen Vorschlag. Wir haben noch zehn Tage Zeit. Lass uns in die Dolomiten fahren und wandern. Jetzt ist es dort sicher wunderschön.«

»Das liegt doch nicht auf dem Weg.«

»Doch, einigermaßen.«

Mac scheint alle Campingplätze Europas zu kennen und schwärmt von Wörgl in Österreich, wo es sogar *private bathrooms* mit Badewannen gibt. Auch für die Dolomiten hat er Tipps, aber dort kennen wir uns selber bestens aus. Der Ärmste muss in diesem Jahr schon Ende August den Heimweg nach Newcastle antreten, weil seine Enkeltochter heiratet. Normalerweise bleibt er bis Oktober im Süden. Als wir ankoppeln, steht er uns hilfsbereit zur Seite. Der Bremslichttest fällt wie immer negativ aus. Ich schlage kurz auf die Rückleuchte und das Lämpchen leuchtet.

»German engineering«, sage ich zu Mac.

*

Wir machen einen Schlenker durch Slowenien, wie die Cloppenburger es empfohlen haben. Bei Novo Gorízia fahren wir an einem gegrillten Spanferkel vorbei, und Freddy bremst intuitiv. Ich frage nach, aber das Tier soll erst in zwei Stunden fertig sein. Manchmal schäme ich mich für meinen Fleischkonsum und fühle mich als *schlechter* Mensch. Auf dem Balkan fällt das *Schämen* allerdings deutlich verhaltener aus, da man hier ausschließlich unter *schlechten Menschen* ist, zumindest wirkt es so, als habe die Veganwelle noch keinen einzigen Ćevapčići hinweggespült.

Auch in Italien ist es noch unerträglich heiß. Wir brauchen eine Pause, aber es dauert ewig, bis wir einen schattigen Parkplatz finden. Selten hat Hitze mich derart erschlagen. Unser Thermometer zeigt fast vierzig Grad, alles kocht und dampft. Je näher wir den Bergen kommen, desto schöner wird die Landschaft. Schon türmen sich gewaltige Massive auf. Aus Richtung Süden haben wir uns den Dolomiten noch nie genähert. In Tolmezzo würde ich am liebsten bleiben, aber dann fahren wir doch noch ein Stückchen weiter, und unsere Emmy meistert selbst engste Kurven mit Bravour.

Um sieben Uhr erreichen wir Domegge. Ich bin müde und friere, aber ich traue mich nicht, über die Temperaturen zu meckern. Dabei ist die Kühle nur ein Grund für meinen Missmut. Viel schlimmer finde ich den strengen Platzwart, die vielen Verbotsschilder und das gesamte Ambiente. Wir hätten wild campen sollen, aber in den Bergen ist der Raum verdammt knapp bemessen. Dauercamper haben sich hinter Holzanbauten verschanzt und Nadelbäume mag ich ohnehin nicht. Im benachbarten Restaurant ist es unnötig schick, und es wird ein Vermögen für schnöde Pizza verlangt. Alles doof hier.

Freddy versteht mich ohne Worte. »Wollen wir morgen weiterfahren?«

»Sehr gern.«

In Cortina d'Ampezzo, der ehemaligen Olympiastadt, trifft

einer von drei Campingplätzen genau unseren Geschmack: unverschandeltes Sechzigerjahre-Ambiente. Der Betreiber ist ein betagter und lustiger Kauz, der nach meinem Eindruck genauso viele Zähne hat wie die anderen Campingplätze Sterne: drei. Sein Platz ist heruntergestuft worden und darf sich nur mehr mit einem Stern schmücken.

Signor Maioni freut sich über unseren alten Wohnwagen. Der sei doch ganz was anderes als die neuen Gefährte mit Flachbildschirmen, Satellitenanlagen, Computern und dem ganzen technischen Schnickschnack. Unsere Emmy gefalle ihm und erinnere an längst vergangene Zeiten. Wir strahlen.

Hier kommt zum ersten Mal unser Eurostecker zum Einsatz. Uns war in Hamburg gesagt worden, man könne ohne einen solchen keinen einzigen Meter fahren. Nun ja, das bezieht sich wohl eher auf *ordentliche* westeuropäische Plätze. Der Campingplatz ist weitläufig mit Baumbestand, und zwei bestens durchdachte Wasch- und Sanitärhäuser bieten alles, was das frierende, nasse und schmutzige Camperherz begehrt, inklusive kostenloser Waschmaschinen und einem Trockenboden. Es gibt sogar einen Bügelsalon, in dem eine Kühltruhe steht. Ein Blick ins Innere offenbart die Vorlieben der Camper: Bier und Fleisch.

Das Beste ist jedoch die Aussicht auf die Tofana di Rozes mit 3225 Metern und üppiger Schneemütze. Erst im letzten Juli waren wir dort oben.

Freddy nimmt den Bügelsalon in Beschlag, der auch als öffentliche Küche dient, und zaubert uns ein Abendessen. Danach schläft er ein, obwohl es nicht mal sieben ist. Beim Abwaschen lerne ich andere Camper kennen, zumeist grauhaarige Herren in bequemen Schuhen, die auffallend wortkarg sind, und junge Outdoorfreaks mit schlotternden Hosen, die nicht kommunizieren, weil sie Kopfhörer über den Ohren tragen. Die Drahtigen unter ihnen sind Kletterer, die anderen Mountainbiker, wie ich aufgrund ihrer Fingerkuppen und spezifischen Markenoutfits kombiniere. Immerhin sind ein baskisches Pärchen und ein Japaner gesprächiger. Auf dem gesamten Platz herrscht hohe Campingkultur, und jeder hinterlässt die Küche und die Waschräume picobello. Die Profis gehen mit Bademänteln über den Platz, die Herren in dunkelblau, die Damen in Weiß oder Gelb. Offenbar vergessen sie dabei auch nie etwas in ihren Wohnwagen, während ich mehrmals hin- und herlaufen muss, bis ich alle Utensilien parat habe. Gut organisierte Herrschaften.

»Unsere Wünsche gehen immer prompt in Erfüllung«, flüstere ich in der Nacht, als Freddy endlich aufwacht, »überleg doch mal, in Cunda war es zu nass und zu kalt, schon in Serbien haben wir eine laue und mückenfreie Nacht erlebt, in Kroatien war es dann so heiß, dass der Kühlschrank schlappmachte, und hier haben wir traumhaftes Wetter, und es fühlte sich nur am ersten Abend kühl an, weil das Thermometer zwanzig Grad weniger anzeigte als am Mittag.«

»Ist das etwa schon eine Rückschau?«

»Ach was.«

Trotzdem lassen wir die Reise Revue passieren, jetzt in der Nacht und am folgenden Tag, als wir an einem rauschenden Wildbach liegen und einen kleinen Schneebrettabgang beobachten können. Wow, welch ein Geräusch.

»Unsere Emmy behalten wir doch, oder?«, sagt Freddy unverhofft.

»Das habe ich mich auch schon oft gefragt, und mein Gefühl sagt mir, dass sie uns noch lange erhalten bleibt. Irgendwann vielleicht mal als Gartenlaube oder Wochenendhäuschen, wenn sie nicht mehr fahrtüchtig ist.«

»Wir sollten sie pflegen und am Laufen halten. Ein paar Macken hat sie schon. Manchmal habe ich das Gefühl, sie würde schwächeln und ein wenig krumm werden, wie ein betagter Mensch. Unsere Emmy ist aber auch heftig durchgerüttelt worden, und dabei ist sie doch eine alte Lady.«

Nähen statt kraxeln

Unsere ursprünglichen Wanderpläne mit einer Mehrtagestour müssen wir auf Eis legen, oder man könnte auch sagen, die Natur legt sie auf Eis. Sämtliche Berghütten der Region sind selbst Mitte Juni noch geschlossen, viele Wege durch Abgänge von Geröll verschluckt. Vor Anfang Juli läuft da nichts. So wandern wir über Schneereste und blühende Sonnenwiesen zu den *Cinque Torri*, der markanten Felsformation der *Fünf Türme*. Es ist eine neue Erfahrung, vor einer stillen Berghütte zu sitzen, in der es in der Hauptsaison vor Menschen wuselt. Die Sicht ist beeindruckend klar, viel schöner als im Hochsommer, und wir experimentieren mit Fotos vor imposanter Kulisse in Liegestühlen.

Am nächsten Tag verschwindet Freddy nach dem Frühstück in die Rezeption, um mit Signor Maioni zu plaudern. Und ich mache mich an ein Nähprojekt, das mich sicher zwei Tage beschäftigen wird. Es ist wirklich eine wunderbare Erfahrung, das Gebiet der drei Tofane zu durchwandern, aber eine andere große Sache ist es, an der Nähmaschine mit Blick auf die Tofane zu sitzen und einen Bettüberwurf aus alten türkischen Stoffen zu nähen. Ich liebe beides, aber momentan gefällt mir Letzteres deutlich besser. Vor unserer Emmy habe ich eine Plane ausgebreitet und die alten Bettüberwürfe für zwei Einzelbetten darauf drapiert, aus denen ich einen großen Überwurf schneidern möchte. Ich messe, rechne, tüftle am Muster aus Blumenmotiven, hantiere mit dem Maßband, zögere, setze die Schere an, fluche, stecke ab, nähe und strahle. Als ich dringend bügeln muss, gehe ich zu Freddy und Herrn Maioni in die Rezeption. Der sympathische Alte kann weiterhelfen und leiht mir ein Bügeleisen. Die beiden Männer sind grad bei einem interessanten Thema angelangt: die Emanzipation der Frauen! Oho, ich staune.

»Die Moslems machen es richtig, die halten ihre Frauen an der kurzen Leine und haben viele Kinder«, sagt Signor Maioni mit gehörigem Witz. »Hier haben wir Männer nicht aufgepasst. Ich sehe das doch jeden Tag. Früher kamen Familien mit Kindern, die Mütter kochten, die Männer kümmerten sich um den Wohnwagen und das Vorzelt. Jetzt kommen sie ohne Kinder, aber mit Hunden, die Männer kochen und waschen ab, und die Frauen lümmeln auf der Liege und machen Wie fie«, erregt sich Signor Maioni und lacht dabei ein herzliches Lachen.

»WLAN«, übersetzt Freddy mir, als er meinen fragenden Blick sieht. Die Aussprache des Chefs ist durch seine dentalen Gegebenheiten ein wenig beeinträchtigt.

»Das Erste, was die Frauen heute fragen, wenn sie auf den Platz kommen, ist immer Wie fie«, ergänzt der Chef. Für mich ist dies die Gelegenheit, seine wunderschönen Kacheln, die alten Waschbecken, die Bambini-Badewanne aus Keramik, die in bequemer Höhe an der Wand montiert ist, und die alten Armaturen zu loben. In seinen Augen bin ich möglicherweise eine brave Hausfrau, die abwäscht, näht und sogar bügelt. Meinetwegen.

Als es dunkel wird, schleppe ich die Maschine und die Stoffberge in den Wohnwagen und versuche den Minitisch halbwegs auszuleuchten. Freddy staunt über meinen Eifer und meine Geduld. Am Ende des Tages ist es genau so geworden, wie ich es mir in meinen kühnsten Träumen ausgemalt habe. Ein Überwurf aus Fünfzigerjahrestoff in gedeckten Braun- und Grüntönen, der im Original nicht nur Paspeln mit Kordeln, sondern auch raffinierte Falten hat, die ich aufnehme, verlängere und zusammenfüge. Ein ganzer Tag in den Dolomiten an der Nähmaschine. Welch ein großartiges Vergnügen. Nach unserer Reise werden wir in einer gemeinsamen Wohnung leben, und die Decke im Schlafzimmer wird uns an diese Zeit erinnern, an den kleinen Trödler und seine Tochter in der Altstadt von Ayvalık.

Fünf-Sterne-Camping

Wir haben keine Wahl und müssen irgendwann die Alpen überqueren. Der Verkehr auf der Brennerautobahn und der alten Passstraße ist zäh. In beiden Richtungen sind Freizeitfahrzeuge aller Art unterwegs. Ich beneide die Süddeutschen darum, mal eben kurz nach Italien oder Kroatien fahren zu können. Aus Norden kommen Senioren, die dem Sommer entgegenfahren. So viele Wohnwagen habe ich noch nie gesehen. Da dachte ich schon, sie seien vom Aussterben bedroht und würden gänzlich durch Wohnmobile ersetzt.

Kurz vor der österreichischen Grenze habe ich ein flaues Gefühl im Magen. Gleich verlassen wir Italien, die Reise geht definitiv zu Ende. Aber der Sommer beginnt. Holunderblüten in den Vorgärten und Geranien auf den Balkonen, die nach Sonne lechzen. Trotzdem will ich nicht zurück, will nicht in mein *normales* Leben. Auf einer Raststätte kurz vor dem Brenner sitzen wir auf der Terrasse im kühlen Wind, die Landschaft ist grün, weiter oben zeigen sich Schneefelder. Ich denke an unseren spartanischen und unerträglich heißen Platz neben Mac und muss lachen.

Auf dem Nebentisch liegt eine Zeitung, die Fußballweltmeisterschaft hat begonnen, und wir wissen von nichts. Freddy fragt einen kleinen Tiroler, wie es denn so aussieht.

»Italien hat gewonnen«, strahlt der Bub, »die Deutschen spielen morgen.«

In Österreich kommt es mir so vor, als seien wir im Musikantenstadl gelandet. Menschen in Trachten, Barock mit üppigen Schnörkeln, bemalte Fensterumrahmungen, ein Seppel mit Flinte.

Wie man solch ein Bild wohl in Kurdistan interpretieren würde? *Jupp anne Latt*, wie wir Norddeutschen sagen, *Jesus am Kreuz* ist hier neben Marienstatuen extrem stark verbreitet. Am Inn sind die Orte geschmückt mit Blumenkästen und -kübeln. Eine Städtepartnerschaft mit Gökbahçe könnte dort sicher interessante Akzente setzen.

»Wörgl! Wir sind fast in Wörgl. Hat Mac nicht gesagt, dass es dort den besten Campingplatz gibt, den er je gesehen hat, mit privatem Bad?«, möchte ich von Freddy wissen.

»Kann sein, aber ich habe seinen Georgie-Dialekt kaum verstanden. Es sind noch zwanzig Kilometer bis Wörgl. Hm, eigenes Bad? Hat er auch gesagt, ob es eine Badewanne gibt?«, erkundigt sich Freddy.

»Klar, mit Badewanne und Sauna.«

»Dann lass uns mal runter von der Landstraße und die drei Plätze abklappern, die im Autoatlas gekennzeichnet sind.«

Vorbei am Campingplatz *Seeufer* landen wir bei *Seeblick,* wo an diesem sonnigen Sonntagnachmittag die Hölle los ist und die Einfahrt von Wohnwagen, Radfahrern, Spaziergängern, Biergartengarnituren und dazugehörenden Biertrinkern weitgehend blockiert ist. Ein Mann kommt mit einem Lächeln ans Fahrerfenster.

»Servus miteinand! Habts ihr reserviert?«

»Servus! Nee, muss man das?«

»Ziemlich voll, wie lange wollts bleiben?«

»Kommt drauf an. Gibt es hier private Bäder?«, frage ich.

»Ja, ja, hats schon. Fahrts mir erst mal hinterher und schauts euch den Platz an.«

Er setzt sich auf ein Elektromobil und zeigt uns einen möglichen Stellplatz. Mini, aber die Größe ist ohnehin nicht unsere oberste Priorität.

»Das ist ein Komfortplatz für 12 Euro, direkter Wasser- und Abwasseranschluss.«

»Vielen Dank, aber den brauchen wir nicht. Wir haben keine

Toilette und kein Bad. Wie ist es denn nun mit den privaten Bädern?«, möchte ich wissen.

»Da vorn, jeder kann sein Bad abschließen. Da für Frauen, da für Männer«, sagt er und zeigt auf ein nahe gelegenes Gebäude.

»Getrennt? Nein, nein, wir brauchen ein Bad für uns beide allein. Wir haben seit drei Monaten nicht mehr in der Wanne gelegen.«

»Verstehe. So was haben wir auch. Kostet aber extra, 12 Euro pro Tag«, sagt er und lacht.

»Nehmen wir«, sagt Freddy.

»Dann richtets euch ein und gehts später zur Rezeption. Die geben euch den Schlüssel.«

Im Nullkommanix stehen wir in der Rezeption und begreifen, dass wir auf einem Fünf-Sterne-Platz mit diversen Auszeichnungen gelandet sind, der in diesem Jahr sogar zum besten Platz Österreichs gekürt worden ist. Schon inspizieren wir unser privates Bad in einem Nebengebäude mit Ferienwohnungen. Wow! Marmor bis unter die Decke. Schnell noch in den Supermarkt, wo keine Camperwünsche offenbleiben. Die Regale sind von Profis bestückt worden, einschließlich diverser Sorten wohl temperierten Weißweins aus der Region. Auf dem Weg zur Kasse noch eine Tüte Flips und hinein ins Badevergnügen.

*

Zum Wachwerden springen wir in den Reintaler See. Das Leben ist schön. Der Morgenkaffee ist gerade fertig, als wir direkt vor der Tür einen Mover in voller Aktion erleben dürfen. Wenn ich mir so anschaue, wie ein ausgewachsener Fendt von Geisterhand an unserer Emmy vorbeizieht, dann kann ich schon verstehen, dass Männer an solchen Spielzeugen Gefallen finden. Der über fünf Meter lange Wohnwagen lässt sich willig dirigieren. Bis auf das Ankuppeln ans Zugfahrzeug ist es nicht viel anders als bei einem ferngesteuerten Matchbox-Auto. Der Wagen folgt seinem *Herr-*

chen auf Knopfdruck. Die dazugehörige Dame hofft derweil, dass alles gut geht.

»Zieht bis achtzehn Prozent Steigung«, sagt der Fernsteuerungssenior und plaudert angesichts unserer Neugier munter drauflos. So erfahre ich, dass der Mover vor dem Losfahren des Zugfahrzeugs entsichert werden muss, »sonst ist er hin«. Wir winken dem Ehepaar nach und legen uns noch einmal ins Bett. Unsere Emmy ist bestens eingeparkt, zwei Hecken und der T5 geben Sichtschutz, so sind wir zwar mittendrin und haben doch eine gewisse Privatsphäre. Solch ein dichtgestellter Campingplatz wäre auf Dauer gewöhnungsbedürftig, aber für zwei Nächte passt das. Außerdem wird am Abend das Auftaktspiel der deutschen Nationalelf auf Großbildleinwand übertragen. Der Nachbar hat bereits geflaggt, sein Luxuswohnmobil erinnert an ein mobiles Übertragungsstudio mit Stehtischen, die von Hussen in den deutschen Nationalfarben überzogen sind. Hat man das auch mal gesehen. Übrigens gibt es auf diesem österreichischen Platz nicht nur deutsche Gäste, die Mehrheit dürften Niederländer mit orangefarbener Beflaggung sein.

*

Zum Abwaschen gehe ich in die blitzblanke Küche mit Spülmaschine und diversen Spültischen. Warmes Wasser ist hier eine Selbstverständlichkeit. Die öffentlichen Dusch- und Waschräume lassen ebenfalls keine Sternewünsche offen. Zum Neidischwerden, wenn man im heimischen Bad weniger als die Hälfte an Platz zur Verfügung hat, vom Marmor ganz zu schweigen. Die Ausstattung kommt dem *Glamping*, dem *glamourous camping*, recht nah, wie ich vermute. Beim Abwaschen erfahre ich auch, dass die Bayern immer noch Pfingstferien haben und es deshalb so voll ist.

Bei einer Platzrunde bekomme ich die Gelegenheit, einen sehr großen und sehr neuen Tabbert-Puccini-Wohnwagen zu besichtigen. Er ist 2,50 Meter breit und ähnelt einem komplett eingerichteten Appartement.

»Die alten sind besser verarbeitet. Wir hatten früher auch einen Tabbert Comtesse. Bei den neuen ist schon mal eine Schraube locker«, sagt der ältere Herr aus dem Süddeutschen, als er mein Interesse registriert. Seine Frau lädt mich ein, mir alles in Ruhe anzuschauen. Auch hier ist viel Holz verarbeitet worden oder zumindest Holzimitat. Meine Vorbehalte und Abneigungen gegen moderne Wagen werden ein wenig auf die Probe gestellt. Mit anderen Bezügen und Vorhängen könnte es vielleicht ganz nett aussehen.

»Ich will abschalten, einfach nur abschalten und gemeinsam mit meinem Mann den Reintaler See und die Berge genießen. Seit er in Ruhestand ist, kommen wir jedes Jahr hierher. Vorher war er geschäftlich in aller Welt unterwegs, und ich habe ihn oft begleitet. Damals haben wir die Schönheit der Alpen nie erlebt, wir haben sie geradezu verschmäht, wenn ich ehrlich bin. Wie dumm wir doch waren! Urlaub haben wir in den USA, Namibia, Thailand oder Hongkong gemacht.«

Nicht zum ersten Mal höre ich von der späten Entdeckung der Heimat und bin froh, diesen Schritt schon vor Jahren gemacht zu haben. Mein *Verlobter* Rex an der Elbe hat einen gehörigen Anteil an meinen ganz persönlichen Heimatgefühlen. Noch während ich mich mit dem sympathischen Paar unterhalte, merke ich, wie gut mir die langsame Rückreise tut, das Wiederannähern an die Heimat. Die Fremde war beeindruckend und schön, die Menschen offen und meist unkompliziert. Beim langsamen Reisen bleibt genügend Raum, sich zu fragen, was wir davon mitnehmen können in unser normales Leben.

Zurück an die Elbe

Am 17. Juni um die Mittagszeit sind wir wieder in Deutschland: Wir haben zehn Länder in knapp hundert Tagen bereist, wenn wir diese Statistik bemühen wollen. Über die Romantische Straße tasten wir uns in den Norden vor. Bloß keine Autobahn. In Dinkelsbühl treffen wir im Imbiss »Istanbul« drei chinesische Touristen, die schon morgen über Frankfurt an den Bosporus fliegen und hier einen Vorgeschmack auf die türkische Küche nehmen wollen. Wir essen Dürüm, und die Wirtin ist begeistert von unseren Reiseerlebnissen und unseren *Türkischkenntnissen*. In Rothenburg ob der Tauber sehen wir den Drachentöter wieder, der hier mit seinem Schwert den bedeutsamen St. Georgsbrunnen ziert. Eine andere beeindruckende Darstellung des Heiligen ist uns in einer Tuffstein-Kirche in Kappadokien begegnet. Der heilige Georg soll Kappadokier gewesen sein und im 3. Jahrhundert gelebt haben. Es berührt mich seltsam, ihn hier in Bayern wiederzusehen. Kappadokien fühlt sich plötzlich sehr nah an.

Von der Romantischen Straße geht es zwei Tage später auf die Bocksbeutelstraße, die wir im Autoatlas entdeckt haben. Unseren hundertsten Reisetag verbringen wir in Sommerach, wir stehen mit unserer Emmy direkt am Mainufer und begreifen schnell: Der Ort ist eine Hochburg des Weintrinkens – ungeniert werden schon am Nachmittag Flaschen aufgetischt – und ebenso eine für Elektrofahrräder. Wir leihen uns normale Räder und werden an den Anstiegen regelmäßig von radelnden Senioren überholt.

»Übermorgen muss ich wieder arbeiten«, sagt Freddy am Abend, als wir vor unserer Emmy im Gras liegen.

»Schon?«

»Liebste, wir haben den 22. Juni und wollten zum Eingewöhnen eigentlich schon zu Hause sein, seit Tagen zögern wir das Ende unserer Reise hinaus. Morgen müssen wir uns wirklich auf die letzte Etappe machen«, sagt Freddy und schaut dabei auf den träge dahinfließenden Main, der sich durch die Weinberge Frankens schlängelt. Es ist Sommer, wir sind umgeben von Müßiggängern, und die deutsche Nationalelf hat gestern unentschieden gegen Ghana gespielt, die USA heute ebenfalls unentschieden gegen Portugal. Jogi und Klinsi sind eine Runde weiter, und wir müssen nach Hause. Ein Telefonat konfrontiert uns mit einer unangenehmen *Wahrheit*: Schafskälte im Norden. Bitte nicht.

*

Ständig muss ich die Seiten im Autoatlas umblättern, weil wir viel zu schnell vorankommen. Langstreckenfahrten auf deutschen Autobahnen machen mich nervös, besonders wenn es in jede Fahrtrichtung drei Spuren gibt und Busse und LKWs sich auf der Mittelspur gegenseitig überholen, während auf der linken Spur Möchtegern-Fittipaldis unterwegs sind, um ihre Spielzeuge auszufahren. Unfassbar diese Raserei. Dabei weiß doch jedes Kind, wie angenehm es sich mit Geschwindigkeitsbegrenzungen fährt. Und das Beste daran: Man kommt zufriedener ans Ziel! Am Kirchheimer Dreieck ist Hamburg zum ersten Mal ausgeschildert. Mir wird mulmig zumute. Zurück in die Wohnung ist absolut unvorstellbar.

»Lass uns an die Elbe, wir parken Emmy neben Rex. Eine Woche zum Eingewöhnen. Morgen ist Donnerstag, ich muss also nur zwei Tage ins Büro. Dann haben wir noch das Wochenende draußen.«

Die Schafskälte ist wie weggeblasen. Zwischen Hannover und Hamburg wird es wärmer. Bei Soltau-Süd tanken wir zum letzten Mal, ich trage den Kilometerstand ein und blättere im Logbuch.

Zum Thema Schäden finde ich folgende Notiz: *Eine Schraube am Fenster hat sich gelöst.* Eine Schraube! Nicht zu fassen. Wir hätten uns nicht beklagen dürfen, wenn wir ein komplettes Fenster verloren hätten. *Schranktür herausgebrochen.* Ein Witz. *Drehstütze schweißen lassen.* Beeindruckend. Und es sind uns zwei oder drei Trinkgläser zerbrochen. Welch eine Bilanz! Am Ende der Reise werden wir 13500 Kilometer hinter uns haben, ungefähr 1150 Liter Diesel für 1700 Euro verfahren haben.

Kurz vor dem Elbtunnel kommt sogar Vorfreude auf, jetzt, wo wir vereinbart haben, noch einige Nächte in der Emmy zu verbringen. Bei Kilometer 92571 erreichen wir das Elbe-Camp.

»Hoşgeldiniz!«, sagt Garip zur Begrüßung und wir umarmen uns. Der Chef hat seine Wurzeln in der Türkei und ist neidisch auf unsere Route.

Wir stellen Emmy mit Elbblick ab und schnappen uns *unsere* Bank, die wie gewohnt vor dem Rex steht. Hier hat alles angefangen, auf dieser Ossi-Klappbank mit Blick auf die Elbe. Hier hat unsere Freundschaft den entscheidenden Kick in Richtung Liebe bekommen. Nicht nur Emmys Kennzeichen HH-CE 4912 erinnert daran. 4. September 2012.

Wir sagen nichts. An diesem Abend braucht es keine Worte. Danke Elbe, danke Rex, danke Emmy.